KB214121

365일
말씀과 함께 1

365일
말씀과 함께 1

초판 1쇄 발행 | 2020년 12월 15일

지은이 | 전종문
만든이 | 이한나
펴낸이 | 이영규
펴낸곳 | 도서출판 그린아이

등록 연월일 | 2003. 12. 02.
등록 번호 | 제2-3893호
주소 | 서울특별시 은평구 녹번로 6-11 201호
전화 | 02)355-3035
이메일 | gmh2269@hanmail.net

ISBN 978-89-958105-7-6(03230)

365일 말씀과 함께

전종문 지음

1~6월

그린아이

매일의 영적 양식

나는 우연을 믿지 않습니다. 모든 일이 필연적으로 일어난다고 생각합니다. 세상이 우연히 된 것이 아니라 하나님의 창조물인 것처럼 모든 일이 하나님의 섭리와 허락 안에서 이루어지는 것입니다.

세상은 지금 코로나19라는 역병으로 몸살을 앓고 있습니다. 그것이 우연히 생겼을까요. 인류의 패역과 교만에 대한 징계인지, 주님의 재림과 종말의 징조인지 함부로 말하기는 어렵지만 우연히 아니란 것은 분명합니다.

이 역병으로 세상은 새로운 질서가 만들어질 것입니다. 중요한 것은 교회와 우리의 신앙생활이 어떻게 될 것이냐는 것입니다. 지형이 바뀔 것으로 예상이 됩니다. 그럴 경우 두 가지 형태로 나오지 않을까 조심스럽게 예측해 봅니다. 즉 예전에 드리던 예배에 목말라하는 부류와 예전에 드리던 방식의 예배를 소홀히 여기는 부류가 있을 것 같습니다.

어찌 되었든 우리가 알아야 할 것은, 하나님은 계

시고 세상만사를 섭리하신다는 것이며, 그 하나님은 종말이 이르기까지 우리와 말씀으로 교제하시며 영과 진리의 예배를 받으시며, 결국 알곡과 쭉정이를 가려낼 것이라는 사실입니다. 그러므로 우리가 명심해야 할 것은 이후 예배와 전도는 더 뜨겁게 이루어져야 하고 성경 말씀은 더 많이 읽혀져야 한다는 사실입니다.

하나님의 말씀은 언제나 우리의 길을 인도하시고 보호하시지만 더욱 곤고한 날에는 우리의 영적 양식으로 더욱 건강하게 세워 주실 것입니다. 그러므로 하나님의 그 뜻을 이루는 데 도움을 드리고자 필자는 이 책을 기획하고 만들었습니다. 언제, 어디서나 날마다 말씀을 접할 수 있도록 했습니다.

이 책은 성경 전체를 고루 살피고 주제도 전 영역을 다루었습니다. 그리고 해설을 간단하면서도 자유스럽게 썼습니다. 성경 본문을 가급적 한 절로 줄인 것은 지면을 절약하기 위함이었으니 시간을 내셔서 성경 본문을 찾아 전후를 같이 읽으시면 이해의 폭이 깊고 넓어질 것입니다.

이 책을 읽을 대상은 아직 신앙을 갖지 않은 분이든 초신자든 관심을 가진 누구나 읽을 수 있도록 배려했습니다. 언제든지 소지할 수 있고 간편하게 읽을 수 있으며 여러 방면으로 활용할 수 있도록 했습니다. 혼자도 좋지만 가정예배시나 소그룹 예배, 새벽기도회의 설교를 위해서 활용할 수도 있을 것입니다. 영적으로 나태하기 쉬운 시대에 오히려 굳건히 말씀을 붙드셔서 하나님의 능력을 체험하시기 바랍니다.

아무쪼록 이 책이 송이꿀보다 달고 순금보다 귀하게 여러분의 매일 친구로 다가왔으면 좋겠습니다. 그래서 여러분의 1년이 이 책과 더불어 영광의 하나님과 가까워지는 감동과 보람의 한 해가 되시기 바랍니다.

차례

설날 아침

설날 아침엔
눈이 살포시 내려 있으면 좋다
쓸고 들어온 마당
비질 자국이 아직 남아 있는 자리로
팔짝팔짝 뛰며 곡식알 찾아 쪼는
참새들이 쪼르르, 쪼르르 내려와야 한다
사뿐히 내려앉은
고요를 깨는 외양간의 워낭소리
바쁠 것 없으니 서두를 일 없고
게으름을 조금 피워도 나무랄 수 없는 시간
햇빛이 눈밭에서 하얗게 부서지고
말끔하게 차려놓은 밥상 같은 세상
금년에도 탈 없이 지나겠지
설날 아침엔
내 마음도 설날 아침이다

축복기도

민 6:24-26

> 여호와는 네게 복을 주시고 너를 지키시기를 원하며 여호와는 그의 얼굴을 네게 비추사 은혜 베푸시기를 원하며 여호와는 그 얼굴을 네게로 향하여 드사 평강 주시기를 원하노라 할지니라 하라.

오늘 말씀은 흔히 구약의 축도라고 일컬어지는 부분의 말씀이다. 금년에도 이 축복이 가정과 섬기는 교회와 경영하는 사업장에 풍성하시기를 바란다.

구약시대에 하나님은 제사장들이 백성들에게 이런 축복을 하면 하나님께서 친히 그 바람대로 이루어 주실 것이라고 약속해 주셨다. 지금도 믿음으로 기도하는 이 축복을 이루어 주실 줄 믿는다.

하나님은 복의 근원이시다. 복의 근원이신 하나님께 가까이 하여 범사가 형통하고 온 가족이 건강하고 행복한 가정을 이루시기를 축원한다.

오늘 하나님은 축복의 내용으로 세 가지를 들고 있다.

첫째는 하나님이 지켜주시기를 원한다는 것이다.

이 세상은 비약적인 발전을 하였지만 여러 사고에 노출되어 있는 위험한 곳이다. 자고 일어나면 수많은 사건과 사고의 소식을 들어야 하지 않는가. 질병과 천재지변과 예고 없는 각종 사고가 덮쳐온다. 사람이 제아무리 방비를 해도 다 막을 수가 없다. 그러고 보면 사람처럼 연약한 존재가 없다. 하나님의 보호와 지키심이 절대로 필요하다.

둘째로 하나님이 **은혜**를 베풀어 주시기를 원한다는 것이다.

은혜란 본래 지체가 높으신 분이 지체가 낮은 사람에게 베풀어 주시는 무상의 호의를 말한다. 그러나 인간을 비롯한 만물은 하나님이 베풀어 주시는 은혜가 없으면 존재할 수가 없다. 하나님의 구원의 은혜가 없다면 우리가 어떻게 생명을 얻고 영원한 천국을 소망하며 살 수 있겠는가. 그 외에도 우린 이 세상을 사는 동안 수많은 혜택을 받고 산다. 금년에도 하늘의 신령한 복과 이 땅의 기름진 복을 은혜로 충분히 받으시기 바란다.

셋째로 하나님이 **평강** 주시기를 원한다는 것이다.

내가 모든 것을 가지고 있어 부족함이 없다 할지라도 마음이 평안하지 못하고 육신이 건강하지 못하다면 과연 행복하다고 할 수 있을까. 조금 부족하더라도 평안해야 행복하다. 예수님은 우리에게 세상에서 얻을 수 없는 당신의 평안을 주실 터이니 마음에 근심하지도 말고 두려워하지도 말라고 했다.(요 14:27) 주님이 주시는 참 평안을 누리시기를 바란다.

하나님께서 지키시고 보호해 주신다는 확신 가운데 큰 은혜와 평강을 누리는 새해가 되시기 바란다.

창조정신

오늘 말씀

창 1:1

태초에 하나님이 천지를 창조하시니라.

이 말씀은 창조론의 주장 근거가 되는 중요한 말씀이다. 성경은 하나님의 천지창조를 증명하려들지 않는다. 사실을 선포하고 있다. 창조 사실을 이성이나 연구나 실험으로 확인하고 믿으려 말고 먼저 믿으면 증명될 것이라고 가르친다.(히11:1-3)

이 장엄한 선포는 천지를 언제, 누가, 무엇을, 어떻게 만들었는가를 밝히고 있다. 태초는 오직 하나님만이 홀로 계시고, 스스로 계시던 영원세계에서 하나님이 천지를 만드시기 직전을 말한다. 천지는 온 우주와 만물과 정신세계와 영적세계 그리고 모든 원리나 법칙, 권세 등 전부를 가리킨다. 즉 유무형의 모두를 하나님이 창조하셨다.(골1:16) 어떻게 그 모든 것을 만들 수 있나 하고 의심하지 말라. 그만큼 하나님은 크신 분임을 믿자.

이 모든 것을 하나님이 창조하셨다. 창조란 무無에서 만든 것을 뜻한다. 기존의 재료를 사용하여 만든 것이 아니라는 뜻이다. 예를 들면 하나님이 사람을 만들 때 흙이라는 재료를 사용했기 때문에 여기서 말씀하는 창조는 아니다. 그러므로 창조는 하나님만이 하실 수 있는 일이며 하나님의 전능성과 지혜의 무한함을 인정하지 않을 수 없게 한다. 하나님은 태초에 천지를 창조하실 때 누구의 방해도 도움도 받지 않으셨다.

하나님의 창조가 있음으로 시간이 생기고 만물은 활동을 시작했다. 그렇다면 하나님의 창조에서 우리는 무엇을 깨달아야 하는가. 두 가지만 생각하자. 하나는 창조신앙을 굳건히 세우는 일이다. 그래야 세상이 우연히 생겼다는 무책임한 발언이나 진화론과 같은 가설의 도전을 이겨낼 수 있다. 그것이 거룩하신 창조주 하나님의 존엄을 지켜드리는 일이기도 하다.

또 하나는 창조정신의 함양이다. 사람은 무無에서 무엇을 만들 수 있는 능력은 없다. 그러나 이미 있는 재료로 더 좋고, 더 나은 무엇을 새롭게 만들 수는 있다. 그것이 창작이다. 예술가가 예술작품을 만들고, 과학자가 편리한 도구를 만들고, 사상가가 진취적인 생각을 내놓을 수 있다. 하나님의 창조 이래 문화문명은 쉴 새 없이 발전되어 왔다. 이 정신을 계승, 발전시켜 나가야 한다. 하나님은 피조 된 우리가 그런 활동을 할 수 있도록 지혜와 능력을 주시고 계속해서 부어 주시고 있다.

우리는 하나님의 영광과 사회의 발전을 위해 그분의 창조정신을 본받아야 한다. 유무형의 무엇을 만들고 가꾸어나가는 것이 창조정신이다. 사회가 필요로 하는 것, 기존보다 향상된 것, 아름답고 편리한 것이 새롭게 만들어져야 한다. 사소하다 여겨질지라도 내 가정과 이웃에게 도움이 되는 일이라면 그것을 만드는 일이 얼마나 행복한 일인가. 사도 바울은 "내게 능력 주시는 자 안에서 내가 모든 것을 할 수 있다."고 했다.(빌 4:13)

보라, 내가 새 일을 행하리니

사 43:18-19

> 너희는 이전 일을 기억하지 말며 옛날 일을 생각하지 말라. 보라, 내가 새 일을 행하리니 이제 나타낼 것이라.

새해가 되면 누구에게나 소망이 있다. 기대가 생긴다. 그 기대와 소망이 이루어지는 새해가 되기를 바란다.

새해는 지난해를 보내면서 찾아온다. 지난해에도 여전히 다사다난했다. 그만큼 인간사회에는 많은 사건, 사고가 일어난다. 국가적으로도, 국제적으로도, 가정적으로도, 개인적으로도 여러 분야에서 끊임없이 일어난다. 물론 그 안에는 기쁜 일도 많지만 슬프고 고통스런 일도 있다. 그 일들을 모아놓으면 다사다난이다. 새해를 맞으면서 우리는 이 일부터 정리해야 한다.

성경은 "이전 일을 기억하지 말며 옛날 일을 생각하지 말라."고 한다. 예전에 있었던 일 중에 새해를 시작하면서 도움이 되지 않는 일이라면 끌고 갈 필요가 없다. 구체적으로 예를 든다면 가족끼리나 이웃과 다툼이 있어서 상처를 주고받은 일, 질병이나 사고를 만나 공포를 느꼈던 일, 손해를 입었지만 만회할 길이 없는 일, 어쩔 수 없이 헤어져서 상실감으로 가슴 아픈 일 등 여러 가지가 있을 수 있다.

이런 유익이나 도움이 되지 않는 일은 회개나 용서 등을 통하여 해결하고 가야 한다. 그 해결은 하나님을 의지하는 방법이 좋다. 하나님은 나의 모든 것을 아실 뿐 아니라 해결 방법도 가지고 있다. 하나님은 우리가 어떤 고민을 붙들고 있으면 각자 해결하라고 기다리지만 당신께 내려놓으면 책임져 주시는 분이시다. 잊을 것 잊고 가자.

잊을 것 잊었으면 소망으로 시작해야 한다. 어떤 좋은 일이 일어날 것인가 하고 기대를 갖는 것은 좋은 일이다. 그 기대를 현실화시키려면 구체적인 계획과 실천이 있어야 한다. 가정과 사업 그리고 직장에서 이루고자 하는 계획도 필요하지만 나는 영적생활에 열심을 내겠다는 다짐과 실천을 주문하고 싶다. 예배 참석, 기도 생활을 열심히 하고 성경을 읽는 일, 전도하는 일 그리고 봉사하는 일에 게으르지 않겠다고 다짐하고 실천했으면 좋겠다. 그리고 개인적으로 주어진 공부, 운동, 일기 쓰는 일, 이웃을 섬기는 일 등을 정해놓고 실천하는 것이다. 그러면 그 일들이 습관화되고 평생 건강한 삶을 살게 될 것이다.

하나님은 우리에게 새 일을 행할 것이며 나타낼 것이라 했다. 새 일이 무엇인가. 전혀 새로운 일을 주실지도 모르지만 우리가 하나님을 신뢰하고 의지하면 사소하게 느껴지는 일에도 감동을 주고 감격케 하실 것이다. 또한 놀라운 기쁨을 선사해 주실 것이다.

이 기대를 붙들고 힘차게 출발하자. 하나님께 영광이 되고 나와 내 주변에 보람과 발전을 가져오는 새해가 되자.

하나님 만나기를 준비하라

오늘 말씀

아모스 4:12

그러므로 이스라엘아, 내가 이와 같이 네게 행하리라. 내가 이것을
네게 행하리니 이스라엘아, 네 하나님 만나기를 준비하라.

하나님이 없어도 잘살 수 있다고 생각하는 사람이 있다면 그
는 불신자요, 교만하고 어리석은 자다. 하나님의 은혜 없이는
한시도 살 수 없다고 고백하는 사람은 겸손한 자요, 신앙인이
다. 신앙인은 하나님을 만나야 활기가 있다. 그분의 명령에 순
복하고 그분의 지시와 가르침에 순종하면서 새 힘을 얻는다.

문제는 하나님을 어떻게 만나느냐 하는 것이다. 과학이나 철
학적 사고를 가진 사람들은 현상적으로 하나님을 만날 수 없
을 것으로 생각할 수 있다. 하나님의 존재조차 인정하려 들지
않는 사람이 하나님을 만난다는 것은 어불성설이라 할 것이다.
또한 신비주의자들은 환상이나 꿈, 음성 같은 신비한 방법으로
하나님과의 만남을 기대할 수 있다.

그러나 건전한 복음주의를 표방하는 사람들은 예수 그리스
도를 믿음으로 구원을 받고 예수를 통해서, 예배를 통해서, 기
도를 통해서, 말씀을 통해서, 성령의 역사를 통해서 기타 신앙
활동을 통해서 주님의 임재와 임마누엘을 체험할 것이다.

오늘 말씀은 우리에게 하나님 만나기를 준비하라고 한다. 어

떻게 준비해야 하는가. 두 가지 상황을 생각해 보자.

하나는 현재에서 어떻게 준비해야 하느냐는 것이다. 경건한 삶을 살아야 한다. 예수님은 산상수훈에서 "마음이 청결한 자는 복이 있나니 그들이 하나님을 볼 것이라." 하셨다.(마 5:8) 그렇다면 마음이 청결하지 못하기 때문에 하나님을 보지 못하고 만나지 못하는 것이다. 죄와 허물로 더럽혀진 사람은 그 죄를 용서받는 것이 하나님을 만날 준비를 하는 것이다. 예수 믿어서 하나님께 내 죄를 맡길 때 주님의 보혈이 우리를 깨끗하게 해 주실 것이다. 이미 의롭다 인정을 받은 사람이라 할지라도 날마다 회개와 주님의 은혜를 사모하는 마음으로 살아야 한다.

다른 하나는 궁극적으로 하나님을 만나기를 준비하는 방법이다. 우리는 종말론적으로 주님의 재림과 함께 심판 현장에서 하나님을 만나게 된다. 주님의 재림이 늦어지면 생애를 마감할 때 만나게 된다. 그때 우리는 어떤 모습으로 하나님을 만나야 할지 준비해야 한다.

이 땅에서 어떻게 살았느냐가 주님을 반갑게 만나느냐와 부끄럽게 만나느냐를 결정한다. 육신적인 쾌락과 탐욕과 불건전한 삶을 사는 것은 하나님을 기쁘게 만날 준비를 하는 것이 아니다. 하나님나라를 위한 헌신과 충성의 삶과 이 땅이 아닌 하늘 창고에 재물을 쌓는 삶을 살아야 한다.

나는 오늘을 어떻게 살 것인가. 오늘 나는 어떤 삶을 살았는가. 예배와 기도의 삶이었는가, 허랑방탕의 삶이었는가.

동행

아모스 3:3

두 사람이 뜻이 같지 않은데 어찌 동행하겠으며…

여행에 대하여 "빨리 가려면 혼자 가고 멀리 가려면 같이 가라."는 외국 속담이 있는 걸로 알고 있다. 마음 맞는 사람과 여행을 같이 하는 것은 얼마나 즐거운 일인가. 여행은 어디로 가느냐도 중요하지만 누구와 가느냐가 더 중요하다는 말도 있다.

우리는 지금 인생이라는 짧으면서도 제법 긴 여행을 하고 있다. 경우에 따라 혼자 가는 여행도 있지만 사실은 혼자 살 수 없는 여행을 하고 있다. 그런데 같이 가다 보니 서로 마음이 맞지 않아 갈라서는 경우가 있다. 결혼한 신랑, 신부가 검은 머리 파뿌리 되도록 함께 가자고 맹세까지 했다가 중도에 그만두는 일도 흔하다. 함께 노력해서 많은 돈을 벌어보자는 목적으로 동업을 했다가 의견이 맞지 않아 헤어지는 경우도 많다.

뜻이 같지 않고 마음이 하나 되지 않으면 여행을 같이 할 수 없다. 결국 상대방을 비난하며 헤어지게 된다. 성경에 보면 아름다운 동행의 얘기가 있다. 대표적인 예가 노아와 에녹이다.

노아는 긴 세월을 하나님의 명령에 따라 방주를 지으며 하나님과 동행했다.(창 6:9) 에녹은 65세에 므두셀라를 낳고 이후

300년을 하나님과 동행하며 자녀를 낳았다. 그는 365세를 살았는데 죽음으로 인생의 막을 내리지 않고 살아 있는 몸으로 하나님께 갔다.(창 5:21-24)

우리는 에녹이나 노아가 어떻게 일생을 하나님과 동행했는가를 살펴야 한다. 그들은 일반 사람들과 일반으로 결혼하여 자식을 낳으며 가정생활과 사회생활을 하면서 하나님과 뜻이 맞아 동행을 한 것이다. 그렇다면 그들은 어떻게 하나님과 뜻이 맞았을까. 세 경우를 생각해 볼 수 있다. 에녹과 노아가 하나님의 뜻을 맞추려 했을 것이라는 경우와 하나님이 노아와 에녹의 뜻을 맞추려 했을 것이라는 경우, 마지막으로 하나님과 저들이 서로 타협하며 마음을 맞추었을 것이라는 경우다. 어떤 것이 타당한 경우겠는가. 노아와 에녹이 하나님의 뜻에 맞추어 살았다가 맞다. 하나님은 창조주로서 의롭기 때문이다.

이제 우리가 어떻게 다른 사람과 마음을 맞추어 동행할까를 생각해 보자. 첫째, 하나님과의 동행은 무조건 하나님의 뜻에 순복해야 한다. 둘째 남과 동행하고자 할 때도 진리와 정의가 된 하나님의 말씀에 너와 내가 마음을 모아야 한다.

그러나 특별한 경우가 아니면 양보 정신이 필요하다. 일방적으로 내 뜻을 따르라기보다는 상대방의 견해를 존중해 주는 것이다. 특별히 가정에서 가족끼리 다른 사람의 의견을 존중하여 결정하고 같이 걸어간다면 얼마나 아름다운 동행이 되겠는가.

성경은 남을 나보다 낮게 여기라고 한다.(빌 2:3)

나를 본받는 자 되라

오늘 말씀

고전 11:1

내가 그리스도를 본받는 자가 된 것같이 너희는 나를 본받는 자가 되라.

누가 감히 남에게 나를 본받는 자가 되라고 말할 수 있을까. 그만큼 우리는 영적으로나 도덕적으로 온전하게 살지 못하고 있다. 그럼에도 사도 바울은 성도들에게 너희는 나를 본받는 자가 되라고 권하고 있다. 그는 어떤 삶을 살았기에 제자들과 성도들에게 당당히 권할 수 있었을까. 그는 그 이유를 자신이 그리스도를 본받는 자가 되었기 때문이라고 말한다. 그렇다. 누구든지 온전히 그리스도를 본받는 자의 삶을 살 수 있다면 담대히, 너희는 나를 본받으라고 할 수 있을 것이다.

그렇다면 바울이 본받고 또 우리 모두가 본받아야 할 예수 그리스도의 삶은 어떤 것이었나. 그는 죄인을 구원하러 죄인의 모양으로 태어났으되 죄가 없는 분이다. 그렇기 때문에 죄인의 죄와 허물을 대신 질 수 있었고 죄인의 죗값을 대신 짊어짐으로 구원을 완성시킨 것이다. 그는 내적으로나 외적으로나 흠잡을 데 없는 완벽한 인격자였다. 그러므로 모든 사람은 하나님의 아들을 믿는 것과 아는 일에 하나가 되어 온전한 사람을 이루어 그리스도의 장성한 분량이 충만한 데까지 이를 뿐 아니라

범사에 그에게까지 자라야 한다.(엡 4:13, 15)

예수 그리스도는 인류의 위대한 스승이다. 우리가 그를 위대한 스승이라 말할 수 있는 것은 그의 가르침이 진리이기 때문만은 아니다. 그는 당신이 가르친 바를 친히 실천하는 삶을 살았다. 사랑하면서 사랑하라고 가르쳤다. 용서하면서 용서하라고 가르쳤다. 기도하면서 기도하라고 가르치고 전도하면서 전도하라고 가르쳤다. 헌신과 섬김을 가르치고 그런 삶을 실천하다가 끝내는 자신을 십자가에 내놓으며 헌신과 섬김과 용서와 사랑이 이런 것이라는 것을 보여주셨다. 과연 위대한 스승이 아닌가. 바울 사도는 이런 그리스도의 사상과 행동을 흠모하여 그대로 실천했던 것이다. 그래서 바울 사도의 삶도 아름다운 것이며 그는 당당히, 여러분은 나를 본받으라고 할 수 있었다.

먼저 태어나고 배운 사람은 나중에 태어나서 배우는 사람에게 모범이 되어야 한다. 그것이 참 가르침이다. 그런데 오늘의 사람들이 후진들에게 올바른 정신과 사상 그리고 행동을 가르치고 있는가. 제자들 앞에서 선생님이 모범적 삶을 살고 있는가. 자식들 앞에서 부모가 모범적인가. 국민들 앞에서 지도자들이 본을 보이고 있는가. 우리는 주변 사람들 앞에서 모범적인가. 말은 옳은데 행동은 그른 경우도 많다.

성경은 우리에게 "너희는 선생 된 우리가 더 큰 심판을 받을 줄 알고 선생이 많이 되지 말라"고 경고한다.(약 3:1) 역설적 교훈이다. 선생다운 선생, 즉 도덕적으로나 신앙적으로 본을 보일 수 있는 선생이 많이 되라는 권면 아닌가.

내게 능력 주시는 자 안에서

오늘 말씀

빌 4:13

내게 능력 주시는 자 안에서 내가 모든 것을 할 수 있느니라.

✝

"내가 할 수 있다"고 하는 것은 내 의지의 표현이다. 같은 의지의 표현이지만 "나는 할 수 없다"가 부정적 측면이라면 "내가 할 수 있다"는 긍정적 표현이다. 부정적인 태도를 가진 사람이 일을 성취하는 경우가 극히 드물기 때문에 사람들은 매사 긍정적인 태도를 갖기 원한다.

바울 사도는 내가 모든 것을 할 수 있다고 공표하고 있다. 그리고 그 앞에 "내게 능력 주시는 자 안에서"라는 단서를 붙였다. 이 단서로 그는 겸손을 나타냈다. 그리고 하나님에 대한 신실한 신앙을 표현한다. 자신은 무능하고 부족하지만 전능하신 하나님의 지혜와 능력을 의지한다면 무엇이든지 할 수 있다는 의지를 표현한 것이다. 하나님의 전능성 앞에서 나의 무능은 능력으로 바뀔 수 있다는 당연한 신앙을 드러낸 것이다.

알고 보면 내가 모든 것을 할 수 있다는 것은 무지와 교만을 폭로하는 일이다. 우리가 모든 것을 할 수 있는가. 할 수 없는 게 너무 많다. 나폴레옹은 내 사전에는 불가능이 없다고 했다. 비천한 가정에서 태어나 황제까지 되었으니 그가 입지전의 사람이 된 것은 틀림없다. 그러나 그는 말년에 전쟁에 패하여 유배를 가고 비참한 최후를 맞았다. 승승장구할 때 가졌던 교만이 그를 무너뜨렸을 것이다. 그래서 교만은 멸망의 선봉이다.

그러나 사도 바울은 복음으로 세계를 정복해 들어갔다. 갖은 방해와 어려운 환경을 접하면서도 굴하지 않고 정복해 들어갔다. 그렇지만 그는 그 모든 일을 내가 했다고 하지 않았다. 하나님의 은혜와 능력으로 사역을 감당했다고 늘 고백했다. 지난날 교회를 핍박했던 자신에게 사도의 직분과 사명을 주어 교회를 세워 나가도록 능력을 주시고 주님의 도구로 사용해 주시는 은혜에 대하여 감사했다. 그렇다. 그는 자신은 무능하지만 만물을 말씀으로 지으신 하나님께 굴복했다. 그리고 그분의 능력이 가해지면 자신은 무엇이든지 할 수 있다고 확신한 것이다. 그것이 그의 믿음이요, 신앙고백이었다.

하나님은 우리를 부르셨다. 능력이 많아서 부르신 것이 아니라 하나님의 도구로 쓰시기 위해서 부르신 것이다. 하나님의 부르심에 겸손히 나아가자. 하나님은 약한 자를 들어서 강한 자를 부끄럽게 하신다. 어리석은 자를 들어서 지혜 있는 자들을 부끄럽게 하신다.(고전 1:27) 겸손하게 하나님의 전능하심을 의지하자. 우리가 하나님의 도구로 쓰임 받기를 원하고 그의 영광을 드러내고자 하는 열심이 있다면 하나님의 무한한 지혜와 능력은 언제나 나를 위해 준비되어 있는 것이다. 그래서 우리도 내게 능력 주시는 자 안에서 모든 것을 할 수 있다.

심은 대로 거둔다

갈 6:7

스스로 속이지 말라. 하나님은 업신여김을 받지 아니하시나니 사람이 무엇으로 심든지 그대로 거두리라.

무엇으로 심든지 그대로 거둔다는 말은 작물을 심으면 열매를 거두게 된다는 자연법칙에서 얻어온 개념이다. 이 말은 두 가지 의미를 함유하고 있다. 하나는 품목에 관한 것이다. 즉, 콩을 심으면 콩이 나오고 팥을 심으면 팥을 거두게 된다는 의미다. 또 하나는 수량이나 질質에 관한 것이다. 많이 심으면 많이 거두고 조금 심으면 조금 거두게 된다는 뜻이요, 좋은 것 심으면 좋은 것 거두고 나쁜 것 심으면 나쁜 것을 거둔다는 뜻이다.

성경은 영적으로나 도덕적으로도 이 법칙이 적용됨을 말씀한다. 즉, 선을 행하면 선한 열매를 거두고 악을 행하면 악한 열매를 거둔다는 것이다. 육체를 위하여 심으면 육체로부터 썩어질 것을 거두고 성령을 위하여 심으면 성령으로부터 영생을 거둔다는 것이다.

사람들은 자연법칙에서 심은 대로 거두는 것은 인정하면서 영적으로나 도덕적으로 행한 대로 거두는 것에 대해서는 인정하려 들지 않는다. 자연법칙에서는 심은 그 자리에서 거두게 되지만 영적이나 도덕적 법칙에서는 엉뚱한 곳에서 거둘 수도 있다는 것이고, 자연법칙에서는 대체로 일정한 기간이 지나면 거두게 되지만 영적이나 도덕적 법칙에서는 거두는 기간이 일정하지 않다는 것이다. 그렇지만 심은 대로 거두는 법칙에 있어서 영적이며 도덕적인 법칙이 자연법칙보다 더 정확하다는 것을 명심해야 한다.

심고 거두는 법칙에 대해서 인간에게는 무지하거나 어리석은 데가 있다. 그 하나는 심지 않고 거두려는 경우다. 일하지 않고, 노력도 하지 않고 얻으려는 사람이 있다. 이는 하나님께서 주신 법칙을 어기는 사악한 행위다. 그러므로 일할 수 있는 사람에게 복지정책이라는 허울 좋은 이름으로 공짜로 나누어 주는 것은 악을 조장하는 행위다. 물론 일할 수 없는 사회적 약자를 돕는 것하고는 차원이 다르다.

또 하나의 폐단은 이것을 심고 저것을 거두려는 수작이다. 악행을 하면서 선한 열매를 얻으려는 행위가 과연 옳은가. 하나님은 사람에게서 업신여김을 받지 않으신다는 것을 알아야 한다. 반드시 심은 대로 거두게 하신다.

그러므로 우리가 심은 대로 거두는 하나님의 법칙을 바르게 이해하며 사는 것이 행복하게 사는 비결이 됨을 알아야 한다. 우리는 선한 것을 많이 심어야 한다. 적극적으로 기회를 만들어 선하고 의로운 것을 많이 심어야 한다. 거기에 소망이 있다.

품위와 질서

고전 14:40

모든 것을 품위 있게 하고 질서 있게 하라.

인격을 갖춘 사람은 사회생활 중에서 자기의 위치와 지위를 지키려 한다. 품위를 잃는다면 누구도 그를 지성인으로나 교양인으로 인정해 주지 않기 때문이다.

여기 나라고 하는 사람이 있다. 그가 결혼하여 자식을 두었고 부모를 모시고 산다. 그렇다면 어떻게 살아야 하는가. 부부관계가 좋아야 한다. 서로 사랑하면서 남편과 아내로서의 위치를 지키고 본분을 다해야 한다. 물론 부모에게는 아들로서의 위치를 지켜야 하고 자식을 두었으니 그들 앞에서는 부모로서의 권위도 있어야 한다. 말도, 행동도, 가족의 일원으로서의 도리도 지켜야 한다. 그것이 품위다. 또한 그의 행동은 혼자가 아니기 때문에 질서가 요구된다. 가정이나 어떤 사회나 온전하게 지탱되기 위해서는 정해진 일정한 도리가 있기 마련이다. 이 도리가 지켜지지 않음으로 일어나는 무질서는 각종 사고를 유발하면서 규모 없는 사회를 만들어 간다.

예를 들면 인구가 늘고 차량의 통행이 많아지다 보니까 보행자는 어디로 걷고 차량은 어떻게 운행해야 한다는 규칙을 법으로 정해 놓았다. 이 규정을 어기면 교통사고가 날 수밖에 없다. 사람은 태어나면서부터 인권이 주어지고 그 인권은 동등하다. 그렇지만 위아래가 있다. 어른과 아이가 있고 부모가 있고 자식이 있다. 여기에 지켜야 할 도덕과 윤리가 있다. 이것을 지키지 않을 때 사회는 용납하지 않는다. 이런 위계질서가 무너지면 부도덕한 사회가 된다. 법질서, 도덕질서, 상商질서 등 우리 사회에는 사회를 지탱하기 위하여 수많은 규범이 정해져 있다. 만약 이런 규범들이 무너져 버린다면 사회적 약자들은 힘의 논리에 의해서 고통을 당할 수밖에 없다. 이런 사회를 과연 누가 원하겠는가. 하나님이 원치 않는 사회는 부도덕하고 아름답지 않다. 그러므로 우리는 그 일이 신령한 일일 경우에는 더욱 말할 필요 없지만 세상에서 사소하다고 여겨지는 일이라 할지라도 그 앞에서 품위를 지키고 우리가 참 인격자요 교양인이라면 질서 있게 행동해야 한다. 그것이 존중받는 태도다.

우리가 사회의 일원으로서, 어떤 직분을 맡은 책임자로서, 한 가족의 일원으로서, 신령한 교회의 성도로서 자기 위치를 알고 품위에 손상을 입히지 않고 사는가. 그렇다면 우리는 인정받을 수 있고 존경받을 수 있다.

그렇다. 어떤 경우에서도 품위를 지키라. 어떤 상황에서도 질서를 지키라. 하나님 앞에서도, 사람들 앞에서도 품위 있게 행동하고 질서 있게 살아가자. 그것이 하나님이 원하시는 길이요, 우리가 하나님께 영광을 돌려드리는 일이다.

지금은

고후 6:2 하

보라 지금은 은혜 받을 만한 때요, 보라 지금은 구원의 날이로다.

사람들은 쉬지 않고 흐르는 시간을 편의상 셋으로 구분하여 생각한다. 현재와 과거와 미래가 그것이다.

현재는 지금이다. 내가 활동하고 살아가는 이 순간을 말한다. 그러나 내가 지금 존재하는 것은 지나온 세월이 있었기 때문이다. 역사적으로 생각하면 무한한 세월이 있었을 것이다. 개인을 중심으로 보면 태어나서 지금까지 살아온 세월이다. 그 세월을 지나는 동안 여러 가지 상황을 만났고 사건들을 겪어야 했다. 우리는 과거를 그리워하기도 하고 반성도 하며 산다. 그러나 과거는 이미 지나온 세월이기에 되돌릴 수도 교정할 수도 없다. 단지 잘못 산 부분을 후회하거나 반성하면서 새로운 각오는 할 수 있다.

미래는 내 앞에 전개될 내가 경험하지 못한 무한의 시간들이다. 그러나 개인적으로 생각하면 지금 이후요, 육적 생활을 마치기까지지만 그 후로는 세상의 종말과 함께 영원세계가 전개될 것이다. 이 미래는 어떻게 전개될지 아무도 모른다. 신앙인들은 그러나 인생의 종말 이후에 영원한 세계가 있다는 것을 믿기 때문에 그 영원한 세계에 대한 소망을 가지고 살아야 한다. 그래서 가장 중요한 시점은 과거가 아니고 미래를 준비하는 지금이어야 한다. 우리의 과거가 오늘이 있기까지 어떤 부분에 영향을 끼친 것처럼 현재를 우리가 어떻게 사느냐는 미래를 준비하는 일이 될 것이다.

행복한 미래를 위해서 여러 가지 계획을 세우는 것도 중요하다. 그리고 그 성취를 위해서 사는 것은 매우 중요하다. 그러나 인생이 예수 그리스도를 믿음으로만 구원받는다는 진리가 있을진대 인생에 있어서 가장 시급한 것은 무엇일까. 은혜를 입는 것이요, 구원받는 일이다. 이것이 가장 소중하고 시급한 것은 우리의 내일이 불투명하기 때문이다. 아직 내 시간이 창창하게 남았다고 구원받는 일을 다음으로 미루는 사람들이여, 당신의 운명을 어떻게 믿을 수 있는가.

하나님의 은혜는 우주 안에 풍성하다. 그것을 소홀히 여기지 말고 사모하라. 그리고 내 인생과 영혼을 위하여 구원을 받으라. 하나님은 나의 구원을 위하여 예수 그리스도를 이 땅으로 파송했고 우리 죄를 사하시기 위하여 우리 죄를 대신 짊어지게 하셨다. 그리고 그 죗값으로 십자가 형틀에 못 박혀 죽도록 하셨다. 이보다 더 큰 은혜가 어디 있는가. 이 사실을 믿으라. 그것이 구원이고 영생의 보증이다. 그 은혜 안에서 당신은 감사가 넘칠 것이고 내가 구원받았다는 확신이 당신을 평강으로 인도할 것이다. 은혜 받을 때는 내일이 아니다. 구원받을 일도 나중이 아니고 지금이다. 지금, 지금이다.

새로운 피조물

오늘 말씀

고후 5:17

그런즉 누구든지 그리스도 안에 있으면 새로운 피조물이라. 이전 것은 지나갔으니 보라, 새것이 되었도다.

바리새인이요, 이스라엘의 선생으로 존경받는 니고데모가 어느 날 밤중에 예수님을 찾아왔다. 그는 말했다. "랍비여, 우리가 당신은 하나님께로부터 오신 선생님인 줄 아나이다. 하나님이 함께하시지 아니하시면 당신이 행하시는 이 표적을 아무도 할 수 없음이니이다."

니고데모는 예수님이 행하시는 신비한 표적에 관심이 있었다. 예수님은 그에게 말씀하셨다. "진실로 진실로 네게 이르노니 사람이 거듭나지 아니하면 하나님의 나라를 볼 수 없느니라." 예수님은 거듭남에 대하여 말씀하셨다. 그러나 니고데모는 이에 대하여 무식했다. 그는 물었다. "사람이 늙으면 어떻게 날 수 있습니까? 두 번째 모태에 들어갔다가 날 수 있습니까?"

니고데모는 거듭난다는 것이 어머니 뱃속에 들어갔다가 다시 나는 것이냐고 물었다. 예수님은 이 우스꽝스런 질문에 "진실로 진실로 네게 이르노니 사람이 물과 성령으로 나지 아니하면 하나님의 나라에 들어갈 수 없느니라. 육으로 난 것은 육이요, 영으로 난 것은 영이니 내가 네게 거듭나야 하겠다, 하는

말을 놀랍게 여기지 말라."고 하셨다.(요 3:1-7)

사람은 하나님의 섭리에 의해서 부모의 몸을 의탁해 태어나 육신적 죽음을 맞는다. 그런데 예수님은 니고데모에게 다시 태어남에 대해서 말씀하셨다. 이것은 이성으로는 이해하기 어렵다. 오죽했으면 니고데모가 늙으면 어떻게 날 수 있느냐, 두 번째 모태에 들어갔다가 날 수 있느냐고 물었겠는가. 그러나 무식했던 니고데모를 비웃지 말자. 그의 우매한 듯한 질문이 있었기에 거듭남의 뜻을 신앙 안에서 알게 되었지 않은가. 거듭난다는 말은 "다시 나다", "위로부터 나다", "성령으로 나다" 등의 의미를 갖고 있다. 흔히 쓰는 중생重生이라는 말이다.

사람은 누구나 생물학적으로 한 번 태어났다가 죽는다. 그러나 하나님의 은혜는 예수 그리스도 안에서 성령으로 다시 한 번 태어나게 한다. 이것이 거듭남이다. 사람의 외모는 예전과 같되 새로운 사람으로 변화를 입는 것이다. 그는 옛사람의 모든 허물과 죄를 예수를 믿고 구원주로 영접함으로 용서받는다. 그러면 새로운 피조물이 되는 것이다.

새로운 피조물은 땅에 속했던 옛사람의 성품이 버려야 할 것임을 알고 하나님의 말씀을 존중하게 된 사람이다. 삶이 변하고 인생관이 바뀐 사람이다. 이전에 세상 것을 사랑하고 육신의 정욕을 위해 살았다면 이제는 하늘의 신령한 은혜와 영원한 것을 사모하게 된다. 그에게는 장차 영원한 천국에서의 영생이 예비되어 있다. 예수를 믿는가? 감사하라. 거듭나 새로운 피조물이 되었으니 영원한 새나라가 준비되어 있다. 할렐루야!

감추어져 있는 보화

오늘 말씀

골 2:3

그 안에는 지혜와 지식의 모든 보화가 감추어져 있느니라.

여러분이 얻고자 하는 보화는 무엇인가. 돈인가, 명예인가, 권세인가? 그것을 얻기 위해 얼마나 고생을 하고 있는가. 그것을 얻을 때의 기쁨을 상상하며 얼마나 큰 고통을 참고 사는가.

오늘 말씀은 지혜와 지식의 모든 보화가 그 안에 있다고 한다. 그런데 그 보화가 누구나 발견할 수 있도록 개방되어 있는 게 아니라 감추어져 있다고 했다. 감추어져 있는 것이 보화라면 찾아내야 한다. 어디서 찾아내야 하는가. 그 안에서라 했다. 여기서 그 안은 예수 그리스도 안을 말한다.

사실 예수 그리스도조차 만세와 만대로부터 감추어져 있었다.(골1:26) 구약성경은 죄인의 구원을 위하여 메시아가 오실 것을 수없이 예언했다. 그러다가 때가 되니 동정녀를 통하여 신비롭게 오셨다. 그분은 회개를 촉구하면서 당신을 메시아로 믿음으로 구원을 얻는다는 진리를 선포했다. 그리고 믿음을 가진 사람들을 위하여 골고다 언덕에서 대속의 죽음을 죽었다가 3일 만에 부활하심으로 구원을 완성했다. 메시아에 대한 비밀이 완전히 밝혀진 것이다. 그러나 예수 그리스도를 통하여 구원을 얻은 사람일지라도 현세와 내세에서 형통하게 사는 비결은 여전히 찾아내야 한다. 그 안에 세상에서 구할 수 없는 지혜와 지식이 모두 숨어 있기 때문이다.

광부가 광맥을 찾아서 수고하듯 예수 그리스도를 천착하며 살아야 한다. 그 안에 감추어진 비밀이 보화가 되어서 나타날 것이다. 복음의 진리는 찾는 자에게 주어진다. 사모하는 자에게 환희로 다가온다. 예수님은 천국 비유를 통하여 가르쳐 주셨다. 천국은 마치 밭에 감추인 보화와 같으니 사람이 이를 발견한 후 숨겨두고 기뻐하며 돌아가서 자기의 소유를 다 팔아 그 밭을 산다는 것이다.(마 13:44) 그렇다. 그것이 진정한 가치가 있는 것이라면 자기 소유를 다 팔아서라도 사야 하는 것이다. 천국이 그렇고 예수 그리스도가 그렇다.

예수 그리스도는 진리다. 구원과 영생은 물론 삶의 지혜와 지식 모든 것을 소유한 분이다. 그럼에도 감추어져 있음을 명심하자. 보화를 차지할 수 없는 사람에게까지 공개되어 있지 않다는 뜻이다. 또한 보화를 차지할 수 있는 사람에게도 그것을 구하고 찾도록 하셨다.

하나님은 긍휼히 여길 자를 긍휼히 여기고 구원할 자를 구원하시며 감추어진 비밀을 나타내 보여주신다. 점점 더 사모하는 마음으로 천착해 들어가자. 놀라운 역사를 계속 체험하며 감격에 빠질 것이다. 감추어졌던 보화가 구원받은 사람의 삶을 풍요롭게 할 것이며, 우리는 그런 삶으로 하나님께 감사하며 영광을 돌리게 될 것이다.

사랑의 확증

롬 5:8

우리가 아직 죄인 되었을 때에 그리스도께서 우리를 위하여 죽으심으로 하나님께서 우리에 대한 자기의 사랑을 확증하셨느니라.

하나님은 사랑이시다.(요일 4:8) 사랑할 수밖에 없는 분이시다. 그 사랑을 측량할 수가 없으니 공의로우신 분으로서 도저히 사랑할 수 없는 사람까지 사랑하신다. 그 사랑의 최고봉은 어디서 찾을 수 있을까. 성경은 하나님께서 죄인을 사랑하시어 독생자를 보내주셨고 그를 죄인들의 대속물로 내놓으셨다고 했다. 과연 이 사랑보다 더 크고 위대한 사랑이 어디 있겠는가.

하나님은 죄인들을 살리기 위하여 독생자를 죽는 데에 내놓으셨다. 남을 위해 죽어서 사랑을 실천한 사람들도 더러 있다. 그러나 죄인이 의인을 흠모하여 생명을 거는 경우는 있어도 의인이 죄인을 위하여 생명을 내놓는 일은 없다. 그런데 하나님은 의로우신 아들을 죄인을 살리는 대속제물로 내놓으셨다.

죄인을 살리는 방법은 그에게서 죄를 제거해 주는 방법밖에 없다. 죄의 삯이 사망이기 때문이다. 그러면 어떻게 지은 죄를 없앨 수 있는가. 구약시대에는 한시적으로 소나 양 같은 정결한 짐승에게 죄인의 죄를 덮어씌워 죽임으로 살려주었다. 짐승으로 하여금 사람의 죄를 대신 지고 죽게 하는 이른바 속죄제사다. 그래서 수많은 짐승들이 인간의 죄 때문에 죽어야 했다. 그러나 그것은 어디까지나 장차 일어날 일의 예표에 불과한 행위였다. 하나님은 성령으로 예수 그리스도를 동정녀 마리아의 몸을 통하여 이 땅에 태어나게 하셨다. 죄 없이 인간으로 태어나게 하는 유일한 방법이었다. 세례 요한은 그를 가리켜 세상 죄를 지고 가는 하나님의 어린 양이라고 증언했다.(요 1:29)

예수님은 우리와 똑같은 모습이었지만 죄 없이 태어나셨다. 그러므로 남의 죄를 대신 짊어질 수 있었다. 만약 예수님이 죄 있는 몸으로 태어났다면 그도 당신의 죗값으로 죽어야 했을 것이다. 그러나 죄 없이 태어났으므로 만민의 죄를 대신 짊어지고 죽을 수 있었고 죽은 지 3일 만에 부활하심으로 죽음을 이기는 쾌거를 이룬 것이다. 죄인 모두가 죽어도 단 한 사람을 살릴 수 없는데 예수님 단 사람이 죽어 인류 전체를 살릴 수 있었던 것이다. 그렇다. 예수님은 우리를 위하여 죽으셨고 우리를 살리기 위해서 부활하셨다. 할렐루야!

이보다 더 큰 사랑이 어디 있겠는가. 의인을 위하여 죽는 자가 쉽지 않고 선인을 위하여 죽는 자가 혹 있을 수 있지만(롬 5:7) 그렇다 하더라도 의인이 죄인을 위하여 죽은 일과 비교할 수 있겠는가. 그러므로 당신의 독생자를 우리들 죄인을 위하여 죽음으로 내몬 일은 하나님께서 우리를 사랑하신다는 확실한 증거요, 최고의 사랑이다. 이 사랑을 입은 우리는 어떻게 살아야 하겠는가. 바울 사도는 "우리가 살아도 주를 위하여 살고, 죽어도 주를 위하여 죽는다."고 했다.(롬 14:8)

교만과 겸손

오늘 말씀

잠 18:12

사람의 마음의 교만은 멸망의 선봉이요, 겸손은 존귀의 길잡이니
라.

사람은 누구나 성공하여 존귀하게 여김을 받기를 원한다. 그
렇다면 어떻게 멸망치 않고 존귀하게 여김을 받을 수 있을까.
성경은 그 모든 것이 마음에 달렸다고 한다. 마음의 교만이 멸
망의 선봉이 되고 마음의 겸손이 존귀를 이끌어 오는 길잡이가
된다는 것이다. 그렇다면 우리는 겸손의 사람이 되어야 한다.

우리는 하나님 앞에서 겸손한 사람이 되어야 한다. 그러기
위해서 하나님을 하나님으로 인정해야 한다. 하나님은 전능하
시다. 태초에 말씀으로 만물을 창조하신 창조주시다. 피조물
인간은 그분에게 무릎을 꿇고 경배해야 한다. 만물을 다스리시
고 섭리하시는 지혜를 찬양해야 한다. 그 권위 앞에 굴복하고
생사화복을 주장하시는 권세 앞에 복종해야 한다. 독생자를 보
내시고 죄에서 구원해 주신 은혜에 감사해야 한다. 감사를 헌
신과 충성으로 표현해야 한다. 이런 마음과 행동이 하나님을
하나님으로 인정하는 것이다. 그것이 피조물 인간이 갖추어야
할 창조주 하나님께 대한 예절이요, 본분이며 겸손의 기초다.

예수님은 하나님과 동등이요, 본체지만 영광스런 하나님의

보좌를 버리고 이 누추한 땅에 사람의 모양으로 오셨다. 겸손의 모범이다. 그리고 스스로 말씀하시기를 "나는 마음이 온유하고 겸손하다."고 하셨다.(마 11:29) 마지막을 장식하기 위하여 예루살렘으로 입성하실 때 어린 나귀를 타셨다. 성경은 그 모습을 겸손이라 하셨다.(마 21:5) 제자들의 발을 씻어주었다. 역시 헌신과 겸손의 모범을 보이신 것이다.

예수님의 겸손을 알았다면 이제 사람들 앞에서 겸손해야 한다. 사람의 겸손은 다른 이에게 어떤 태도를 갖느냐에 달려 있다. 교만한 사람은 남을 멸시하려 든다. 내가 지체가 높다거나 우월하게 느껴지면 멸시의 시선을 보낸다. 겸손의 사람은 나보다 남을 낮게 여긴다.(빌 2:3) 자기보다 위에 있는 사람을 존경하고 아랫사람은 불쌍히 여긴다. 남이 낮은 위치에 앉아 있으면 그에게까지 내려가 앉든지 그를 끌어올려 함께 앉는다. 그것이 겸손이다. 그는 반드시 인정을 받고 영예를 얻게 될 것이다.

영예의 자리도 겸손을 잃으면 멸시의 자리로 떨어진다. 사무엘은 사울 왕이 하나님께 불순종하고 교만했을 때 "왕이 스스로 작게 여길 그때에 이스라엘 지파의 머리가 되지 아니하셨나이까." 하고 책망했다.(삼상 15:17) 사울이 겸손 했을 때 왕의 자리에 올랐지만 교만하여 불순종할 때 버린 바 되었던 것이다.

성경은 말씀한다. "주 앞에서 낮추라. 그리하면 주께서 너희를 높이시리라."(약 4:10) "하나님이 교만한 자를 물리치시고 겸손한 자에게 은혜를 주신다 하였느니라."(약 4:6)

주는 것이 받는 것보다 복이 있다

행 20:35

> 범사에 여러분에게 모본을 보여준 바와 같이 수고하여 약한 사람들을 돕고 또 주 예수께서 친히 말씀하신 바 주는 것이 받는 것보다 복이 있다 하심을 기억하여야 할지니라.

바울 사도는 3차 전도여행을 마치고 예루살렘에 귀환하는데 오순절 안에 도착하려다 보니 시간이 촉박하였다. 직접 에베소 교회에 들를 수가 없어 밀레도에서 사람을 에베소로 보내 그곳 장로님들을 초청하고 고별설교를 했다. 에베소 교회는 바울 사도가 선교여행 중 가장 긴 3년이란 기간을 목회한 곳이었다. 그는 성령에 이끌리어 예루살렘으로 가지만 거기서 어떤 일을 만날지 모른다고 했다. 그는 장로님들에게 성도들을 보호하고 바르게 양육할 것을 부탁했다. 그리고 마지막으로 "주는 것이 받는 것보다 복이 있다."고 하신 주님의 말씀을 상기시켰다.

왜 주는 것이 받는 것보다 복이 있을까. 사람들은 받는 것이 더 복되다고 생각할 수 있다. 그들은 주는 것은 잃는 것이요, 받는 것은 내게 모아지는 것으로 생각하기 때문일 것이다.

그러나 진리의 말씀인 성경은 많이 가지는 것이 반드시 복이 아님을 가르친다. 성경은 최고의 복을 사랑이라고 가르친다. 사랑을 나누는 것이 복이고 재물을 좀과 동록이 해하지 않는 하늘에 쌓아두는 것이라 했다. 특별히 복을 물질적인 데에만 두지 않고 정신적이고 영적인 데 더 비중을 두고 있다.

왜 주는 것이 받는 것보다 더 복이 있다고 하는가.

첫째는 마음의 여유 때문이다. 넉넉한 마음으로 살 수 있다면 복이다. 타인을 배려할 수 있다면 그 마음은 옹졸하지 않다.

둘째로 뭔가를 남에게 줄 수 있다는 것은 그것이 내게 있다는 뜻이다. 사랑의 마음이 있으니 남을 사랑할 수 있다. 예수님은 이 땅에 오셔서 모든 것을 주시고 갔다. 천국을 선포하고 말씀을 가르쳤다. 병자를 치료해 주고 외로운 사람을 위로해 주었다. 십자가에 못 박혀 돌아가실 때는 입은 옷까지 벗어주고 가셨다. 주님은 풍부한 사랑이 있었던 것이다.

셋째로 성경은 이 땅에서 베풀며 살면 하나님이 하늘에서 도와주신다는 것을 강조하고 있다. 긍휼히 여기면 긍휼히 여김을 받을 것이라 했다. 형편이 어려운 사람에게 행한 것은 주님 당신에게 한 것으로 간주한다고 했다.(마 25:31-46) 하나님은 풍족하신 분이다. 그 풍족을 남에게 주고 나누는 사람에게 주시는 것이다. 그것도 금세만 아니라 내세까지 이어지게 하신다니 필요에 따라 이웃에게 나누어 준다는 것이 얼마나 복된 일인가.

성경은 말씀한다. "주라, 그리하면 너희에게 줄 것이니 곧 후히 되어 누르고 흔들어 넘치도록 하여 너희에게 안겨 주리라." (눅 6:38) 하나님은 반드시 갚아주시는 분이다. 그러나 언제 어떤 방법으로 주실지는 모른다. 이웃에게 베풀 때 행한 일에 대하여 오른손이 하는 것을 왼손이 모르게 하고 또한 기억치 않는 게 좋다.(마 6:3) 보상은 반드시 있지만 하나님의 소관이다.

질그릇에 담긴 보배

오늘 말씀

고후 4:7

우리가 이 보배를 질그릇에 가졌으니 이는 심히 큰 능력은 하나님
께 있고 우리에게 있지 아니함을 알게 하려 함이라.

그릇은 무엇으로 만들었느냐에 따라 금그릇, 은그릇, 나무그
릇, 돌그릇, 질그릇 등 그 이름이 달라진다. 또한 그 안에 무엇
을 담았느냐에 따라 다른 이름이 생긴다. 물을 담았으면 물그
릇이고 술을 담았으면 술그릇이고 약을 담아두면 약그릇이다.
보석을 담아두면 보배합이 되고 쓰레기가 담겨 있으면 쓰레기
통이다. 아무것도 담겨 있지 않으면 빈 그릇이다.

오늘 말씀에 그릇에 대한 재미있는 표현이 있다. "우리가 이
보배를 질그릇에 가졌다."는 표현이다. 질그릇은 흙을 구워서
만들었기 때문에 별로 아름답지 못하고 깨어지기 쉽다. 따라서
막그릇으로 쓰기에 좋다. 그런데 그 안에 보배를 넣어두면 그
순간부터 보배합이 된다. 보배로 인해 가치가 상승되는 것이
다. 이는 예수 그리스도를 영접한 백성을 비유하는 표현이다.

인간은 부실하다. 작은 사고에도 깨어지기 쉽다. 투박한 그
릇과 같다. 그런데 그가 가지고 있는 것이 귀중하면 귀중히 여
김을 받는다. 정신이 훌륭하면 외모가 어떻든 존경을 받는 인
사가 된다. 성경은 우리를 성전이라고 묘사한다. 예수를 믿기

때문에 예수의 영인 성령이 거하므로 성령의 전이라는 것이다.(고전 3:16-17)

우리는 내 안에 무엇을 가져야 하는가를 고민해야 한다. 세상의 헛된 쓰레기 정신으로 채워져 있어서야 되겠는가. 예수님을 영접하면 예수의 사람이다. 성령이 계시면 성령의 전이다. 말씀과 은혜와 사랑이 있으면 말씀과 은혜와 사랑의 사람이다. 그리고 그것이 가득하면 충만한 사람이 된다. 은혜 충만, 말씀 충만, 성령 충만은 그래서 나온 말이다. 충만하면 밖으로 흘러나오기 마련이고, 흘러나온 그 충만은 주위 사람들에게 좋은 영향을 끼칠 수밖에 없다.

질그릇에 보배를 가진 우리라면 어떤 자세로 세상을 살아야 하는가. 두 가지만 생각하자.

하나는 내용과 중심을 가꾸는 사람이 되자는 것이다. 예수께서 언제 사람의 외모를 보고 판단하셨는가. 외식하는 사람을 미워하셨다. 성경은, 사람은 외모를 보지만 하나님은 중심을 보신다고 했다.(삼상 16:7)

또 하나는, 질그릇에 보배를 가진 사람으로서 자긍심이 있어야 한다. 우리는 하나님의 영을 소유한 하나님의 백성이다. 금은보화보다 귀한 예수 그리스도와 함께하는 사람이다. 성령이 숨 쉬고 하나님의 말씀이 역사하는 사람이다.

언제 어디서나 위축되지 말되 겸손하고 자긍심을 갖되 교만하지 말아야 한다. 질그릇일지라도 보배를 가졌다면 세상을 함부로 살 수 없다.

위의 것을 찾으라

오늘 말씀

골 3:1-2

그러므로 너희가 그리스도와 함께 다시 살리심을 받았으면 위의 것을 찾으라. 거기는 그리스도께서 하나님 우편에 앉아 계시느니라. 위의 것을 생각하고 땅의 것을 생각하지 말라.

구원받은 우리는 위의 것을 찾고 위의 것을 생각해야 한다. 상대적인 땅의 것은 찾지도 말고 생각하지도 말라는 뜻이다. 위의 것은 고상하고 신령한 것, 영원하고 순결한 것, 나아가서 하나님나라에 속한 사랑, 평화, 자유와 같은 개념이다. 궁극적으로는 그리스도께서 하나님 우편에 앉아 계시는 천국이다. 땅의 것은 위의 것의 반대 개념이다. 속되고 순간적이며 불의, 불법, 거짓, 어둠과 같은 개념이다.

무엇을 생각하며 사는가, 어디를 바라보고 있는가 하는 것은 삶에 있어 중요한 요소가 된다. 마음은 생각에 따라 정착할 것이고 걸음이나 생의 목표는 바라보는 쪽을 향하여 갈 것이기 때문이다. 높은 산을 수시로 바라보면서 올라가고 싶다고 벼르는 사람이 있다면 그는 언젠가 그 산을 오르게 될 것이다. 그러니 늘 불평불만을 외치는 사람이 걸어가는 곳은 어디겠는가.

우리는 예수를 믿어 하나님의 백성이 되었다. 하늘나라 시민권자로 인침을 받았다. 그렇다면 우리가 사모하며 바라볼 곳은 어디인가. 영원히 행복한 곳이어야 한다. 거짓과 술수가 없

고 사랑과 평화만 있는 곳이어야 한다. 비록 땅에 살아도 이상
은 하늘나라여야 한다. 거룩하고 고상한 나라의 도덕과 윤리를
실천하여 천국 시민권자의 본을 보이며 그 나라를 전파하는 사
명자로 살아야 한다. 사도 요한은 말년에 밧모라는 섬으로 유
배를 가서 환상 중에 계시를 받고 천국을 보았다. 그가 본 것은
새 하늘과 새 땅이었다.(계 21:1) 그는 그곳에서 천국이 어떤 곳
인가를 알려주는 음성을 들었다. "보라, 하나님의 장막이 사람
들과 함께 있으매 하나님이 그들과 함께 계시리니 그들은 하나
님의 백성이 되고 하나님은 친히 그들과 함께 계셔서 모든 눈
물을 그 눈에서 닦아주시니 다시는 사망이 없고 애통하는 것이
나 곡하는 것이나 아픈 것이 다시 있지 아니하리니 처음 것들
이 다 지나갔음이러라."(계 21:3-4) 이 땅의 고통과 슬픔과 아픔
이 없고 저주가 사라진 곳이요, 하나님이 함께하시는 곳이라는
것이었다. 모든 시대의 성도들은 땅에서 겪는 수많은 시험과
고난을 참으며 그 나라를 바라보았다. 그리고 그들은 자기들이
생각하고 바라본 그곳으로 갔다.

　우리는 무엇을 찾고 어디를 바라봐야 하는가. 스데반 집사는
복음을 전하다 돌에 맞아 죽어가는 순간에도 위를 바라보았다.
그는 거기서 하나님의 영광과 및 예수께서 하나님 우편에 서신
것을 보았다. 그는 외쳤다. 보라, 하늘이 열리고 인자가 하나님
우편에 서신 것을 보노라 하고 순교했다.(행 7:55-56)

　천국을 소망하면 천국에 간다. 우리는 지금 어디를 바라보며
무엇을 찾고 있는가.

입술을 제어하는 지혜

잠 10:19

말이 많으면 허물을 면하기 어려우나 그 입술을 제어하는 자는 지혜가 있느니라.

우리 사회에는 예부터 말에 대한 충고나 권면이 유독 많다. 오죽하면 선인이 "말로써 말 많으니 말 말을까 하노라"는 시조를 읊었을까. 소통의 도구로 말을 사용하다 보니 부작용도 많은 것이다. "말 한 마디로 천 냥 빚을 갚는다."는 속담은 말이 유용하게 쓰인 경우지만 "죽고 사는 것이 혀의 힘에 달렸나니 혀를 쓰기 좋아하는 자는 혀의 열매를 먹으리라."(잠 18:21)는 말씀은 말을 잘못 사용했을 경우의 교훈이다.

흔히 구설수라 해서 세상에는 말로써 당하는 고난이 많다. 그렇다고 말하지 않고 살 수는 없다. 말에 대한 충고가 많다는 것은 말은 하되 조심해야 한다는 의미다. 말이 많으면 좋은 평판이나 대접을 받을 수 없다. 실언이 게재되고 교양과 인격의 의심을 받게 된다. 그렇다고 말을 해야 할 때에 하지 않고 있으면 되는가. 해야 할 때 해야 하고 하지 말아야 할 때 하지 않아야 지혜로운 사람이라는 평가를 받는다. 꼭 해야 하는데 위신 때문에 말하지 못하면 용기 없는 비겁한 자로 몰리게 된다. 말은 적게 하면서 남의 말을 잘 들어주는 것이 대화를 잘하는 사람이며, 그러면 품위를 갖춘 사람으로 인정을 받을 수 있다.

우리 얼굴에 붙어 있는 입과 귀를 보자. 입은 하나고 귀는 둘이다. 말을 한 번 할 때 듣기는 배로 하라는 뜻이란다. 그러면 왜 입은 얼굴 하반부 중앙에 붙어 있고 귀는 양편에 하나씩 붙어 있는가? 말은 무겁게 하되 편향되게 말 것이며 잘못된 말은 아예 하지 말라고 입술이라는 덮개를 두었다는 것이고, 귀는 양쪽 말을 다 듣고 평가를 하든 송사를 하든 하라는 뜻이란다. 웃자고 하는 말이지만 새겨둘 만한 가치는 있다.

오늘은 어떻게 말조심을 할까? 말 잘하는 것도 은사고 축복이다. 그러나 말 잘하는 것이 청산유수격으로 거침없이 하는 것만을 가리키는 것은 아니다. 달변이라도 그 말 속에 속임수나 사기성이 있다면 인격적인 문제가 대두된다. 거칠고 저속하면 교양을 의심받게 될 것이다.

어눌하더라도 진실한 말이 그 사람의 품격을 높여준다. 사실이라도 덕스럽지 않으면 그만두라. 그의 침묵이 자신의 품위를 높여줄 것이다.

세상에는 남을 즐겁게 할 수 있는 말이 얼마든지 있다. 교양 있는 말, 낙심하는 사람에게 위로와 격려를 주는 말, 소망을 주는 말, 품격 있는 유머, 각박한 세상에서 친절한 말, 남을 축복하는 말, 아름다운 말이 사람 관계를 아름답게 하는 밝은 세상을 만들어 간다. 경우에 합당한 말은 아로새긴 은쟁반에 금사과다.(잠 25:11)

질그릇 한 조각 같은 인간

사 45:9

질그릇 조각 중 한 조각 같은 자가 자기를 지으신 이와 더불어 다툴진대 화 있을진저. 진흙이 토기장이에게 너는 무엇을 만드느냐, 또는 네가 만든 것이 그는 손이 없다 말할 수 있겠느냐.

성경은 하나님과 인간과의 관계를 토기장이와 진흙으로 비유하고 있다. 처음 인간을 만들 때 하나님께서 흙으로 빚었다는 것을 생각하면 적절한 비유라 하겠다.(창 2:7) 창조주 하나님을 토기장이로, 피조물 사람을 질그릇으로 비유한 것도 적절하다. 질그릇은 깨어지기 쉽기 때문이다. 토기장이가 진흙으로 여러 모양의 그릇을 만드는 것을 들어 하나님의 주권을 이해시키는 것도 얼마나 적합한가. 토기가 토기장이에게 나를 왜 이렇게 만들었느냐고 힐문할 수 없다. 하물며 하나님이 절대 주권으로 사람을 만들었는데 원망하거나 불평해서 되겠는가. 하나님의 은혜로 생명을 얻은 것에 대하여 감사만 해야 한다.

그럼에도 사람의 교만은 시시때때로 하나님께 대한 거역과 불순종으로 나타났다. 인류 역사를 보면 인간의 불순종과 탐욕과 대적함이 하나님의 길을 버리고 자신들의 길을 어긋나게 하여 하나님의 진노를 유발하고 결국 징벌을 받았다.

사람들은 하나님을 믿고 의지한다고 하면서 하나님의 능력을 이용하여 자기의 뜻을 관철하려 든다. 즉 하나님의 전능하

심을 자기들의 뜻을 이루는 데 필요한 도구로 이용하려 드는
것이다. 그러나 그것은 신앙이 아니다. 신앙은 하나님의 절대
적 권위를 인정하는 데서부터 시작해야 한다. 하나님은 당신이
하는 일을 어느 누구한테도 방해받지 않는다. 또한 어떤 피조
물도 하나님의 일을 거역하거나 방해할 수가 없다. 그분은 전
능하시지만 그 전능함을 어리석은 데나 불의를 위하여 사용하
지 않으신다. 의롭고 선하시며 지혜로우신 분이 인간의 탐욕과
죄악을 위해서 능력을 행하시겠는가. 어림없는 일이다.

바른 신앙생활을 원한다면 우리는 하나님의 주권에 복종하
고 그분이 내세우는 모든 일에 찬양과 감사를 드려야 한다.

그리고 항상 하나님은 언제, 어디서나, 어떤 상황에서도 옳
습니다, 하고 고백할 수 있어야 한다. 만약 하나님의 뜻과 내
생각이 다르다면 당연히 내 생각은 언제, 어디서나, 어떤 상황
에서도 옳지 않습니다, 하는 고백을 드리는 삶을 살아야 한다.

하나님은 토기장이시다. 우리는 그분이 누구의 간섭이나 도
움 없이 주권적으로 빚은 토기일 뿐이다.

그렇다. 우리는 질그릇 한 조각 같은 존재요, 근본이 진흙일
뿐이다. 바울 사도는 말했다. "이 사람아, 네가 누구이기에 감
히 하나님께 반문하느냐. 지음을 받은 물건이 지은 자에게 어
찌 나를 이같이 만들었느냐, 말하겠느냐. 토기장이가 진흙 한
덩이로 하나는 귀히 쓸 그릇을, 하나는 천히 쓸 그릇을 만들 권
한이 없느냐."(롬 9:20-21)

나의 힘이신 여호와

오늘 말씀

시 18:1

나의 힘이 되신 여호와여 내가 주를 사랑하나이다.

힘에는 여러 종류가 있다. 권력, 재력, 체력, 인기, 명예, 지식과 지혜, 군사력이나 경제력 등 어떤 사람에게 영향을 끼칠 수 있는 무언가가 곧 힘이라고 할 수 있다. 하나님을 믿는 신앙인들에게는 하나님으로부터 오는 영력이 필수적이다. 모든 힘의 원천은 하나님이시다. 이 힘이 있어야 살고, 대적을 이기고 승리할 수 있다. 그래서 다윗은 "나의 힘이신 여호와여 내가 주를 사랑하나이다." 하고 노래했다. 하나님을 경외하는 모든 신앙인은 하나님께서 자신들의 힘이라고 고백도 하고 찬양도 했다. 하박국 선지자는 "주 여호와는 나의 힘이시라."고 고백했고(합 3:19) 모세는 "여호와는 나의 힘이요, 노래시며, 나의 구원이시로다."고 노래했다.(출 15:2) 이스라엘의 출애굽이 전적으로 하나님의 능력이요, 은혜였음을 고백한 것이다. 선지자 이사야도 "보라, 하나님은 나의 구원이시라. 내가 신뢰하고 두려움이 없으리니 주 여호와는 나의 힘이시며 나의 노래시며 나의 구원이심이라."고 노래했다.(사 12:2)

그렇다면 우리는 어떻게 하나님의 힘을 얻어 내 것으로 사용할 수 있는가. 성경은 일단 힘이 되신 하나님을 사랑해야 한다고 말씀한다.(시 18:1) 그 외에도 성경은 "잠잠하고 신뢰하여야 힘을 얻을 것이라" 했고,(사 30:15) "여호와를 인하여 기뻐하는 것이 너희의 힘이라" 했고,(느 8:10) 이사야 선지자는 힘을 얻으려면 여호와를 앙망하라고 했다. 그는 하나님을 묘사할 때 "피곤한 자에게는 능력을 주시며 무능한 자에게는 힘을 더하시나니 소년이라도 피곤하며 곤비하며 장정이라도 넘어지며 쓰러지되 오직 여호와를 앙망하는 자는 새 힘을 얻으리니 독수리 날개 치며 올라감 같을 것이요, 달음박질하여도 곤비하지 아니하겠고 걸어가도 피곤하지 아니하리라."고 했다.(사 40:29-31)

위대한 신앙인들이 하나님이 주시는 힘으로 악한 세력과 대적을 이기고, 고난과 시험도 이기고, 이적과 기사를 베풀며 하나님의 영광을 드러냈다. 다윗은 목동으로 있을 때 맹수와 싸워 이기고 양들을 지켰다. 블레셋의 노장 골리앗도 물맷돌로 쓰러트렸다. 어린아이에게서 나오는 힘으로 어떻게 이길 수 있었겠는가. 하나님이 그와 함께하시고 힘을 주실 때 가능했다.

요즈음 "힘내세요!" 하는 인사를 하는 경우가 많아졌다. 이 시대가 힘 빠지게 하는 일이 많아서일 것이다. 그래서 서로 걱정하고 격려도 한다. 신앙인은 그 어떤 힘보다 하나님이 주시는 힘을 지니고 살아야 한다. 그 힘을 얻기 위해서 하나님을 신뢰하고 기뻐해야 하며 새 힘으로 승리 주시는 여호와를 사랑하고 앙망해야 한다. 그리고 언제나 "나의 힘이신 여호와여, 내가 주를 사랑합니다." 하고 체험적인 고백을 할 수 있어야 한다.

하나님을 존중히 여기자

삼상 2:30 하

나를 존중히 여기는 자를 내가 존중히 여기고 나를 멸시하는 자를
내가 경멸하리라.

엘리 제사장에게는 홉니와 비느하스라는 두 아들이 있었다.
장차 아버지를 이어서 제사장이 될 아들들인데 그들이 불량했
다. 아버지의 타이르는 말씀도 듣지 않고 경건치 못한 행동을
했다. 회막문에서 수종을 드는 여인들과 동침할 뿐 아니라 하
나님께 제사 드리기 위한 제물을 먼저 강제로 취하여 먹었다.
여호와의 제사를 멸시하는 죄를 범한 것이다.

하나님은 그런 패역한 자식들을 둔 엘리 제사장을 책망했다.
"너희는 어찌하여 내가 내 처소에서 명령한 내 제물과 예물을
밟으며 네 아들들을 나보다 더 중히 여겨 내 백성 이스라엘이
드리는 가장 좋은 것으로 너희들을 살지게 하느냐."(삼상 2:29)
그리고 경고했다. "나를 존중히 여기는 자를 내가 존중히 여기
고 나를 멸시하는 자를 내가 경멸하리라."

이 얼마나 두려운 말씀인가! 사람이 하나님을 멸시한다고 하
나님께 어떤 손상이 가는 것이 아니다. 그러나 하나님께서 우
리를 경멸한다면 어떻게 될까. 두려운 일이다.

하나님은 엘리 제사장의 아들들이 하나님께 드리는 제사를

존중히 여기지 않고 멸시할 때 이스라엘에게 국가적인 재앙을 내렸다. 블레셋이 침략했다. 이 전쟁에서 이스라엘은 패하여 4천 명 가량의 군사를 잃었다.

이스라엘은 이 전쟁에서 이기기 위하여 이번에는 언약궤를 앞세우고 전쟁에 임했다.

지난날에 언약궤를 앞세우고 나갈 때마다 승리했기 때문이었다. 요단 강물도 갈랐고 견고한 여리고 성도 무너뜨렸다.

그러나 이번엔 아니었다. 2차 전쟁에서 3만 명이 죽었고 믿었던 언약궤마저 빼앗기는 수모를 당했다. 그뿐 아니라 엘리 제사장의 두 아들, 홉니와 비느하스도 전사했다. 이 패전 소식을 들은 엘리 제사장은 의자에 앉았다가 뒤로 넘어져 목이 부러져 죽었다. 그때 엘리 제사장의 나이는 98세였다.(삼상 4장)

하나님은 사랑이 많으시지만 당신을 멸시하는 사람에게까지 사랑이 많으신 것이 아니다.

불의까지 사랑하시는 분이 아니다. 하나님을 존중히 여기지 않고 멸시할 때 그 멸시하는 사람을 하나님은 멸시하시는 분이시다. 우리는 하나님의 그 경멸이 무섭지만 그 경멸이 무서워서 하나님을 존중해야 하는 것이 아니다. 창조주 하나님의 피조물인 우리는 당연히 하나님을 존중하고 경외해야 한다.

하나님께 드리는 예배와 모든 사역을 존중하라. 그리하면 하나님께서 주시는 은혜를 체험하며 살게 된다.

하늘에 기록된 이름

눅 10:20

그러나 귀신들이 너희에게 항복하는 것으로 기뻐하지 말고 너희 이름이 하늘에 기록된 것으로 기뻐하라 하시니라.

예수님은 열두 제자 외에 따로 70인을 세워 둘씩 각 동네와 각 지역으로 파송했다. 파송하면서 분부하기를 먼저 "추수할 것은 많되 일꾼이 적으니 그러므로 추수하는 주인에게 청하여 추수할 일꾼들을 보내주소서." 하고 기도하라 했다. 그리고 염려하기를 "내가 너희를 보냄이 어린 양을 이리 가운데로 보냄과 같다."고 했다. 그러면서 아무것도 가지고 가지 말 것이며 어느 집에 들어가든지 그 집에 평안을 빌고 너희를 영접하거든 너희 앞에 차려놓은 것을 먹고, 병자를 고치고 하나님나라가 가까이 왔다고 전파하라 했다.

제자들은 분부를 받고 떠나 복음전파 사역을 감당하고 돌아왔다. 그들은 기쁨이 충만했다. 주님께 나아와 "주여, 주의 이름이면 귀신들도 우리에게 항복하더이다."라고 보고했다. 제자들은 귀신들이 예수님의 이름으로 인해 항복하고 떠나는 것을 보고 얼마나 감격했겠는가. 그런데 이 감격의 보고를 받은 예수님은 대수롭지 않게 대답하셨다. "사탄이 하늘로부터 번개같이 떨어지는 것을 내가 보았노라." 예수님은 제자들을 파송하고 그 자리에서 제자들의 사역을 보고 계셨던 것이다. 그리고 말씀하시기를 "내가 너희에게 뱀과 전갈을 밟으며 원수의 모든 능력을 제어할 권능을 주었으니 너희를 해할 자가 결코 없을 것이라."고 하셨다.

주님은 제자들을 파송하면서 먹고, 입고, 생활하는 도구들을 들려 보내지 않았다. 그것들은 어디를 가든지 제공될 것이라 하였다. 하지만 마귀를 제어할 영적 능력은 자체 조달을 할 수 없지 않은가. 예수님은 그 능력을 제자들에게 주어 보냈다. 그들은 그 능력으로 복음을 전하고 병자를 고치고 귀신을 쫓아냈다. 주님이나 하실 수 있는 신기한 능력을 자신들도 행사할 수 있었을 때 얼마나 기뻤겠는가. 이를 보고 예수님은 말씀하셨다. "그러나 귀신들이 너희에게 항복하는 것으로 기뻐하지 말고 너희 이름이 하늘에 기록된 것으로 기뻐하라." 귀신 쫓아내는 일은 그렇게 대단히 기뻐할 일이 아니란 것이다. 하나님의 능력만 힘입으면 누구나 할 수 있는 일이고 정말 우리가 기뻐해야 할 일은 우리 이름이 하늘에 기록된 것이라 했다.

성경은 하늘나라에 생명책이 있다고 말씀한다.(빌4:3, 계3:5, 20:12,15) 예수를 믿어 구원을 얻은 사람의 이름이 하늘나라 생명책에 기록되어 있다는 것이다. 그리고 이 책에 기록되지 않은 사람은 둘째 사망, 곧 불못에 던져질 것이라 했다.

그렇다면 우리에게 있을 최고의 기쁨은 무엇이겠는가. 구원의 확보다. 우리의 이름은 이미 예수 그리스도의 값없이 주시는 은혜로 생명책에 기록되어 있다. 할렐루야!

내게 부족함이 없다

시 23:1

여호와는 나의 목자시니 내게 부족함이 없으리로다.

✝

다윗은 내게 부족함이 없다고 고백했다. 행복한 고백이다. 살아가면서 부족함을 느끼지 않는다면 무엇을 더 바라랴. 평생 부족하지 않으면 만족이 올 것이고 그 만족이 행복을 가져다 줄 것이다.

그렇다면 다윗은 왜 그런 고백을 할 수 있었는가. 그는 그 조건을 여호와 하나님이 나의 목자가 되기 때문이라고 했다. 그는 하나님을 목자로 모셨다. 그렇기 때문에 자신은 한 마리의 양에 불과하다. 양은 연약하지만 책임감 있는 목자 아래 있으면 위험하지도 않고 배고플 일도 없다. 양이 순종만 한다면 목자는 그 양을 쉴 만한 물가와 푸른 풀밭으로 인도할 것이다. 이 사실을 다윗은 누구보다 잘 안다. 그는 어렸을 적에 아버지 이새의 목장에서 목동으로 있었기 때문이다. 그는 사자나 곰 같은 맹수가 와서 양을 움켜가려 하면 생명을 걸고 달려가서 맹수와 싸워 양을 찾아 왔다. 그런 사명감과 책임감이 있는 목자 아래 있다면 무엇이 두렵겠는가. 늘 안심할 수 있다. 그런데 사랑 많으시고 전능하신 하나님이 목자라면 양은 무엇이 두렵겠

54

는가. 늘 안심이 되고 마음의 평화를 유지할 수 있을 것이다. 그래서 다윗은 "내가 사망의 음침한 골짜기로 다닐지라도 해害를 두려워하지 않을 것은 주께서 나와 함께하심이라."고 고백했다.

그렇다. 하나님이 우리의 목자가 되시면 부족함이 없다. 그런데 왜 사람들은 불안을 느끼며 사는가? 세상이 잘못되어서, 악한 세상이라서 그렇다고 한다. 그런 점을 인정하지 않는 것은 아니지만 그 악한 세상에서 노아는 어떻게 구원을 받고 다윗은 어떻게 행복했는가.

불안을 느끼는 주된 원인은 하나님을 목자로 모시지 않고 살기 때문이다. 전능하신 하나님을 의지하지 않고 하나님께 자신을 맡기지 않기 때문이다. 그들은 하나님을 바라보지 않고 모든 일을 스스로 헤쳐 나가려 든다. 그러므로 늘 불안하고 허기진 삶을 사는 것이다. 더 많이 채우고 소유하지 않으면 불안하다. 불안하니 만족도, 평안도 없다. 물질이 얼마나 있으면 만족할 수 있으며 지식이 얼마나 있어야 성이 차겠는가. 쌀 아흔아홉 섬 가진 사람이 백 섬을 채우게 한 섬 가진 사람에게 그걸 달란다고 하는 말이 있다. 욕심이 있는 한 만족할 수가 없다. "나는 부족함이 없습니다." 하는 위대한 고백을 할 수 없다.

하나님을 의지하자. 하나님께 나의 모든 것을 맡기자. 그때부터 하나님은 나의 모든 것을 책임져 주실 것이다. 그러면 우리는 비로소 여호와는 나의 목자시니 내게 부족함이 없습니다, 하는 고백을 나 자신의 고백으로 받아들일 수 있다.

복 있는 사람

오늘 말씀

시 1:1

복 있는 사람은 악인들의 꾀를 따르지 아니하며 죄인들의 길에 서지 아니하며 오만한 자들의 자리에 앉지 아니하고.

세상에는 옳은 일도 있고 그른 일도 있다. 물론 그른 일 같으면서 옳은 일도 있고 옳은 일 같으면서 그른 일도 있어 구분하기가 어렵다. 이것을 제대로 구별할 줄 알면 판단력이 있는 사람이다.

그러나 그러한 판단력도 옳게 행사할 때에만 빛이 나는 법이다. 어떤 사안이 옳지 않다고 판단이 돼도 자기에게 돌아오는 혜택을 생각해서 입을 다물고 있기 때문이다. 옳지 않은 일이라도 자기에게 돌아오는 혜택이 있으면 그 혜택을 받으려고 옳다고 하거나 옳은 일일지라도 자기에게 불이익이 될 것이라 여겨지면 반대표를 던지는 것이다.

그러므로 진실로 하나님께서 판단하시는 복 있는 사람은 모든 일에 올바른 판단을 하여 옳지 않은 일에는 아니라고 단호히 거절하고 옳은 일에는 어떤 조건이나 방해에도 따르는 행동을 할 수 있는 사람이다.

오늘 말씀에 나오는 악인이나 죄인이나 오만한 자는 하나님께 불순종하고 대적하는 사람들을 가리킨다.

이런 자들의 꾀를 따르고 그들의 길에 서고 그들의 자리에 앉는 것은 그들과 동일한 사람이 되고자 하는 사람이 아니겠는가. 어떻게 그런 자세를 가진 사람이 하나님이 주시는 은혜와 위로를 받을 수 있겠는가. 그게 아니라고 하는 사람에게 복이 있는 것이다.

이 말씀을 자세히 관찰해 보면 세 단계로 나누어 점점 죄에 깊숙이 빠져드는 것을 묘사하고 있다.

처음엔 악인들의 꾀를 따르고 여기에 넘어지면 다음엔 죄인의 길에 들어서게 하고 마지막으로 오만한 자의 자리에 앉게 하는 것이다.

그렇다. 사람은 누구나 서서히 죄악에 빠져든다. 그러다가 결국은 죄의 자리에 주저앉으면 빠져나오기가 어렵게 된다. 그러므로 성경은, 악은 어떤 모양이라도 버리라고 말씀한다.(살전 5:22)

죄는 나의 가장 연약한 부분을 겨냥하고 유혹한다. 그리고 넘어지면 서서히 들어와서 꼼짝 못하게 결박한다. 그러므로 아주 사소하게 여겨지는 것일지라도 죄에는 발을 들여놓지 말아야 한다. 악인들의 꾀를 따르면 다음엔 죄인들의 길이 열린다. 그 길에 들어서면 오만한 자의 자리가 멋있고 영화스럽게 보일 수 있다. 그곳에 주저앉으면 빠져나오기 어렵다.

악한 미끼를 주의하자. 귀에 달콤한 말이나 내게 유익이 된다고 하는 속삭임이 하나님의 말씀에 어긋나면 아니라고 강하게 부인해야 한다. 그가 복 있는 사람이다

보낼 만한 자를 보내소서

오늘 말씀

출 4:13

모세가 이르되, 오, 주여! 보낼 만한 자를 보내소서.

✝

모세는 히브리 민족의 경건한 가정에서 태어났다. 그가 태어났을 때는 애굽의 박해가 최고조로 달해 있었다. 히브리인들은 사내아이를 낳으면 나일 강에 버려야 했다. 당시 애굽의 바로는 히브리인들의 번성을 두려워하여 인구 억제 정책을 폈다. 전쟁이 일어나면 히브리인들이 적국의 편에서 대적할까 해서였다.(출1:10) 모세의 부모는 모세가 태어나자 위험을 무릅쓰고 몰래 숨겨 키웠다. 그러나 3개월 이상을 더 숨겨 키울 수 없었다. 할 수 없이 갈대 상자를 만들어 역청과 나무진을 칠하여 물이 들어오지 못하게 한 다음 모세를 그 안에 담았다. 그리고 그 상자를 나일 강가 갈대 사이에 띄웠다. 그런 다음 모세의 누이 미리암이 멀리 서서 어떻게 되는가를 보고 있었다.

마침 바로의 딸이 목욕하러 나왔다가 그 상자를 발견하고 열어보니 아기가 있었다. 공주는 그 아기가 히브리 사람의 아기임을 알았고 불쌍한 생각이 들었다. 이때 미리암이 허락을 받고 구해준 유모가 아기의 어머니 요게벳이었다. 이리하여 모세는 바로의 공주의 아들로 궁중에서 친어머니면서 유모인 요게

벳의 젖을 먹고 자라게 되었다. 그는 궁중에서 40세까지 애굽의 모든 학문과 무예를 배웠다.

어느 날, 모세는 애굽 관리에 의해서 자기 백성이 구타를 당하는 것을 보고 순간적으로 분노가 일어 일격에 그를 쳐 죽였다. 다음 날 애굽 관리를 죽인 사실이 발각되어 모세는 도망할 수밖에 없었다. 그가 도피한 곳은 미디안, 모세는 그곳 제사장 이드로의 양을 치면서 고독한 40년을 보내야 했다. 그리고 드디어 호렙 산의 불붙은 떨기나무 속에서 부르시는 하나님의 음성을 들었다. 거기서 모세는 애굽으로 가서 내 백성을 건져내어 네 조상들에게 약속한 젖과 꿀이 흐르는 가나안으로 인도하라는 사명을 받았다. 이 사명을 받는 순간 그는 자신이 그런 일을 할 수 있는 능력자가 아니므로 다른 사람을 사용하시라는 뜻으로 "오, 주여! 보낼 만한 사람을 보내소서!"라고 했다.

그렇다면 하나님이 사역자로 쓰시는 자격은 무엇일까. 애굽에서 바로의 공주의 아들이란 권세도 아니었다. 애굽에서 배운 고급 학문도 아니었다. 40년 목자 생활에서 얻은 자신의 무능과 부족을 느끼는 바로 그것이었다. 하나님은 80년 동안 모세를 훈련시키고 연단시켜 자기 부족과 무능을 느낄 때 비로소 그를 부르신 것이다. 내가 할 수 있다는 자신감도 중요하지만 그보다 전능하신 하나님을 의지하는 겸손한 자를 만들어 사용하기를 원했던 것이다. 나는 하나님을 전폭적으로 의지하는가. 그렇다면 하나님의 쓰임을 받는 일꾼의 자격을 얻은 것이다.

이 지팡이로 이적을 행하라

출 4:17

너는 이 지팡이를 손에 잡고 이것으로 이적을 행할지니라.

하나님은 장차 쓰실 일꾼이라면 연단과 훈련 또는 교육을 통하여 자격을 갖추게 만든다. 그러나 대부분의 사람들은 자신이 지금 하나님의 일꾼이 되기 위해서 연단이나 훈련을 받고 있는지 알지 못한다.

요셉이 형들에 의해서 애굽에 팔려갈 때 애굽의 국무총리가 되기 위해서 간다는 것을 알았을까? 전혀 몰랐다. 그러므로 애굽에서 시위대장 보디발의 종으로 고생한 것도, 보디발의 처의 유혹을 거절한 것 때문에 무고로 감옥에 들어간 것도 그에게는 단지 억울한 고난일 뿐이었다.

그러나 세월이 흐르고 보니 그런 고난은 장차 자신이 애굽의 국무총리가 되어 자기 아버지의 온 가족을 구원하는 일을 하기 위한 연단과 훈련이었다는 것을 알게 된다.

모세도 그랬다. 사내아이를 낳으면 나일 강에 버려야 하는 혹독한 애굽의 박해가 있던 시절에 히브리 민족의 한 가정에 태어난 그는 갈대 상자에 담겨 나일 강에 던져지고 목욕하러 나왔던 바로의 공주에게 발견되어 애굽 궁중에서 친어머니이면서 유모인 요게벳에게 양육되고 나중에 애굽 관리를 죽인 것이 탄로나 미디안으로 도피해 그곳 제사장 이드로의 양떼를 치는 목자로, 그것도 40년을 보내면서 장차 자기가 히브리 민족을 애굽에서 해방시킬 지도자로 양성되고 있다는 것을 알지 못했다.

그러던 어느 날 호렙의 떨기나무 불꽃 안에서 하나님이 그에게 나타나셨다.

그리고 "이제 내가 너를 바로에게 보내어 너에게 내 백성 이스라엘 자손을 애굽에서 인도하여 내게 하리라."는 사명을 주셨다.(출 3:10) 그러므로 지금까지의 모세의 여정 80년은 이스라엘을 애굽에서 건져내는 지도자를 만드는 훈련이요, 연단 과정이었다는 것을 알 수 있다.

모세는 어떻게 자기 민족이 하나님의 언약백성임을 알았을까. 우상만 섬기는 애굽, 그것도 궁중에서만 자란 사람이 어떻게 하나님을 믿고 자기 민족 이스라엘을 사랑할 수 있었을까.

그는 형식상 애굽의 바로에게서 난 공주의 아들로 애굽 백성이었다. 모세는 살아가는 데 필요한 모든 학문과 무예를 궁중에서 배웠다. 그리고 최종적인 인생 공부는 미디안에서 40년간 양을 치면서 배웠을 것이다. 그는 거기서 자신의 무능과 부족을 배워 겸손해졌을 것이다.

그리고 하나님은 그에게 비로소 지팡이를 쥐어 주었다. 그 지팡이가 하나님의 능력을 나타내는 도구요, 상징이었다.

육체의 정욕을 제어하라

 오늘 말씀

벧전 2:11

사랑하는 자들아, 거류민과 나그네 같은 너희를 권하노니 영혼을 거슬러 싸우는 육체의 정욕을 제어하라.

우리는 이 땅에서 진정 거류민이요, 나그네와 같다. 거류민이란 낯선 지역에 잠시 거주하는 사람을 말하고, 나그네는 어떤 목적을 가지고 어떤 지역을 지나가면서 잠시 동안만 체류하는 사람을 가리킨다. 그러므로 거류민이나 나그네는 약간의 다른 의미가 있긴 하지만 잠시 머물다 가는 사람이란 뜻에서 같은 개념이다.

그렇다. 우리는 이 땅에서 몇 년을 살든지 잠시 머물다 가는 나그네다. 그렇다면 본향이 있어야 한다. 그 본향이 어딘가? 성경은 예수 믿어 구원받은 사람의 본향은 하늘나라고 우리는 그 나라의 시민권자라고 했다.(빌 3:20)

사실이 그렇다. 우리는 이 지구촌에서 영원히 살지 못한다. 가고 싶지 않아도, 가고 싶어서도 어쨌든 어딘가로 떠나야 한다. 그래서 이 땅에서는 누구나 나그네요, 거류민이다. 그러므로 우리는 이곳에서 영원히 살 것처럼 사는 자세가 되어서는 안 된다. 여행하는 사람이 목적지에 도착해서 볼일 다 보았으면 떠나야 하지 않는가. 본향이 기다리고 있는 것이다.

그렇다면 본향을 바라보고 사는 사람의 자세는 어떠해야 하는가. 오늘 말씀은 "영혼을 거슬러 싸우는 육체의 정욕을 제어하라."고 했다. 육체의 정욕이란 사람의 부패한 본성에서 나오는 모든 악한 욕구를 말한다.

인간은 아담의 타락 이후 전적 부패하고 전적 타락한 존재다. 그 타락한 본성이 원하는 욕구가 무엇이겠는가. 성령을 거스르는 일뿐이다.

성경은 "육체의 소욕은 성령을 거스르고 성령은 육체를 거스르나니 이 둘이 서로 대적함으로 너희가 원하는 것을 하지 못하게 하려 함이니라."고 했다.(갈5:17)

그리고 육체의 일을 구체적으로 나열했다. 음행, 더러운 것, 호색, 우상숭배, 주술, 원수 맺는 것, 분쟁, 시기, 분냄, 당 짓는 것, 분열, 이단, 투기, 술 취함, 방탕함 등이라 하면서 이런 일이 하나님나라의 유업을 받지 못하게 한다고 했다.(갈5:19-21)

우리는 영혼의 소욕, 성령의 소욕을 거스르는 육체의 정욕을 제어함으로 거룩한 성령의 사람이 되고 그 열매를 맺는 사람이 되어야 한다.

성령의 열매는 사랑과 희락과 화평과 오래 참음과 자비와 양선과 충성과 온유와 절제다.(갈5:22-23)

높아지고 싶은가

눅 14:11

무릇 자기를 높이는 자는 낮아지고 자기를 낮추는 자는 높아지리라.

낮아지고 싶은 사람은 없다. 적어도 자기 위치에서 적당한 대접은 받으며 살고 싶어 한다. 그러나 세상은 자기가 높아지려 한다고 반드시 높은 자리에 앉게 하지는 않는다. 노력하더라도 자기 마음대로 되지 않는 경우가 많다는 것이다. 만약에 모든 일이 자기 마음대로 이루어진다면 모두가 높은 자리에 앉고 모두가 성공하고 모두가 승리해야 한다.

그러나 어디 세상에 승리자만 있던가. 실패자도 있고 패배자도 있다. 마음먹은 대로 되지 않아서 다른 길로 갔더니 오히려 성공한 사람도 있다. 실패자가 있으니 성공자가 있는 것이고 패배자가 있으니 승리자가 있는 것이다.

그러므로 낙심하지 말자. 인간의 잣대로 성공, 실패를 논하지 말자. 세상에는 실패 같은 성공도 있고 성공 같은 실패도 있다. 낮은 위치에 처했으나 고상하고 행복한 사람도 많다. 그가 사실은 성공한 사람이다. 그러나 높은 자리에 있어도 불행한 사람이 있다. 그런 사람이 사실은 실패한 사람이다.

그러므로 세상적으로 높고 낮음에 마음을 기울이지 말아야 할 것이다. 겸손하게 스스로 낮추고 살면 다른 사람들이 존경하고 높여준다. 실력도 자격도 없으면서 높아지기만 원한다면 언젠가 망신을 당할 것이다.

예수님은 청함을 받은 사람들이 서로 높은 자리에 앉기를 원하는 것을 보고 비유를 들어 가르치셨다.

혼인잔치에 청함을 받았으면 높은 자리에 앉지 말라고 했다. 자신보다 더 높은 사람이 나중에 왔을 때 그 자리를 내주라 하면 맨 끝자리로 가는 수모를 당할 것이기 때문이라는 것이다. 그러니 차라리 맨 끝자리에 앉아 있으면 청한 자가 와서 올라와 앉으라 했을 때 함께 앉은 모든 사람 앞에서 영광이 될 것이라 했다.

또한 자기를 높이는 자는 낮아지고 자기를 낮추면 높아질 것이라 했다. 겸손한 사람이 좋은 대접과 평판을 얻을 수 있음을 말씀한 것이다.

예수님은 회개하지 않는 교만을 책망했다. "가버나움아, 네가 하늘에까지 높아지겠느냐, 음부에까지 낮아지리라."(마 11:23) 성경은 말씀한다. "낮은 형제는 자기의 높음을 자랑하고 부한 자는 자기의 낮아짐을 자랑할지니 이는 그가 풀의 꽃과 같이 지나감이라."(약1:9-10)

교만은 멸망의 앞잡이다. 세상에서의 높고 낮음은 순간적이다. 그러나 겸손하면 영예를 얻는다.

나는 날마다 죽노라

고전 15:31

> 형제들아, 내가 그리스도 예수 우리 주 안에서 가진 바 너희에 대하여 나의 자랑을 두고 단언하노니 나는 날마다 죽노라.

바울 사도는 고린도전서 15장에서 예수 그리스도의 부활의 사실성과 그리스도의 부활의 의미, 그리고 영원한 부활의 소망을 말씀하면서 자신은 날마다 죽는다고 고백을 했다. 그는 부활의 기쁨을 확실히 믿고 바라기 때문에 기꺼이 죽을 수 있음을 고백할 수 있었던 것이다.

죽는다는 것은 여러 가지 의미가 있지만 일반적으로 육신적 삶의 종지終止를 말할 때 쓴다. 생물학적으로 살아 있어 활동하던 육신적, 정신적 활동을 멈추는 현상이다.

이렇게 되면 그에게서는 무엇을 요구할 수도 없고 기대할 수도 없다. 생각도 의지도 소멸된 상태에게 법률적으로 재판을 할 수 있겠는가. 경제적으로 거래나 부채상환도 요구할 수 없고 세금도 물릴 수 없다.

그래서 살아 있는 사람들은 죽음을 두려워한다.

그러나 사도 바울은 모든 사람이 싫어하는 그 죽음을 날마다 겪겠다고 했다. 물론 그가 말하는 죽음은 육신적 죽음을 말하는 것은 아니다. 생물학적으로는 살아 있지만 정신적으로 많은 부분이 죽음의 상태를 유지하겠다는 뜻이다. 다시 말하면 자기 의지나 주장이나 탐욕이나 육신적 쾌락 같은 요소를 제어하며 살겠다는 것이다. 그렇게 되면 다툴 일도 싸울 일도 없다. 욕심 부릴 일도 없다. 말씀에 순종하며 하늘나라의 소망으로만 살면 된다. 그리고 날마다 죽기 때문에 날마다 부활하는 환희를 맛보게 될 것이다.

그렇다. 죽음은 자기 의지나 뜻을 펴지 못하는 고통이지만 부활은 참 평안과 자유를 얻는 것이다. 실로 환희를 앞에 두고 사는 사람은 주님나라를 위한 어떤 고통도 감내할 수 있는 것이다.

죽음은 자기를 부인하는 삶이다. 하나님의 뜻 앞에서 자신과 자신의 생각을 부정할 수 있는 담대한 삶이다. 우리는 "나는 날마다 죽노라." 하는 바울 사도의 고백 앞에서 무엇을 생각해야 하는가. 예수님은 "누구든지 나를 따라오려거든 자기를 부인하고 자기 십자가를 지고 나를 따를 것이라."고 했다.(마16:24) 예수 그리스도를 따르는 제자라면 자기 부정과 자기 사명을 기꺼이 감당해야 할 것을 말씀한 것이다.

그렇다. 우리는 내가 숨을 때 주님이 드러나고 내가 뒤로 물러날 때 주님이 앞에 나오고 내가 죽을 때 주님이 살아서 활동한다는 사실을 명심해야 한다.

새사람을 입으라

엡 4:22-24

너희는 유혹의 욕심을 따라 썩어져가는 구습을 따르는 옛사람을 벗어버리고 오직 너희의 심령이 새롭게 되어 하나님을 따라 의와 진리의 거룩함으로 지으심을 받은 새사람을 입으라.

새 건물을 지으려면 헌 건물을 헐어내고 새로운 설계에 맞춰 새로운 재료로 지어야 한다. 새 옷을 입으려면 이미 입고 있던 옷을 벗어야 한다.

이 원리를 이용해서 새사람이 되기 위해서는 옛사람을 벗어버려야 한다는 논리를 편다. 여기서 옛사람이란 거듭나기 전의 사람을 가리키고 거듭난 후의 사람을 새사람이라 칭했다.

또한 옛사람이 새사람을 입는다는 것은 외적인 변화, 즉 도덕적 행위만의 변화를 가리키는 것이 아니라 전인적 변화를 가리키는 것이다. 중심이 바뀌지 않았는데 행동이 바뀔 리 없다. 영혼이 거듭나야 행위가 선하고 의로운 편으로 바뀐다. 우리가 예수를 구주로 믿어 구원을 얻고 새사람이 되었다면 반드시 구별된 삶을 살아야 한다. 그것이 거룩이다.

사람이 구원을 얻어 천국 백성이 되려면 두 번 태어나야 한다. 한 번은 누구나 겪어야 하는 생물학적 탄생이다. 하나님의 섭리 따라 되는 것이지만 부모를 통해서 태어난다. 그게 자연인이다. 그러나 천국 시민권을 얻으려면 다시 태어나야 한다.

이것을 중생重生 또는 거듭남이라 한다.

니고데모는 이 사실을 몰랐다. 예수께서 사람이 거듭나지 아니하면 하나님의 나라를 볼 수 없다고 하자 그는 사람이 늙으면 어떻게 날 수 있느냐, 두 번째 모태에 들어갔다가 날 수 있느냐고 물었다. 예수님은 사람이 물과 성령으로 나지 아니하면 하나님의 나라에 들어갈 수 없다고 말씀하셨다.(요3:3-5) 예수님은 두 번째 탄생, 즉 영적 탄생을 말씀하신 것이다. 그것이 물과 성령으로 나는 것이고, 위에서 나는 것이고, 거듭나는 것이고, 중생이다. 그러므로 한 번 태어나는 사람은 앞으로 두 번 죽어야 한다. 수한이 차서 한 번 육신적 죽음을 죽고 그 후에 구원받지 못한 사람이 가는 영원히 죽는 지옥으로 가게 된다. 그러나 두 번 태어나는 사람은 한 번 육신의 죽음을 죽은 이후 영원히 죽지 않는 천국에 입성하게 된다.

한 번 태어나 유혹의 욕심을 따라 썩어져가는 구습을 따르는 사람은 그 구습을 헌옷 벗어버리듯 벗어버리고 하나님을 따라 심령이 새롭게 되어야 한다. 그가 의와 진리의 거룩함으로 지으심을 입은 새사람이다.

그렇다. 새사람은 옛사람일 때의 마음과 행위를 버려야 한다. 그가 거듭나서 새사람이 되었다면 버릴 수밖에 없다. 그리고 더욱 하나님의 의와 말씀의 진리로 구별된 삶을 살아야 한다. 완전히 예수 그리스도의 영으로 변화된 삶의 모습을 표현하는 삶을 사는 사람이 새사람이다.

요단강 앞에서는 가나안을 보라

오늘 말씀

수 1:2

내 종 모세가 죽었으니 이제 너는 이 모든 백성과 더불어 일어나 이 요단을 건너 내가 그들 곧 이스라엘 자손에게 주는 그 땅으로 가라.

모세의 뒤를 이어 이스라엘의 지도자가 된 여호수아에게 하나님은 마음을 강하게 하고 담대히 하라고 권면했다. 무슨 일을 만나더라도 두려워하거나 놀라지 말라고 했다. 왜냐하면 하나님께서 어디로 가든지 함께해 주실 것이기 때문이라는 것이었다.(수 1:9)

이스라엘의 지도자가 된 여호수아가 맨 먼저 부딪힌 장애물은 요단강이었다. 때는 모맥牟麥을 거두는 시기라 물이 언덕까지 넘치며 흘러가고 있었다. 강을 건널 수 있는 다리가 설치되었을 리 없고 백성들을 실어 나를 배가 있을 리 없었다. 그럼에도 요단강은 이스라엘 백성이 반드시 건너야 할 장애물이었다.

여호수아와 이스라엘은 언덕까지 넘치며 흘러가는 요단강 물을 속수무책으로 바라만 보고 있지 않았다. 하나님의 명령을 따라 언약궤를 맨 제사장들이 앞장서서 흐르는 물에 발을 들여놓자 흘러내리던 물이 그쳤고 그들은 마른 땅으로 행하여 요단강을 건넜다.(수 3:14-17) 그들은 하나님의 약속을 믿었고 젖과 꿀이 흐르는 가나안 땅을 바라보았다. 과연 사람의 능력이 다

하는 곳에 하나님의 능력이 있었고 그 능력은 하나님을 신뢰하는 그 자리에서 어김없이 나타났다.

우리는 지금 어디를 보고 있는가? 답답하고 힘든 코앞의 현실만 보고 있지는 않은가? 하나님의 백성은 가로놓인 요단강 앞에서 가나안을 바라볼 수 있는 사람이다. 불경기 앞에서 호경기를 내다보고 고난 앞에서 영광을 바라볼 수 있어야 하나님의 사람이다. 다니엘은 사자굴 속에 들어갈 위기 앞에서도 하나님께 감사의 기도를 드렸다.(단 6:10)

그의 세 친구 사드락과 메삭과 아벳느고는 느부갓네살 왕이 만든 금신상에 절하지 않았기 때문에 극렬히 타는 풀무불 속에 던져질 위기를 만났지만, 그러나 하나님께서 능히 건져내 주실 것을 믿었다.(단 3:17)

스데반은 돌에 맞아 죽을 위기에서 하늘을 우러러 하나님의 영광과 보좌 우편에 서신 주님을 보았다.(행 7:55-56)

예수님은 자신이 곧 십자가를 지고 죽어야 할 때가 임박하자 "인자의 영광을 얻을 때가 왔도다."고 선언을 했다. 주님의 생각은 수난에 머무른 것이 아니라 수난 뒤에 있을 부활과 승천과 하나님 보좌 우편의 영광을 보고 있었다.(요 12:33)

우리 앞에 요단강물이 도도히 흐르고 있는가? 좌절과 불평과 두려움과 원망과 근심이 장애물을 제거한 일은 없다. 강 건너 가나안을 보자. 하나님의 약속을 믿고 믿음으로 강물 위에 그 발을 내딛을 수 있는 긍정적이고 용기 있는 사람에게 하나님은 언제나 그것을 건널 수 있는 길을 내주셨다.

들뜬 2월

두 도막이나 짧은 너는
열두 아들 중의 막내둥이
어미의 젖이 부족했더냐
된바람에 움츠러든 거냐
작아서 사랑스런 네게서는
언제나 심장의 고동소리가 들린다
아지랑이 핀 들녘이 아른거려
너는 벌써 잿빛 외투를 벗어던지고
꽃샘바람에 와들와들 떨고 있구나
지금 막 침울한 터널을 지나고
화사한 계절을 향하는 길목에서
기꺼이 징검다리가 된 너는
조급히 범나비가 보고 싶어
안달이 나고
푸른색, 붉은 꽃이 그리워
눈시울을 적시고 있구나
종종걸음으로 저만치 먼저 달려간 마음
들뜬 2월이여

2월 1일

주님이 주시는 평안

오늘 말씀

요 14:27

평안을 너희에게 끼치노니 곧 나의 평안을 너희에게 주노라. 내가 너희에게 주는 것은 세상이 주는 것과 같지 아니하니라. 너희는 마음에 근심하지도 말고 두려워하지도 말라.

평안은 행복한 상태다. 모든 사람은 평안하기를 원한다. 우리나라의 "안녕하세요!"나 이스라엘의 "샬롬!"은 평안을 구하는 인사말이다. 평안이란 육신적으로나 정신적으로 불안, 공포, 위험, 염려, 근심과 같은 상태가 없는 안정된 마음이다.

그런데 세상은 평안을 깨는 일들이 많이 일어난다. 그치지 않는 전쟁 소식과 전염병이 불안하게 한다. 화산폭발, 지진, 태풍, 기근, 폭우 등 천재지변이 평안의 마음을 앗아간다. 문명의 이기라고 만든 기구들이 오히려 사고를 일으킨다. 사람과의 관계 속에서도 갈등이 있다. 사기, 무고, 윤리문제, 재산문제 등으로 소송이 끝없고 사업, 직장, 애정, 가족 등의 갈등도 수시로 일어난다. 이런 세상에서 예수님은 우리에게 당신의 평안을 주시겠다고 한다. 그러면서 그 평안은 세상이 주는 것과 같지 않다고 한다. 주님이 주시는 평안과 사람들이 세상에서 얻으려하는 평안은 질적으로 다르다는 것이다.

그렇다면 사람들이 세상에서 얻으려하는 평안은 어떤 것들인가. 많은 사람들이 돈을 많이 벌면 그것이 평안을 가져다줄

74

것으로 생각한다. 권세나 명예를 얻으면 평안이 저절로 올 것으로 생각한다. 그 외에도 건강하면 평안하고 지식이 많으면 평안할 것으로 생각한다. 그렇다면 자기들이 추구한 그 무엇이 이루어졌다고 평안한가? 원하는 것을 이루었을 때 얻어지는 기쁨을 평안으로 생각한다면 그 평안의 수명은 어디까지인가. 순간적이다. 영원하지 않다,

예수님은 내가 주는 평안은 세상에서 얻고자 하는 것과 다르다고 했다. 그러므로 너희는 근심할 것도, 두려워할 것도 없다고 했다.

그렇다면 주님이 약속하시는 평안은 도대체 어떤 성격의 것인가. 구원받은 사람에게 주어지는 안심이다. 구원은 전인적이지만 특별히 죄에서의 구원이요, 예수 믿어서 얻는 유일한 것이다. 그 구원은 현세와 내세를 관통하는 영원한 것이다. 예수 안에서만 얻어지고 예수 안에서 영원한 안심이다. 누구나 영원한 하나님의 은혜와 그 영광과 구원을 믿는다면 세상에서 일어나는 그 어떤 위험과 고난과 불안 요소, 공포 요소에서 자유스럽다. 그것이 주님이 주시는 참 평안이다.

오늘도 내일도 영원히 나와 함께하시고 나를 보호하실 것이라는 확신이 있다. 그 확신 속에서 세상의 모든 두려움과 염려는 해소된다. 더욱 하나님을 의지하고 내 모든 것을 맡기며 살자. 그리할 때 세상에서 얻을 수 없는 주님의 평안이 내게 머물며 내 것이 된다.

속량贖良

엡 1:7

우리는 그리스도 안에서 그의 은혜의 풍성함을 따라 그의 피로 말미암아 속량 곧 죄 사함을 받았느니라.

기독교의 구원은 전인적이지만 궁극적으로는 죄에서의 구원이다. 하나님은 인간을 가난과 질병과 억압과 고난과 위험에서 건져내기 위하여 예수 그리스도를 이 세상에 파송했다.

그러나 궁극적인 구원은 죄에서 생명을 건지는 것이었다. 즉 죄의 삯인 사망에서 건져 생명으로 인도하는 일이었다. 그것도 인간의 노력이나 수고로 구원을 획득케 하는 것이 아니라 하나님의 은혜, 즉 값없이 주시는 혜택을 입게 하신 것이다.

그리고 그 방법은 속량이었다. 즉 예전에 노예를 자유인으로 만들려면 누군가가 그 노예의 주인에게 노예의 값을 치르고 노예를 사서 자유를 주어야 했는데 죄인 구원 방식도 그렇게 한 것이다.

예수님은 죄가 없기 때문에 남의 죄를 대신 질 수 있었다. 그분은 우리의 죄를 대신 지기 위하여 죗값을 지불했다.

그것이 바로 골고다 언덕에서 십자가 형틀에 못 박혀 죽으면서 흘린 피다. 그 피를 흘려 남의 죗값을 지불하고 당신 자신은 죽어야 했다.

이보다 더 큰 사랑이 어디 있는가. 그래서 바울 사도는 "의인을 위하여 죽는 자가 쉽지 않고 선인을 위하여 용감히 죽는 자가 혹 있거니와 우리가 아직 죄인 되었을 때에 그리스도께서 우리를 위하여 죽으심으로 하나님께서 우리에 대한 자기의 사랑을 확증하였느니라."고 했다.(롬5:7-8)

누가 남을 위하여 자식을 죽는 데에 내줄 수 있는가. 그것도 의인이나 선인을 위해서가 아니라 죄인을 위해서 귀한 자식을 내놓을 수 있겠는가.

하나님의 무한한 사랑만이 하실 수 있는 일이고 과연 하나님이 하셨다. 그것이 하나님 은혜의 풍성함이다. 사랑의 극치요, 확증이다.

우리는 이 시점에서 다시 한 번 생각해 보아야 한다. 내가 어떻게 구원을 받았는가. 내 노력이나 공로에 의한 보상인가. 아니다. 하나님의 무조건적인 은혜 때문이다.

예수님은 죄인을 구원하기 위하여 당신의 몸을 십자가에 내놓으셨다. 그리고 내 죗값을 치르기 위하여 피 흘리고 돌아가셨다.

이보다 더 큰 사랑은 없다. 늘 울어도 눈물로써 못 갚을 은혜를 입은 것이다. 그 은혜를 안다면 우리도 주를 위해서 살고 주를 위해서 죽어야 하지 않을까.

모든 사람의 본분

전 12:13

일의 결국을 다 들었으니 하나님을 경외하고 그의 명령들을 지킬지어다. 이것이 모든 사람의 본분이니라.

세상에 존재하는 모든 것은 존재해야 할 목적이 있다. 돌 하나, 나무 한 그루도 아무 목적 없이 거기에 있는 게 아니다. 모두 존재 목적이 있고 본분이 있다. 하물며 하나님께서 가장 아름답고 지혜롭게 지은 사람에게 존재 목적이나 본분을 주지 않았겠는가. 웨스트민스터 소요리문답 제1문은 사람의 제일 되는 목적이 무엇이냐고 묻고, 그 답은 하나님을 영화롭게 하는 것과 영원토록 그를 즐거워하는 것이라고 대답했다.

만물의 존재 목적은 누가 부여하는가. 그것을 만든 분이다.

예를 들어보자. 어떤 사람이 그릇을 하나 만들었다. 왜 만들었을까? 그것은 그 그릇을 만든 사람의 뜻이다. 그 사람은 그릇에 어떤 물건을 담았다. 그렇다면 그 그릇의 존재 목적은 물건을 담는 것이다. 그릇을 만든 사람이 그 그릇의 존재 목적을 부여한 것이다.

그렇다면 사람은 누가 만들었는가. 하나님이시다. 그러므로 사람의 존재 목적은 하나님이 정하신 게 맞다.

하나님은 사람에게서 기쁨을 얻기 위하여 만드셨다.(창 1:31)

그래서 성경은 "그런즉 너희가 먹든지 마시든지 무엇을 하든지 다 하나님의 영광을 위하여 하라."고 명한다.(고전10:31)

그렇다. 우리는 하나님을 영화롭게 하는 목적을 가지고 태어났다. 그 목적 아래서 각 사람은 본분이 있다. 학생의 본분, 노동자의 본분, 공무원의 본분, 군인의 본분 등이 있다. 가정 안에도 부모로서의 본분, 자식으로서의 본분, 부부간, 형제간의 본분이 있다. 이 본분을 다해야 자기 구실을 하는 것이다. 이 본분을 다하지 못하면서 권리 주장해도 되는가. 이 소임을 다하지 못하면서 큰소리쳐도 되는가.

모든 사람에게는 하나님께 지켜야 할 두 가지 본분이 있다.

첫 번째는 하나님을 경외하는 것이다. 하나님을 두려워하는 마음으로 존경하는 것이다. 낳아주신 부모님도 공경해야 하거니와 나를 지으신 하나님을 어찌 공경하지 않을 수 있겠는가.

두 번째 본분은 하나님의 명령을 지키는 것이다. 그분의 말씀에 복종하는 것이다. 바르게 자란 자식이라면 나를 낳아주신 부모님의 말씀에 순종해야 한다. 그러면 하나님께서 복을 주신다고 약속하신다.(엡 6:1-3) 하물며 하나님의 말씀에 순종하면 어떻게 되겠는가. 하나님은 우리의 전 생애에 복을 주실 것이다. 형통케 하실 것이다.

하나님을 영화롭게 하는 데 목적을 두고 살자. 하나님을 경외하며 그 명령에 복종하는 것이 우리의 본분이요, 복 받는 비결이다.

쉬지 말고 기도하라

살전 5:17

쉬지 말고 기도하라.

선지자 사무엘은 백성들 앞에서 "나는 너희를 위하여 기도하기를 쉬는 죄를 여호와 앞에 결단코 범하지 않을 것이라."고 했다.(삼상 12:23) 사무엘은 쉬지 않고 기도한 사람이다. 그는 기도를 쉬는 것을 죄로 여겼다. 우리도 우리가 왜 기도해야 하는가, 왜 기도가 필요한가를 알면 기도하지 않을 수 없는 사람이 될 것이다.

기도는 하나님과의 대화다.

이 대화가 끊어지는 것은 생명과 관계를 끊는 것과 같다. 하나님은 우리의 생명을 주관하시는 분이기 때문이다.

대화는 혼자만 말하는 독백이 아니다. 하나님은 전능하시고 지혜로우신 우리의 창조주시다. 그 하나님이 대화하기를 원한다는 것 자체부터 우리로서는 자랑스럽고 황송한 일이다. 그분이 대화의 대상으로 나를 인정하고 내가 말하는 것을 듣고자 하여 귀를 열고 계신다면 얼마나 행복한 일인가.

사람 관계에서도 서로 대화가 없다면 단절을 의미한다.

아무리 가까운 가족 관계라 할지라도 종일 말 한마디 나누지 않는다면 얼마나 삭막할 것인가. 화목을 잃은 그곳은 찬바람만 이는 무덤과 같을 것이다. 우리는 밥을 굶으면 배고파 고통스러운 것처럼 가족과 대화에 배고파해야 하고 하나님과의 기도에 목말라 해야 한다.

흔히 기도는 하나님께 무엇인가를 구하는 것으로 안다. 물론 기도를 통해서 우리는 풍성한 복을 하나님께 구하고 또 은혜로우신 그분에게서 구한 것을 얻어야 한다.

그러나 기도란 곧 하나님께 구해서 얻는 것이 전부라고 생각하면 잘못이다. 더 중요한 게 많다.

어렸을 적에 부모님과 대화하면서 꼭 무엇을 얻는 것이 목적이었는가. 아무 의미도 없는 얘기가 더 많았을 것이다. 동네에서 일어난 우리와 별로 상관이 없는 얘기도 하고 또래끼리 있었던 얘기도 했다. 그러면서 서로 교감을 가졌다. 거기서 관계가 깊어지고 끈끈하여 정이 흘렀다. 하나님과도 그렇다. 쉬지 말고 기도함이 하나님과의 관계를 돈독히 하는 것이다.

하나님은 우리의 기도를 들으시기만 하는 게 아니라 말씀도 해 주실 것이다. 감동의 응답을 주실 것이다.

부족한 나를 인정해 주시고 내 말을 들어주시는 친절한 하나님을 늘 만나는 기쁨을 누리며 살자. 하나님과의 대화는 나를 훨씬 영성이 풍부한 사람으로 만들어 줄 것이다. 밥은 굶어도 기도는 쉬지 말자. 아니, 금식하면서도 기도하자. 어느새 내가 하나님의 사랑받는 사람이 되어 있을 것이다.

반석 위에 세운 교회

마 16:16-18

시몬 베드로가 대답하여 이르되 주는 그리스도시요, 살아계신 하나님의 아들이시니이다. 예수께서 대답하여 이르시되 바요나 시몬아, 네가 복이 있도다. 이를 네게 알게 한 이는 혈육이 아니요, 하늘에 계신 내 아버지시니라. 또 내가 네게 이르노니 너는 베드로라. 내가 이 반석 위에 내 교회를 세우니 음부의 권세가 이기지 못하리라.

어느 날 예수님은 빌립보 가이사랴 지방에 이르러 제자들에게 "사람들이 인자를 누구라 하느냐?"고 물었다. 이에 제자들은 "더러는 세례 요한, 더러는 엘리야, 어떤 이는 예레미야나 선지자 중의 하나라 하나이다."고 대답했다.

예수님은 선지자 그 이상인 자신을 그런 정도로 인식한다는 데 실망했다. 그래서 "너희는 나를 누구라 하느냐?"고 다시 물었다. 이에 시몬 베드로가 대답하되 "주는 그리스도시요, 살아계신 하나님의 아들입니다."고 했다. 이에 주님은 기뻐하시면서 "너는 베드로라. 내가 이 반석 위에 내 교회를 세우니 음부의 권세가 이기지 못하리라,"고 하셨다.

예수님은 시몬의 이름을 베드로로 개명해 주셨다. 그리고 그가 "주는 그리스도시요, 살아계신 하나님의 아들입니다." 하는 고백 위에 교회를 세우겠노라고 했다.

베드로는 예수님을 주主라고 불렀다.

주는 주인이라는 뜻이다. 우리가 예수님을 주님이라고 부르는 것은 예수님이 왕이기에 우리는 그의 신하요, 예수님이 주인이기 때문에 우리는 그의 종이요, 예수님이 선생님이기 때문에 우리는 그의 제자라는 고백이다.

베드로는 예수님을 그리스도라 불렀다.

그리스도란 메시아라는 말로 구약시대부터 장차 인류를 구원하기 위하여 오실 구원자를 뜻한다. 성경은 장차 죄인들을 구원하실 메시아가 오실 것을 수없이 예언했는데 드디어 예수님은 인류를 구원하기 위하여 오신 구세주인 것이다. 베드로는 예수님을 살아계신 하나님의 아들이라 했다. 예수님을 하나님의 아들이라 부를 때는 예수님이 영원하신 삼위일체 하나님이란 뜻이다. 예수님은 영원부터 계셔서 태초에 세상을 창조하시고 다스리시는 하나님이요, 장차는 세상을 심판하실 분이시다.

베드로의 고백에 예수님은 만족하시며 그 고백 위에 당신의 교회를 세우시겠다고 하셨다. 그래서 우주적 교회 안에 있는 말씀이 바르게 전파되고 성례가 바르게 집행되며 권징이 바르게 시행되는 모든 교회는 주님이 세운 것이고 그러므로 이 교회는 음부의 권세를 이기고 꿋꿋하게 서서 죄인 구원의 목적을 오고 오는 모든 시대에서 감당하게 되는 것이다.

교회는 주님이 세우셨고 모든 지교회는 주님이 세우신다. 교회는 지상에 세워진 유일한 구원기관이다. 그러므로 언제든지 복음전파의 사명을 감당해야 한다. 우리가 하나님의 구속의 은혜를 안다면 주님을 사랑해야 하고, 또한 주님을 사랑한다면 주님의 몸인 교회를 사랑해야 하며, 교회를 사랑한다면 헌신적으로 복음전파 사역을 감당해야 한다.

참된 예배

요 4:23-24

아버지께 참되게 예배하는 자들은 영과 진리로 예배할 때가 오나니 곧 이때라. 아버지께서는 자기에게 이렇게 예배하는 자들을 찾으시느니라. 하나님은 영이시니 예배하는 자가 영과 진리로 예배할지니라.

어느 날 예수님은 제자들과 함께 유다를 떠나 갈릴리로 가고 있었다. 사마리아 지역을 통과해야 하는데 수가라는 동네의 우물가에서 물 길러온 여인과 만나게 되었다. 정오였다. 예수님은 그 여인에게 물을 좀 달라고 하는 말로 대화를 시작했다. 여인은 매우 불우했다. 남편을 다섯이나 바꾸고 지금 여섯 번째와 살고 있었다.

여인은 예배에 관심이 있었다. 당시에 유대 사람들은 사마리아 사람들이 같은 민족이지만 앗수르가 침략하여 정책적으로 혼혈을 했다는 역사적 사실 때문에 더럽게 여기며 피하고 있었다. 그러므로 유다 사람들이 예루살렘 성전에서 예배드릴 때 사마리아인들은 그리심 산에서 예배를 드렸다. 여인은 어느 것이 옳으냐고 물었다. 예수님은 참된 예배는 어디서 드리느냐 하는 장소 문제가 아니라 어떻게 드리느냐에 달려 있다고 했다. 즉 하나님은 영이시기 때문에 영적예배를 드려야 하는데 그러므로 예배하는 자가 영과 진리로 드려야 한다고 가르쳤다.

구약시대의 율법 하에서는 짐승을 잡아 피를 흘리고 그 고기를 제물 삼아 제사를 드렸다.

그러나 이제 제물의 원형이신 예수님이 오셨다. 구약 제사는 예수님의 그림자요, 예표였다. 이제 원형이요, 실체이신 예수님이 오셨으니 짐승을 잡아 반복해서 대속 제물을 드리는 제사는 의미가 없게 된 것이다. 예수님은 당신 자신을 속죄 제물 삼아 골고다에서 단번에 죽으심으로 모든 죄인을 구속하셨다.

이제는 구원받은 백성들이 예배를 드린다. 삼위일체 하나님께 드린다. 어떻게 드리느냐. 예수님은 영과 진리로 드려야 한다고 했다.

영은 성령聖靈이다. 진리는 하나님의 말씀이다. 그러므로 참된 예배는 성령과 하나님의 말씀을 근거로 드려져야 한다. 우리에게 영혼이 있고 하나님은 영이시기 때문에 성령을 통하여 우리는 하나님과 교통할 수 있다. 또한 진리인 하나님의 말씀은 우리가 지켜야 할 규범이다. 예배는 사람의 마음대로 드리는 것이 아니라 하나님이 정해 주신 규범대로 삼위 하나님께 드리는 것이다. 이 예배를 받으시는 하나님은 기뻐하신다.

우리는 경건한 자세와 하나님을 경외하는 마음가짐과 정성을 다한 찬송과 경배와 기도와 예물을 드리면, 하나님은 우리에게 은혜와 말씀과 축복을 응답으로 주신다.

예배에 성공해야 신앙에 성공하고, 신앙에 성공해야 인생에 승리자가 된다. 영원한 소망이신 여호와 하나님께 영과 진리의 예배로 영광을 돌리자.

너희는 서로 사랑하라

오늘 말씀

요 13:34

새 계명을 너희에게 주노니 서로 사랑하라. 내가 너희를 사랑한 것 같이 너희도 서로 사랑하라.

하나님은 모세를 통하여 언약백성인 이스라엘에게 영원히 변치 않는 도덕법을 주셨다. 그것이 십계명이다.

십계명은 두 부분으로 나누어진다. 즉 1계명에서 4계명까지의 네 개의 계명은 사람이 하나님께 지켜야 할 내용이다. 그리고 제5계명에서 10계명까지의 여섯 계명은 사람이 사람과의 관계에서 지켜야 할 내용이다.

그래서 예수님은 이 십계명을 둘로 나누어 율법과 선지자의 강령이라 했다. 즉 "네 마음을 다하고 목숨을 다하고 뜻을 다하여 주 너의 하나님을 사랑하라 하였으니 이것이 크고 첫째 되는 계명이요, 둘째도 그와 같으니 네 이웃을 네 자신같이 사랑하라 하였으니 이 두 계명이 온 율법과 선지자의 강령이니라."(마 22:37-40) 이는 이 두 계명이 모세가 쓴 율법과 선지자들이 기록한 성경 전체의 요약이라는 뜻이다.

그러나 이 두 계명을 하나로 묶으면 사랑이라는 공식이 나온다. 이것이 예수님이 말씀하시는 새 계명이다.

주님은 당신이 우리를 사랑한 것같이 우리도 서로 사랑하라고 가르친다. 그러므로 우리의 사랑은 예수 그리스도의 사랑에 기초를 두어야 한다. 다시 말하면 우리가 이웃을 사랑할 때 주님이 우리를 사랑한 것처럼 우리도 서로 사랑하는 것이다.

그렇다면 주님은 우리를 어떻게 사랑하셨는가. 우리를 구원하기 위해서 당신의 몸을 우리의 죗값으로 내놓으셨다.

그것이 골고다 언덕에서 십자가에 못 박혀 죽으심이다. 그런 헌신적 죽음을 본받아 우리도 실천하라는 것이다.

사도 요한은 이 사실을 요한1서 3장 16절에서 이렇게 말씀하셨다. "그가 우리를 위하여 목숨을 버리셨으니 우리가 이로써 사랑을 알고 우리도 형제들을 위하여 목숨을 버리는 것이 마땅하니라."

성경은 우리에게 고도의 사랑을 요구하고 계신다. 형제를 위하여 목숨을 버릴 수 있어야 한다는 것인데 우리가 그럴 수 있는가? 가능한가?

그런 용기가 없다면 적어도 형제에게 불의한 일은 하지 말아야 한다. 형제를 위하여 돕고 배려하는 사랑을 베풀망정 형제를 비난하고 고통스럽게 하고 해롭게 할 수는 없다. 그렇다면 그는 하나님의 사랑을 배신하는 것이다.

위하고 돕는 사랑을 서로 하자. 주기도 하고 받기도 하는 쌍방 사랑을 하자. 그게 서로 외롭지 않은 아름다운 사랑이다.

그렇게 하지 아니할지라도

오늘 말씀

단3:17-18

왕이여, 우리가 섬기는 하나님이 계시다면 우리를 맹렬히 타는 풀무불 가운데에서 능히 건져내시겠고 왕의 손에서도 건져내시리이다. 그렇게 아니하실지라도 왕이여, 우리가 왕의 신들을 섬기지도 아니하고 왕이 세우신 금신상에게 절하지도 아니할 줄을 아옵소서.

　망국의 한을 품고 바벨론에 포로로 잡혀왔지만 끝끝내 신앙 지조를 지킨 사람들이 있다. 그렇다. 제대로 된 신앙인이라면 언제 어떤 상황에서도 신앙지조를 지킬 수 있어야 한다.

　세계를 제패한 바벨론의 느부갓네살 왕은 통치 수단으로 두라 평지에 거대한 금 신상을 만들어 세웠다. 그리고 모든 신하, 모든 백성이 그 앞에 굴복의 절을 하도록 명령했다.

　대왕의 이 지엄한 명령에 누가 불복하겠는가. 그런데 이에 응하지 않은 사람들이 있었다. 유다에서 포로로 잡혀온 청년들인 사드락과 메삭과 아벳느고가 바로 그들이다. 이들은 하나님 외에 다른 우상에게 절하지 말라는 계명을 붙들었다.

　포로로 잡혀온 주제에 하늘도 찌를 것 같은 권세를 가진 왕의 명령을 어기다니, 사람들은 그들의 행위를 어리석은 만용 정도로 치부했을 것이다. 그러나 그들에게는 느부갓네살보다 더 크신 여호와의 말씀이 있었다.

　비록 포로로 잡혀온 신분이지만 그들이 뛰어나고 영특했기에 왕은 죽이기가 아까워 설득하고 회유했다. 그리고 다른 한편으로는 위협을 했다. 금 신상에 절하지 않으면 풀무불 속에 던질 것이며, 과연 누가 그 극렬히 타는 풀무불 속에서 건져내겠느냐고 했다. 상식적으로 생각하면 풀무불 속에 들어가서 살아남을 사람은 없다. 그러나 사드락과 메삭과 아벳느고에게는 믿음이 있었다.

그들의 믿음은 두 가지였다.

하나는 하나님의 전능성에 대한 확신이다. 그들은 하나님의 전능하심은 자신들을 풀무불 속에서도 능히 건져낼 수 있음을 믿은 것이다.

또 하나는 하나님의 주권에 대한 확신이었다. 하나님에게는 불가능이 없지만 하나님의 뜻에 맡길 수밖에 없다는 것이다. 하나님이 순교를 원한다면 순교를 해야 한다는 신앙이다. 그렇다. 신앙은 내 뜻을 관철하는 것이 아니라 하나님의 뜻에 순종하는 것이다.

결국 사드락과 메삭과 아벳느고는 풀무불 속에 던져졌지만 머리털 하나 상하지 않고 나올 수 있었다. 그리하여 느부갓네살 왕을 비롯하여 모든 사람에게 살아계신 하나님을 증거하게 되었다.

이것이 "그렇게 하지 아니하실지라도" 신앙이다. 언제, 어디서나, 어떤 상황에서도 하나님을 믿고 의지하며 그 하나님의 주권에 맡길 수 있겠는가. 그렇다면 하나님은 우리를 보호하실 것이며, 우리는 승리자로 남고 하나님은 우리를 통해서 영광을 받으실 것이다.

칭찬을 받으려면

오늘 말씀

잠 31:30-31

고운 것도 거짓되고 아름다운 것도 헛되나 오직 여호와를 경외하는 여자는 칭찬을 받을 것이라. 그 손의 열매가 그에게로 돌아갈 것이요, 그 행한 일로 말미암아 성문에서 칭찬을 받으리라.

곱고 아름다운 것을 싫어할 사람은 없다. 그래서 화장을 하고 몸매를 가꾸고 심지어 성형수술을 해서 외모를 뽐내려고 한다. 멋있는 의상을 택하여 입고 온갖 장신구로 치장을 한다.

그런데 왜 성경은 고운 것도 거짓되고 아름다운 것도 헛되다고 하였을까? 꾸몄기 때문이다. 본래의 모습이 아니라 과장하고 포장했기 때문이다.

예수님이 왜 외식하는 자들을 책망했는가. 내용은 선하지 않으면서 위선을 했기 때문이다. 그래서 그들을 회칠한 무덤이라고까지 했다. 아름답게 포장된 선물을 받았는데 비어 있다거나 쓸모없는 것으로 채워져 있다면 속았다는 느낌이나 우롱당했다는 느낌에 화가 날 것이다.

얼굴에 화장을 해서 예쁘게 보이려고 하는 욕구를 누가 말리겠는가. 그러나 마음도 예쁘게 가꾸는 노력도 해야 한다. 건전한 정신, 교양 있는 행동, 인격적인 품위가 있어야 한다. 지나친 예가 될지 모르지만 만약에 곱게 단장한 사람의 입에서 거칠거나 저속한 말이 튀어나온다면 어떤 생각이 들겠는가. 그러므로 베드로 사도의 권면을 경청해야 한다. "너희의 단장은 머리를 꾸미고 금을 차고 아름다운 옷을 입는 외모로 하지 말고 오직 마음에 숨은 사람을 온유하고 안정한 심령의 썩지 아니할 것으로 하라. 이는 하나님 앞에 값진 것이니라."(벧전 3:3-4)

거짓되고 헛된 것을 통해서는 누구로부터도 칭찬을 받을 수가 없다. 인정받을 수 없다. 그러므로 먼저 하나님을 경외하자.

하나님 앞에 거짓되게 꾸미고 속이고 고친 것을 보여서는 안 된다. 민낯을 보이고 과장하지 않은 모습 그대로를 보여야 한다. 하나님을 경외하는 의롭고 선한 모습만으로도 우리는 하나님 앞에서 충분히 아름답다. 내가 행한 의롭고 선한 일들이 나의 진면목을 드러내줄 것이다. 그것이 내 삶을 보여주고 내 생을 알려줄 것이다. 그것이 내가 행한 선한 열매다. 거기에 칭찬이 따른다.

하나님은 사람으로부터 속임을 당하거나 업신여김을 받지 않으신다. 내가 행한 일은 나보다 먼저 하나님 앞으로 갈 것이다. 그것이 내가 어떤 사람이었는가를 명백하게 보여줄 것이며 그것에 의해서 우리는 칭찬이나 책망을 받게 될 것이다.

지금 우리는 어떻게 살고 있는가. 그것이 하나님 앞에 보여드릴 내 재산이다. 성경은 특별히 이렇게 권면한다. "…단정하게 옷을 입으며 소박함과 정절로써 자기를 단장하고 땋은 머리와 금이나 진주나 값진 옷으로 하지 말고 오직 선행으로 하기를 원하노라. 이것이 하나님을 경외한다 하는 자들에게 마땅한 것이니라."(딤전 2:9-10)

자족하기를 배우자

빌 4:11-12

> 내가 궁핍하므로 말하는 것이 아니니라. 어떠한 형편에든지 나는 자족하기를 배웠노니 나는 비천에 처할 줄도 알고 풍부에 처할 줄도 알아 모든 일 곧 배부름과 배고픔과 풍부와 궁핍에도 처할 줄 아는 일체의 비결을 배웠노라.

바울 사도는 선대부터 부유하게 살았다. 그러나 후에는 가난해졌고 사도로써 복음 전하는 일에만 매진했다. 그는 돈벌이하기 위해서 목회와 선교를 한다는 모략과 박해가 싫어서 스스로 돈을 벌어 선교하는 자비량선교도 했다. 많은 오해와 비난과 박해를 받으며 궁핍하기도 하고 고달팠지만 자신이 생명을 얻은 것이 감사하고 또한 구원과 생명을 전하는 사명을 받은 것이 감사하여 한없는 기쁨과 보람을 느끼며 선교했다.

바울은 처한 환경에 대해서 불평하지 않았다. 사명을 감당하는 데 그런 것은 아무 문제가 되지 않았다. 어떻게 그럴 수 있었을까. 그는 사명의 중차대함을 인식할 때 어떠한 상황에서도 이겨낼 수 있는 비결을 알았기 때문이었다.

그는 고백하고 있다. 나는 비천에 처할 줄도 알고 풍부에 처할 줄도 알았다. 나는 배부름과 배고픔에 처할 줄도 알았다. 나는 풍부에 처할 줄도, 궁핍에 처할 줄도 알았다.

그렇다면 그가 깨달은 비결은 과연 무엇이었는가. 그는 어떠한 형편에든지 자족自足하는 걸 배웠기 때문이라 했다. 행복하기를 원하는가. 자족해야 한다.

자족이 곧 행복이라 할 수는 없지만 행복한 사람은 모두 자족하고 있다. 만족이 없는 사람에게 궁핍이 찾아오면 불평분자가 되기 쉬울 것이다. 자족을 모르는 사람에게 풍부가 찾아오면 그는 교만할 것이요, 탐욕의 노예가 될 가능성이 많다. 탐욕은 끝이 없기 때문이다. 탐심은 우상숭배다.(골 3:5) 탐욕에 눈이 멀면 재화를 얻기 위하여 어떤 불의한 일에도 가담할 수 있다.

성경은 돈을 사랑하지 말고 있는 바를 족한 줄로 알라고 했다.(히 13:5) 그것이 자족이다. 우리가 세상에 아무것도 가지고 온 것이 없으매 또한 아무것도 가지고 가지 못하리니 우리가 먹을 것과 입을 것이 있은즉 족한 줄로 알 것이니라고 했다.(딤전 6:7-8) 이것이 자족이다.

그러나 행여 자족이 게으른 자리에 빠져도 된다는 뜻으로 받아들이지 말라. 자족이 아무것도 하지 않고 되어가는 대로 사는 것으로 착각하지 말라. 사람의 도리는 언제든지 현장에서 열심히 일하는 것이다. 그러면 재화가 생긴다. 하나님이 주시는 것이다. 그것을 감사하고 족하게 여기면 된다. 궁핍하게 되는 데에도 어떤 이유가 있고 풍부하게 되는 데에도 이유가 있다. 그 이유를 알고 대처하자.

하나님은 사람으로 하여금 빈곤을 겪음으로 인생을 알게 하기도 하신다. 궁핍을 모르고 풍부하기만 하면 위험하다. 어떤 형편에든지 자족하자. 성경은 "그러므로 자족하는 마음이 있으면 경건은 큰 이익이 된다."고 했다.(딤전 6:6)

그의 아들에게 입맞추라

시 2:12

그의 아들에게 입맞추라. 그렇지 아니하면 진노하심으로 너희가 길에서 망하리니 그의 진노가 급하심이라. 여호와께 피하는 모든 사람은 다 복이 있도다.

오늘 말씀을 보면 그의 아들에게 입맞추라 했다. 여기서 그의 아들이란 말을 어떻게 해석해야 할까? 다른 풀이도 가능하지만 궁극적으로는 삼위일체 하나님으로 성육신하신 예수 그리스도로 해석해야 할 것이다. 입맞추는 것은 인사요, 애정 표시다. 좋은 관계를 의미한다.

예수 그리스도. 우리는 그분에게 가까이해야 한다. 그분은 길이요, 진리요, 생명이고 또한 복이기 때문이다.

복을 가까이하면 복을 받는다. 그러나 멀리하면 화를 당한다. 생명을 가까이하면 생명을 얻지만 그분을 멀리하면 저주를 받는다. 멀리한다는 것은 불순종하는 것이요, 대적하는 것을 의미한다.

예수 그리스도는 적극적으로 우리에게 오셨다. 그는 우리를 죄에서 구원하고 복을 주시기 위해서 하늘 보좌 버리고 오셨다. 그러므로 우리는 그분을 영접하고 경외해야 한다.

적극적으로 찾아오신 분을 멀리한다면 그 사람은 이미 하나님의 독생자의 이름을 믿지 아니하므로 벌써 심판을 받은 것이

다.(요 3:18)

시인은 노래했다. "무릇 주를 멀리하는 자는 망하리니 음녀 같이 주를 떠난 자를 주께서 다 멸하셨나이다. 하나님께 가까이함이 내게 복이라. 내가 주 여호와를 나의 피난처로 삼아 주의 모든 행적을 전파하리이다."(시 73:27-28)

그렇다면 우리는 어떻게 그의 아들에게 입맞출 것인가를 생각해 보자.

예배드리며 그의 이름을 찬양하자. 그의 말씀을 정중하게 받고 그 말씀을 우리 삶에서 실천하자.

만약 우리에게 생명주실 이가 또 있다면 그에게 기대해도 된다. 그러나 우리를 구원하시고 구원을 주실 분은 하나님밖에 없다.

독생자 예수 그리스도는 내 생명을 살리기 위해서 내가 죽을 죽음을 대신 죽어 주셨다. 이것이 값없이 주시는 은혜다. 이 은혜는 모든 사람에게 주어지는 것이 아니라 예수를 구주로 믿는 사람에게만 주어진다.

그의 아들에게 가까이하자. 더 가까이하자. 좀더 깊이 사귀고 깊이 접근하자. 그것이 생명을 더욱 풍성히 얻는 길이다.

롯의 처를 기억하라

오늘 말씀

눅 17:32

롯의 처를 기억하라.

롯은 아브라함의 조카다. 그러므로 롯의 처는 아브라함의 조카며느리다. 성경은 왜 이 여자를 기억하라고 하는가. 그 답을 알기 위해서는 먼저 그 시대의 사정을 살펴보아야 한다.

어느 날 아브라함은 하나님으로부터 너는 너의 고향과 친척과 아버지의 집을 떠나 내가 네게 보여줄 땅으로 가라는 말씀을 받았다. 아브라함은 즉시 그 말씀을 따라 가나안 땅으로 갔다. 이때 조카 롯도 함께 갔다.(창 12:1-5) 그때 아브라함의 나이는 75세였고 자식이 없었다. 조카 롯은 일찍 부모를 잃은 상황이었다. 아무 연고도 없는 곳에서 자식 없는 아브라함과 부모없는 롯이 함께 있었으니 그 관계는 각별했을 것이다.

그런데 이 숙질 관계가 틈이 생길 수밖에 없는 상황으로 바뀌게 되었다. 가나안에 흉년이 들어 애굽으로 내려갔다가 돌아온 이후 종들을 두고 살 만한 여유가 생긴 것이다. 문제는 아브라함의 목자들과 롯의 목자들이 서로 다투는 일이 생긴 것이다. 한정된 땅에서 서로 자기 주인의 양을 잘 키우려다 보니 다툼이 일어나는 것이었다. 아브라함은 종들의 다툼이 숙질 간의 다툼으로 번질까 하여 결단을 내렸다. 서로 헤어지기로 했다. 아브라함은 선택권을 롯에게 양보하여 네가 우측을 차지하면 나는 좌측을 차지하고 네가 좌하면 내가 우하겠다고 했다.

그리하여 롯은 에덴동산 같고 물이 풍부하여 애굽의 들과 같은 곳으로 떠났고 아브라함은 헤브론 지역을 차지했다.

문제는 롯이 찾아간 소돔이란 지역이 물질만 풍요로운 게 아니라 죄도 많았다는 점이다. 하나님은 음란한 소돔을 멸망시키려 하는데 늘 그곳을 향하여 기도한 아브라함을 생각하여 롯의 가족만은 구원하려 하셨다.

그러나 롯의 두 딸과 정혼한 두 사위는 이 성을 멸망시키려 한다는 하나님의 말씀을 농담으로 여겼고 롯의 처는 뒤돌아보지 말라는 천사의 지시를 무시하고 유황불이 내려 멸망하는 소돔 성을 돌아보았다. 불에 타는 재산이 아까워서였을 것이다. 그와 동시에 롯의 처는 소금기둥이 되었다.

왜 성경은 우리에게 롯의 처를 기억하라 하는가. 불에 타는 재산이 아까워 뒤돌아보았다가 생명을 잃은 롯의 처의 모습이 얼마나 처량한가. 재물이 생명보다 귀한가. 과연 생명보다 귀한 것이 무엇인가.

어리석은 롯의 처처럼 사는 사람이 지금 얼마나 많은가. 권세나 명예나 재물 같은 세상 것 때문에 자기 생명을 잃는 사람들. 성경은 "믿음의 주요, 또 온전하게 하시는 이인 예수를 바라보자."고 권면한다.(히 12:2)

형통한 날과 곤고한 날

 오늘 말씀

전 7:14

형통한 날에는 기뻐하고 곤고한 날에는 되돌아보아라. 이 두 가지를 하나님이 병행하게 하사 사람이 그의 장래의 일을 능히 헤아려 알지 못하게 하셨느니라.

누구든지 그 생애가 계속 형통하기만 하지 않으며, 또한 곤고한 날만 지속되는 일도 없다. 맑은 날이 있으면 흐린 날도 있는 것처럼 형통한 날과 곤고한 날이 번갈아 오기 마련이다. 그 일을 하나님이 하신다. 그렇게 하시는 이유를 누구든지 자기의 장래 일을 헤아려 알지 못하게 하기 위함이라고 했다.

한 번쯤은 자신의 장래 일이 어떻게 전개될까 궁금해해 본 적이 있을 것이다. 그러나 하나님은 우리의 궁금증을 풀어주지 않으신다. 왜 그럴까? 궁금증을 풀어주는 것이 본인에게 유익하지 않기 때문이다.

우리의 앞날에는 형통한 날도 있지만 반드시 곤고한 날도 온다. 우리의 욕심은 형통한 날만 계속되었으면 하지만 현실은 그렇지 않다. 곤고한 날이 반드시 불청객처럼 찾아온다.

만약에 누가 아직까지 곤고한 날을 겪지 않고 살았다면 긴장할 필요가 있다. 곤고한 날은 내가 원해서 오는 게 아니다. 원치 않아도 온다. 그 곤고한 날의 불행한 일을 미리 알아서 좋을게 뭔가. 끔찍한 사고를 미리 알아서 유익한 건 없다. 그래서 하나님은 우리의 장래 일을 비밀로 해두는 것이다. 그것이 오히려 내게 유익이 되기 때문이다.

내일 일을 궁금해하지 말자. 예수를 믿고 있으니 하나님이 결국을 형통하게 만들어 주실 것을 믿고 살자. 그리고 좋은 결과를 원한다면 선한 일을 많이 해야 한다. 하나님은 사람으로부터 업신여김을 받지 않으신다. 심은 대로 거두도록 역사하신다. 우리가 지금 해야 하는 일은 형통함을 바라보는 일이 아니다. 그 일은 하나님의 소관이니 하나님께 맡기고 옳은 것을 심자. 그것이 우리가 할 일이다.

예수 안에서 우리의 삶은 형통한 날에도 유익하고 곤고한 날에도 유익하다. 하나님은 합력하여 선을 이루신다. 형통한 날에는 기뻐하자. 그 기쁨을 주시는 분이 하나님이시니 또한 감사하자. 그리고 곤고한 날이 오면 뒤돌아보는 시간을 갖자. 반성하는 것이다. 왜 곤고한 날이 왔을까. 세상에 우연은 없다. 필연적으로 일어나는 것이다. 그러므로 우리는 늘 감사하고 늘 반성하는 삶을 살아야 한다.

형통한 날과 곤고한 날이 병행된다는 현실 앞에서 우리가 가져야 할 올바른 자세가 있다. 형통한 날에 감사하는 것은 당연하지만 교만해서는 안 된다. 곤고한 날이 기다리고 있기 때문이다. 곤고한 날에는 낙심하지 말자. 반드시 형통한 날이 이르게 될 것이다.

무엇을 기뻐할 것인가

요삼 1:4

내가 내 자녀들이 진리 안에서 행한다 함을 듣는 것보다 더 기쁜 일이 없도다.

자녀들이 들려주는 좋은 소식, 주변에 있는 사람들이 보내주는 기쁜 소식은 우리를 신나게 한다. 악한 세상이라 불쾌한 소식도 많은데 좋은 소식을 전해주는 것은 전하는 본인도 물론 자랑스럽겠지만 듣는 모두에게 청량제가 된다.

그런데 어떤 경우는 이것이 정말 기쁜 소식인지, 슬픈 소식인지 구별하기가 어려운 것도 있다. 우선 듣기로는 좋은 소식 같은데 나중에 걱정으로 되돌아온다면 결코 좋은 소식이 아니다. 지금은 고생을 하고 힘들지만 결국 좋은 결과를 가져올 것 같은 예감이 드는 일이 오히려 기대가 되고 성원을 해주고 싶어진다.

여러분은 어떤 소식이 기다려지는가. 무슨 소식을 기쁜 소식이라 하겠는가. 내 자식이 돈을 많이 벌었다, 내 자식이 힘든 시험에 통과했다, 내 자식이 높은 자리에 올라서 시쳇말로 출세했다는 소식은 들을 만하지 않은가. 무슨 일을 하다가 망했다든지 수없이 시험을 쳤는데 번번이 실패했다는 소식보다 얼마나 좋은 소식인가.

그런데 본문에 나오는 요한 사도는 내 자녀들이 진리 안에서 행한다 함을 듣는 것보다 더 기쁜 일이 없다고 했다.

진리란 무엇인가. 바로 하나님의 말씀이요, 예수 그리스도다. 그 안에서 행한다는 말은 하나님의 말씀을 따라 살고 예수 그리스도의 삶을 본받아 산다는 뜻이 아닌가. 그러므로 그것이 모든 기쁜 일보다 더 기쁜 일이라 했을 것이다. 적어도 생명이 무엇이고 영혼이 무엇인가를 아는 사람이라면 요한 사도의 생각에 동의할 것이다.

이러한 사람들의 기쁨이란 육신적인 안일과 편안함만 찾는 사람들의 것과는 차원이 다르다. 그들이 출세하고 성공하여 남을 다스리고 지배하는 것을 자랑으로 여길 때 묵묵히 주님의 길을 걸으며 섬기고 헌신하는 삶을 사는 사람은 어떤 사람인가. 진리 안에서 사는 사람이요, 이웃을 생각하며 사는 사람이요, 하나님의 영광을 위하여 사는 사람이다.

내 자녀가, 내 이웃에 이런 사람들이 있다는 것은 얼마나 가슴 벅찬 일이겠는가.

하늘에 소망을 둔 사람이라면 진리 안에서 살자. 이를 기뻐하는 분이 누구겠는가. 바로 예수 그리스도이시다. 그분을 기쁘게 하는 삶을 살자. 그게 참으로 보람된 삶이다.

누구에게 순종해야 하는가

오늘 말씀

행 5:29

베드로와 사도들이 대답하여 이르되 사람보다 하나님께 순종하는 것이 마땅하니라.

기득권자들이 사도들을 잡아다가 공회 앞에 세웠다. 서슬이 퍼런 공회원들 앞에서 대제사장이 물었다.

"우리가 이 이름으로(예수) 가르치지 말라고 엄금하였으되 너희가 너희 가르침을 예루살렘에 가득하게 하니 이 사람의 피를 우리에게 돌리고자 함이로다."

그들은 복음을 전하지 말라고 했다. 예수 죽인 책임을 자기들에게 돌리려고 광고하는 것은 잘못되었다고 했다.

그러면 사도들은 어떻게 해야 하는가. 그들의 위협에 굴복해야 하는가. 사도들은 예수님에 대하여 보고 듣고 체험하고 느낀 사람들이다. 그들은 하나님의 음성을 들은 사람들이다. 주님으로부터 직접 복음을 전하라는 교육과 지도를 받은 사람들이다. 지난날에는 비겁하고 나약한 모습도 보였지만 지금은 예수님의 고난과 죽음을 보았다. 그리고 부활을 체험하고 승천하심을 목격했다.

그들은 이제 주님의 가르침인 천국을 확신하게 되었다. 죽어도 다시 사는 것을 목도한 사람들이 공회의 위협에 타협하거나 굴복할 수 있겠는가. 사도들은 담대하게 말했다. "사람보다 하나님께 순종하는 것이 마땅하다."

법을 내세우고 제도를 들이대면서 불의를 행하는 저들에게 굴복한다면 그것이 정의로운 일인가.

누구의 말이 옳은가, 그것을 구별해 낼 수 있다면 그는 판단력이 있는 사람이다. 그러나 지혜가 부족하면 구별하지 못한다. 자신의 개인적인 유익을 따라서 옳고 그름을 바꿀 수 있는 사람은 악한 사람이고 상황에 따라서 불의와 타협하는 사람은 비굴한 사람이다.

어리석고 비굴하며 악한 사람이 되기 싫으면 이것을 기억하자. 사도들은 주님의 말씀이 옳다는 것을 알기 때문에 타협하지 않았고, 복음에 생명을 걸 만한 가치가 있다는 것을 믿었기 때문에 목숨을 걸고 복음을 전했다. 그래서 기꺼이 생명을 내놓고 순교했다. 당시 어떤 사람들에게는 그들이 어리석게 보였을지 모른다. 적당히 타협하면 살 수도 있었을 텐데, 하면서 연민의 정을 나타낸 사람도 있었으리라.

그러나 사도들은 사람의 정에 매달리지 않았고 영원을 바라보았다. 예수님은 왜 십자가를 지고 죽었는가, 그 십자가를 바라보았다. 그들은 외쳤다. 사람보다 하나님께 순종하는 것이 마땅하다. 사도들은 사람이 마땅한 도리를 찾아서 살아야 한다는 것을 친히 가르쳐주고 떠났다.

악인의 형통을 부러워하지 말라

잠 24:1

너는 악인의 형통함을 부러워하지 말며 그와 함께 있으려고 하지도 말지어다.

악인의 형통. 그것은 본래 있을 수 없는 일이다. 악인은 절대로 형통할 수가 없다. 전능하시고 공의로우신 하나님이 계시는 한 있을 수 없는 일이다.

그러나 형통한 것처럼 보일 수는 있다. 순간적으로 그렇게 보일 수 있다는 것이다. 하지만 길게 보면 악인이 형통하게 보이는 것은 신기루나 물거품 같은 것이다. 또한 악인의 형통은 정신적으로나 영적인 영역이 아니다. 세상적으로나 물질적인 면에서만 그렇게 보일 뿐이라는 것이다.

그렇다면 과연 어떤 상태를 형통이라 하는가. 보통 사람이라면 부富와 명예와 권세를 얻고 건강하며 모든 일이 생각대로 이루어지는 것이라 말할 것이다.

성경은 그런 현상이 제아무리 형통하게 보일지라도 부러워하지 말라고 한다. 부러워한다는 것은 나도 그렇게 되었으면 하는 바람이 있기 때문이다.

성경은 형통한 사람같이 보이는 악인과는 함께 있지도 말라고 한다. 그를 배우고 본받을 수 있는 위험이 있기 때문이다.

연약한 인간은 힘들고 어려운 상황에 빠지면 순간적으로 악한 방법으로 살더라도 형통하게 되었으면 하는 생각을 가질 수 있다. 그것이 유혹이다.

악한 세력의 계략이요, 유혹이다. 악한 세력은 약한 사람을 넘어트리는 데는 최선을 다하지만 넘어진 사람에 대한 책임은 지지 않으며 질 수도 없다.

마음을 지키자. 악인의 형통은 결코 부러워할 것이 아니다. 넘어지면 고스란히 내가 책임을 져야 한다. 그 책임을 어떻게 질 것인가.

성경은 행악자의 장래는 없다고 한다. 악인의 등불은 꺼진다고 한다. 그러므로 악인의 형통은 부러워하지 말 것이며 그들의 행위에 분도 품지 말라고 한다. 그들의 행위를 보고 분을 품는다는 것은 일면 옳은 것 같지만 거기에 관심을 기울이는 것이기 때문이 아닐까.(잠 24:19-20)

악행으로 잘 되는 것은 허상이다. 잠시 그렇게 보일 뿐이다. 악인에게 진정한 형통은 없다. 그들에게 진정한 형통은 회개하고 악행에서 벗어나는 일밖에 없다.

순간의 욕구를 위하여 영원한 부끄러움에 빠진다면 얼마나 어리석은 일인가. 악인의 형통이 부러워지면 기도하자. 하나님께 내 마음을 붙들어 달라고 기도하자. 순간적으로라도 허상에 마음 팔지 않도록 기도하며 이겨나가자.

밭에 감추인 보화

마13:44

천국은 마치 밭에 감추인 보화와 같으니 사람이 이를 발견한 후 숨겨두고 기뻐하며 돌아가서 자기의 소유를 다 팔아 그 밭을 사느니라.

오늘의 말씀은 천국 비유 중 '밭에 감추인 보화'에 대한 것이다. 천국은 마치 밭에 감추인 보화와 같다고 했다. 보화가 감추어져 있지 않으면 누구나 차지할 것이다.

그러나 유감스럽게도 보화는 밭에 묻혀 있다. 천국이 모든 자의 것이 아니란 뜻이다. 보화의 가치를 아는 사람의 것이란 의미다. 그렇다. 천국은 있다. 하지만 모르는 사람이 많다. 그뿐 아니라 천국은 없다고 망발을 하는 사람도 있다. 그런 사람들은 자기의 불신으로 천국 없는 삶을 살다가 천국 아닌 곳으로 갈 수밖에 없다.

보화의 가치를 아는 한 사람이 있었다. 어느 날 그는 밭에 감추어져 있는 보화를 발견했다. 그 밭은 자기의 소유가 아니었다. 그러므로 여기에 보화가 숨겨져 있다고 드러낼 수 없었다. 보화를 들킨다면 자기 것으로 만들 수 없기 때문이다. 그는 보화를 그대로 두었다. 그리고 혼자만 기뻐했다. 보화의 가치를 알기 때문에 그것을 발견한 기쁨을 누렸다. 그것을 내 것으로 만들 수 있다는 기쁨에 가득 찼다. 그는 그 기쁨을 안고 돌아가서 자기 소유의 것을 다 팔았다. 보화를 얻기 위해서였다. 그는 그 보화의 가치가 자기가 가지고 있는 재산보다 더 귀하다는 사실을 알고 있었기 때문에 이를 얻기 위해 소유했던 것을 모두 팔았던 것이다.

살다 보면 두 가지 중의 하나를 선택해야 할 때가 있다. 둘 다 소유할 수 없기 때문이다.

천국과 세상은 같이 소유할 수 없다. 세상을 사랑하면 천국을 포기해야 한다. 그러나 천국을 소유하려면 세상의 것을 포기해야 한다. 천국을 모르는 사람은 세상의 것을 더 좋아한다. 개똥밭에 누워도 세상이 좋다고 한다. 육신적인 쾌락에 빠져 있는 사람은 거꾸로 달아매도 세상이 좋다고 한다. 그들에겐 천국이 감추어져 있다. 천국의 가치가 감추어져 있는 것이다.

천국은 볼 수 있는 눈을 가진 사람만 보고, 들을 수 있는 귀를 가진 사람만 듣고 아는 것이다.

보화의 가치를 아는 사람이 자기 소유를 다 팔아 보화가 묻혀 있는 밭을 샀다. 이제 그 보화는 그의 것이 되었다. 어떤 사람들은 그가 밭을 비싸게 샀다고 생각하며 어리석다고 손가락질할 것이다. 그러나 그는 밭이 아니라 그 밭에 숨겨진 보화를 얻은 것이다.

보화가 감추어진 밭을 산 사람의 기쁨을 누가 알랴. 천국은 그런 곳이다. 당신은 천국을 소유했는가. 기뻐하라. 즐거워하라. 천국은 그 소유한 사람에게 기쁨을 준다.

어찌 그리 대적이 많은지요

시 3:1

여호와여, 나의 대적이 어찌 그리 많은지요. 일어나 나를 치는 자가 많으니이다.

내게 대적이 많다는 것은 두 가지 경우를 생각할 수 있다. 하나는 내가 대적을 만드는 경우다. 남의 마음을 아프게 하고 고통을 줌으로써 그들이 나를 원수로 여기게 하는 것이다. 이런 경우를 만들어서는 안 된다.

다른 하나는 남에게 해를 끼치지 않았는데도 그들이 나를 대적으로 여기는 경우다. 오히려 의롭게 살려고 하는 나를 대적하는 것이다.

이렇듯 의롭지 않은 사람들이 의인을 싫어하는 경우가 많다. 예수 그리스도는 불의를 행하지 않았다. 그런데 의롭지 않은 사람들이 주님을 미워했다. 박해를 했다.

기득권자들은 예수님이 타락하기를 원한다. 자기들과 적당히 타협하기를 원한다. 그런데 예수님은 타협하지 않고 불의는 불의일 뿐이라고 일축한다. 기득권자들의 입장에서 보면 예수 때문에 자기들은 더욱 악한 사람이 된다. 그들은 예수가 싫다. 밉다. 결국 백성들을 선동하여 그를 십자가에 못 박아 죽였다.

다윗은 가장 훌륭한 신앙인 중의 하나다. 그럼에도 다윗처럼 고난을 많이 받은 사람도 드물다. 그는 소년시절에 블레셋의 백전노장인 골리앗과 싸워 이겼다. 칼과 창으로 무장하고 나와 다윗을 어린애라고 비웃었던 골리앗은 다윗의 물맷돌에 맞아 쓰러졌다. 이 얼마나 장한 일인가. 그런데 이때부터 민족의 영웅 다윗은 사울 왕에게 미움을 받아 쫓겨 다녀야 했다.

사울은 다윗을 죽이기 위하여 군대를 이끌고 다니며 그의 뒤를 쫓았다. 그 기간이 무려 10년이 넘었다. 세상에 충성스런 자기 신하를 잡기 위하여 군대를 이끌고 다니는 왕이 또 어디 있을까. 결국 사울은 블레셋과의 길보아 전투에서 패하여 자살로 일생을 마쳤고 그 뒤를 이어 다윗이 왕위를 이어받았다.

그러면 다윗은 그 이후 평안한 삶을 살았는가. 아니다. 이번에는 자기가 낳은 아들, 압살롬이 반란을 일으켜 자기를 죽이려 했다. 그래서 나온 호소가 "여호와여, 나의 대적이 어찌 그리 많은지요."이다.

그러나 다윗은 좌절하지 아니하고 더욱 하나님을 의지한다. 이것이 다윗의 신앙이었다. 그는 고백했다. "의인은 고난이 많으나 여호와께서 그의 모든 고난에서 건지시는도다."(시 34:19)

악한 세상이다. 의롭게 살려 하면 악인들의 대적이 된다. 그럼에도 낙심하지 말고 하나님을 의지하자. 하나님께서 정의가 승리함을 보여주실 것이다.

대적이 많다는 것은 내가 하나님 편에 서 있다는 증거일 수 있다. 어떤 경우에도 굴하지 않고 사랑을 실천하려 하면 하나님이 지켜주시고 이루어주신다.

없을지라도 신앙

합 3:17-18

비록 무화과나무가 무성하지 못하며 포도나무에 열매가 없으며 감람나무에 소출이 없으며 밭에 먹을 것이 없으며 우리에 양이 없으며 외양간에 소가 없을지라도 나는 여호와로 말미암아 즐거워하며 나의 구원의 하나님으로 말미암아 기뻐하리로다.

재산이 될 만한 것이 없다. 먹을 양식이 없다. 텅 비었다. 그래도 기뻐할 수 있는가.

무화과나무, 포도나무, 감람나무에 열매가 없다. 밭에 먹을 것이라고는 없다. 양도 없고 소도 없다. 폭삭 망한 상태다. 낙심하고 좌절하고 실망할 수밖에 없는 상황이다. 죽고 싶고 심하면 자살이라도 감행할 수 있는 상황이다.

그러나 그럼에도 불구하고 선지자는 낙심하지 않는다. 오히려 즐거워하고 기뻐한다. 그의 이 즐거움과 기쁨은 어디서 오는 걸까. 바로 여호와 하나님에게로부터 온다.

그는 여호와 하나님을 안다. 가진 것을 모조리 잃어버렸어도 그의 곁에 하나님이 계시는 한 좌절하지 않는다. 전능하신 하나님을 내 하나님으로 모실 수 있으므로 절망할 수 없다. 하나님은 모든 것의 모든 것이 되기 때문이다.

그에게 있어서 과일이나 먹을 것이나 가축은 소망이 아니다. 기쁨도 아니다. 오직 하나님만이 그의 소망이고 즐거움의 원천이다.

왜 사람들은 하나님은 전능하시다고 고백하면서도 한편으로 낙심하는 마음을 완전히 버리지 못하는가. 왜 하나님은 사랑이 풍성한 분이라고 고백하면서도 한편으론 쉽게 좌절하는가. 왜 모든 환경을 조절하고 만드시는 하나님을 믿는다고 하면서도 그분을 의지하지 않고 우울해하는가. 왜 하나님께 내가 처한 형편을 맡기지 못하고 포기하는가.

하나님은 있는 것을 싹 쓸어버리기도 하시지만 없는 것을 풍성히 있게도 하시는 분이다. 그러므로 모든 것을 다 가지고 있어도 하나님이 없으면 그는 모든 것을 잃은 사람이다.

그러나 모든 것을 다 잃어버렸어도 하나님이 내게 있으면 모든 것을 소유한 사람이다. 부요한 사람이다.

낙심은 물질이 없는 자가 하는 것이 아니다. 하나님이 없는 자가 해야 한다.

천지를 만드신 천지의 주인이신 하나님이 내게 계신다면 언제 어디서든지 찬양하라. 어떤 상황에서도 감사하라. 하나님으로 말미암아 즐거워하고 나를 죄악에서 건지신 구원으로 말미암아 기뻐하라.

그분은 멀리 계시지 않고 항상 내 곁에서 무엇을 도울까 생각하시는 분이다. 내 삶의 주인이시며 전부이신 여호와 하나님은 우리의 영원한 소망이시다.

여호와께로 돌아가자

호 6:1

오라, 우리가 여호와께로 돌아가자. 여호와께서 우리를 찢으셨으나 도로 낫게 하실 것이요, 우리를 치셨으나 싸매어 주실 것임이라.

하나님은 사랑이 많으신 분이다. 그 사랑은 여러 방향으로 표현되지만 징계도 그 중의 하나다.

하나님의 사랑은 당신의 백성이 불의하면 징계한다. 이는 그로 하여금 잘못을 깨닫게 하기 위함이다. 결코 그를 심판하여 멸망에 이르게 함이 아니다. 그러기에 그가 잘못을 깨닫고 회개하면 언제든지 용서해 주신다.

그러므로 하나님의 사랑은 징계와 용서다. 징계는 고통을 주는 것이고 용서는 그 고통에서 풀어주는 것이다. 우리를 찢었다는 것은 징계이고 도로 낫게 해주신다는 것은 용서요, 회복이다. 치시는 것은 따끔한 징계지만 싸매어주시는 것은 용서와 회복이다.

하나님의 말씀과 은혜 안에서 떠나지 말자. 하나님은 항상 우리 곁에 계신다.

그러나 성경은 우리가 하나님의 뜻을 저버리고 불순종하는 행위를 하나님을 떠나는 것으로 표현한다.

하나님은 항상 용서하실 준비를 하고 계시지만 우리가 잘못을 깨닫고 마음으로 뉘우치며 회개할 때를 기다리셨다가 비로소 용서를 행하신다. 그러한 이유로 성경에서는 회개를 하나님을 떠난 사람들이 다시 돌아오는 것으로 묘사한다.

예수님의 탕자 비유를 보면, 자기에게 돌아올 분깃을 받은 아들은 아버지의 곁을 떠난다. 그는 돈이 떨어질 때까지 허랑방탕한다. 그리고 결국 돈이 떨어지고 흉년이 들어 이방인에게 붙어서 돼지 치는 일을 하는 처지에 이르자 자신의 잘못을 깨닫는다.

아들은 아버지 집으로 돌아온다. 그것이 바로 회개의 묘사다. 아들은 하늘과 아버지께 죄를 지었다고 고백한다. 이것이 회개의 표현이다.

그러나 아버지는 아들에 대한 용서를 미리 준비하고 있었다. 그리고 아들이 돌아오자 내 아들은 죽었다가 다시 살아났으며 내가 잃었다가 다시 얻었다고 했다.(눅 15:24)

탕자는 감히 자신이 아버지의 아들이라 일컬음을 감당하지 못하겠다고 했지만 아버지는 아들을 위해 잔치를 벌였다. 이것이 용서고 회복이다.

하나님은 징계하는 분이시지만 언제든지 용서를 준비하고 계시는 분이시다. 잘못을 깨닫고 회개할 때 용서하시고 회복시켜 주시는 분이시다.

잠시 잘못 생각했거나 실수로 하나님을 떠났다면 지체하지 말고 돌아와야 한다. 그리고 무한한 용서와 회복의 은혜를 입어야 한다. 하나님은 사랑이 많으신 분이시다.

십자가의 도道

오늘 말씀

고전 1:18

십자가의 도道가 멸망하는 자들에게는 미련한 것이요, 구원을 받는 우리에게는 하나님의 능력이라.

십자가 형틀은 죄인을 가장 수치스럽고 고통스럽게 죽이고자 하여 고안한 아주 악질적인 방법이었다. 죄인을 벌거벗겨서 양손과 발목에 못을 박아 숨이 끊어질 때까지 십자가 형틀에 달아놓는 것이다.

사람은 칼이나 창으로 급소인 심장을 찌르면 금방 죽는다. 그러나 그렇게 빨리 죽이지 않겠다는 것이다. 심장과 가장 거리가 먼 손과 발에 못을 박아놓은 채 고통을 당할 만큼 당하며 죽음을 기다리라는 잔인한 형벌인 것이다. 그러므로 십자가 형틀에 달려 죽는 자는 죄인 중에서도 가장 무서운 죄를 짓고 저주를 받은 자였다.

그런데 예수님이 거기에 달려 죽었다. 이후로 십자가의 죽음이 누구에게나 비참하다는 것은 같지만 그것이 어떤 의미의 죽음이냐는 다르게 되었다.

예수님은 남의 죄를 지고 죽었다. 그렇기 때문에 어떤 사람들에겐 어리석은 자로 비칠 수 있다.

그러나 어떤 사람들에겐 위대한 죽음이 된다. 어떻게 남의 죄를 지고 대신 죽는가. 바보나 할 일이다. 그러나 예수님의 죽음이 위대한 것은 대속의 죽음이요, 그 죽음을 믿음으로 바라보는 모든 사람에게 새 생명을 주기 때문이다. 이것이 십자가의 도이다.

하나님께서는 십자가에 달려 죽은 예수님을 보며 그가 나의 죄를 대신 지고 죽었다고 믿는 모든 사람들에게 구원과 새 생명을 주신다. 이것을 확신하는가. 그렇다면 당신은 구원을 받았다.

그러나 예수의 죽음과 나는 아무 관계가 없다는 사람은 하나님의 구원에서 제외된다. 그들은 예수의 죽음은 예수의 죽음일 뿐이라고 생각한다. 그들은 예수의 죽음이 자신 때문이라고 생각하는 이들을 미련하다고 보았다. 그런 이들 앞에 놓인 것은 멸망의 길뿐이다.

예수님의 죽음은 우리와 십자가를 통하여 연결되어 있다. 예수님이 나의 죄와 허물로 인해 고통스런 십자가형을 받았다고 믿는 모두에게 하나님의 구원의 능력이 임한다. 이것이 십자가의 도이다. 그러므로 우리는 주님의 고귀한 십자가를 바라보는 삶을 살아야 한다.

바울 사도는 이렇게 고백했다. "그러나 내게는 우리 주 예수 그리스도의 십자가 외에 결코 자랑할 것이 없으니 그리스도로 말미암아 세상이 나를 대하여 십자가에 못 박히고 내가 또한 세상을 대하여 그러하니라."(갈 6:14)

여호와는 내 편이시라

시 118:6

여호와는 내 편이시라. 내가 두려워하지 아니하리니 사람이 내게 어찌할까.

세상에는 줄을 잘 서야 한다는 말이 떠돈다. 힘이 있는 사람, 능력이 있는 사람 곁에 있어야 도움을 받고 보호도 받을 수 있다는 뜻에서 쓰이는 말이다. 그렇다면 괜히 힘없는 사람 곁에 있다가는 어려울 때 도움을 받기는커녕 망신만 당하게 된다는 의미로 생각될 수 있다. 그러므로 보통의 사람들은 힘이 있는 사람 곁에 있기를 원한다.

나는 그런 사람들에게 서슴지 않고 당당하게 권한다. 예수님 편에 서라. 그분이 너를 도와주시고 지켜주시고 승리케 하실 것이다. 그분은 사랑이 많으시다. 능력이 많으시다. 지혜로우시다. 누구와도 차별하지 않으신다. 그러므로 그분이 도와주시면 무엇이든 가능하다.

그런데 왜 우리는 하나님이 내 편이 되기는 원하면서 내가 그분 편에 서는 것을 망설이는가. 그분의 가르침이 실천하기 어렵다는 선입견에 사로잡혀 있지는 않은가. 좁은 길로 가라는 가르침은 훌륭하지만 실제로 그 길을 간다는 것은 고난일 수 있다. 섬기고 사랑하고 배려하는 삶이란 아름답고, 정직하고 진실한 삶이란 고상하지만 이 세상에서 그렇게 살아서는 잘살수 없다는 생각을 하고 있지는 않은가.

그렇다면 잘산다는 것은 어떻게 사는 것을 말하는가.

사탄이 세상에 뿌려놓은 사상은, 즉 정직하기만 하면 살기 힘드니 조금씩 속이며 살아도 되고 선의의 거짓말은 해도 되고 내가 잘되기 위해서는 남에게 피해를 주는 것은 불가피하다고 보는 것이다. 이런 생각들을 신뢰하는 사람이라면 하나님의 은혜를 입기는 틀렸다.

하나님이 내 편이 되면 두려울 것이 없다. 그것을 믿는다면 하나님이 내 편 되기를 구하여야 한다. 그러나 주님은 내가 당신 편에 설 때만 내 편이 되어 주신다.

하나님께 내 거짓에 동조해 달라고 하지 말라. 내가 행하는 불의에 눈감아 달라고 부탁도, 요청도 하지 말라. 손해를 봐도 하나님 편에서 당하라. 모욕을 당해도 주님 편에서 살아라. 내 이치에 맞지 않는 것 같아도 주님의 말씀에 생명을 걸어라. 그러면 그 말씀이 너를 지켜주실 것이다. 손해도, 모욕도 보상해 주실 것이다. 그러면 당신은 당당히 외치게 될 것이다. "여호와는 내 편이시니 내가 두려워하지 아니하리니 사람이 내게 어찌할까."

하나님 편에서 일하고 하나님 편에서 살자. 그러면 이미 하나님이 내 편에 서서 악한 것들과 싸워주시고 계시다는 것을 알 수 있을 것이다.

건축자들의 버린 돌

눅 20:17

그들을 보시며 이르시되 그러면 기록된 바 건축자들의 버린 돌이
모퉁이의 머릿돌이 되었느니라 함이 어찜이냐.

건축자들의 버린 돌이 모퉁이의 머릿돌이 되었다고 하는 예
수님의 말씀은 시편 118편 5절의 말씀을 인용한 것이다. 이는
예수님 자신에 대하여 하신 말씀이다. 이 말씀은 성경의 여러
곳에서 인용되고 있다.(행 4:11)

건축자는 돌을 다루는 전문적인 사람이다. 그가 쓸모없다고
버렸더니 다른 사람이 주어다가 모퉁이의 요긴한 머릿돌로 사
용한다는 뜻이다.

이것은 어떤 비유일까. 간단히 정리하자면 유대인들이 예수
님을 소용없다고 버리니 이방인들이 그 예수를 소중히 여겨 받
아들였다는 의미이다.

그러나 폭넓게 생각해 보면 진리나 복음은 죽지 않고, 썩지
않고, 없어지지 않는 말이라 할 수 있다.

만약 유대인들이 복음을 거부한다면 그 복음은 그 자리에 멈
추어 있을까. 아니다. 필요한 사람이 이를 가져다가 꽃을 피울
것이다. 그러므로 복음은 놓치지 말고 꼭 붙들고 있어야 하며
이웃에게 잘 전달해야 한다.

복음이 가는 곳에는 생명의 역사가 일어난다. 예루살렘에 머물러 있던 복음이 사도들에 의하여 세계로 전파되었지 않은가.

또한 복음은 녹슬지 않는다. 영원한 생명력으로 필요로 하는 사람에게 멈추지 않고 흘러간다. 이러한 복음을 멸시하는 사람은 불행할 수밖에 없다.

이 말씀을 이렇게 적용해 보자.

어떤 사람이 멸시를 당하고 쫓겨났다. 그렇다고 버림받았다며 분노하고 낙심하고만 있을 것인가. 아니다. 어느 곳이나 나를 필요로 하는 곳이 있기 마련이다. 그 또한 모퉁이의 요긴한 머릿돌로 쓰임 받을 수 있다.

그러기 위해서 우리는 실력을 갖추어야 한다. 끝까지 공부하고 노력하고 연마하자. 준비된 사람은 언젠가 쓰임 받게 마련이다. 실력만 갖추었다면 나를 필요로 하는 곳이 반드시 있을 것이다. 그곳에서 일하며 인정을 받는 것이다.

자포자기하는 사람을 구하는 곳은 아무 데도 없다. 건축자가 버렸다고 낙심하지 말자. 모퉁이의 머릿돌 자리가 비어 있다.

소망을 하나님께 두자. 소망이 있는 사람은 버림을 받아도, 미움을 받아도, 발로 걷어차임을 당해도 그 소망으로 승리하게 될 것이다.

하나님은 이 세상에 필요없는 사람을 태어나게 하지 않는다. 내게 필요한 요긴한 자리가 있다. 형제들에게 버림 받은 요셉은 애굽의 국무총리가 되었지 않은가.

다른 이로써는 구원을 받을 수 없다

오늘 말씀

행 4:12

다른 이로써는 구원을 받을 수 없나니 천하 사람 중에 구원을 받을 만한 다른 이름을 우리에게 주신 일이 없음이라 하였더라.

서울에서 부산을 가는 데는 여러 길이 있다. 그리고 가는 방법도 가지가지다. 걸어서 갈 수 있고 열차를 타고 갈 수도 있다. 항공편을 이용할 수도 있고 인천항으로 가서 배를 타고 갈 수도 있다.

그러나 구원의 길은 하나밖에 없다. 어떤 사람들은 신앙이나 철학이나 도덕이나 그 어떤 것도 구원의 길이 될 수 있다고 생각한다. 하지만 그것은 목적지가 다를 때 하는 말이다.

어떤 사람이 신앙을 가지고자 할 때 취미로 믿을 수도 있다. 교양과 인격도야를 위해서 믿을 수도 있다. 성공을 위해서도 믿음을 가질 수 있다. 그러나 생명 구원을 위해서는 하나님 말고 다른 방법으로는 불가능하다.

세상이 배출한 훌륭한 사람들은 그들 나름대로의 어떤 구원에 대해 이야기했다. 그러나 생명 구원, 영원한 생명의 길을 제시한 것은 아니었다.

이 세상에는 얼마나 많은 구원이 있는가. 안타깝고 힘든 상황에서 벗어나는 것이 모두 구원이다. 고칠 수 없는 질병에서 고침을 주는 의사는 병든 사람에게는 구원이다. 불이 나서 모두 타죽게 되었는데 한 소방관이 건져주었다. 그렇다면 그 소방관은 불속에서 죽을 사람을 구원한 것이다. 강도의 위험에서, 사업 실패의 자리에서 건짐을 받고 구원을 받았노라고 외치는 사람들 또한 얼마나 많은가. 그런 구원도 필요하다.

그러나 영적 죽음에서 건져 천국에 이르게 하는 구원을 주시는 분은 예수 그리스도밖에 없다. 예수님은 인류를 죄에서 구원해 주신다.

누가 남의 죄를 없애줄 수 있는가. 그리하여 죄에서 구원받아 생명을 얻게 할 수 있는가. 예수님은 죄 없이 태어나서 죄 짓지 않고 살다가 인류의 죄를 대신 지고 죗값을 치르는 죽음으로 모든 사람을 사망에서 건져주셨다. 이 일은 그 어떤 이도 할 수 없다. 만약에 누군가가 죄에서 생명을 구원할 수 있다고 한다면 그는 틀림없이 영적 사기꾼이다.

그러고 보면 이 세상에 사기꾼이 참으로 많다. 하나님의 구원을 알지 못하는 사람들이 사기를 잘 당하기 때문이다.

오직 하나님의 아들 예수 그리스도만이 구원주임을 잊지 말자. 구원의 길은 서울에서 어떤 목적지로 가는 것과는 다르다.

예수만이 곧 길이요, 생명이다. 영원한 천국으로 가는 외길이요, 생명길이다.

여호와께 부르짖으라

시 118:5

내가 고통 중에 여호와께 부르짖었더니 여호와께서 응답하시고 나를 넓은 곳에 세우셨도다.

배가 고픈 것은 밥을 먹으라는 신호다. 아프면 약을 먹든지, 병원에 가든지 해서 고치라는 신호다. 이를 내버려두면 고통스럽고 위험하기까지 하다.

이렇듯 세상에는 고난도 많고 고통도 적지 않다. 어느 날 갑자기 그런 것들이 내게 찾아오면 어떻게 해야 하는가. 신앙인은 전능하신 분을 의지하기 마련이다.

그렇다면 어떻게 의지할 수 있는가. 하나님의 속성 세 가지를 먼저 생각해 보자. 이것을 확신한다면 우리가 할 일이 무엇인가를 알 것이다. 그 다음은 하나님께 맡기자. 그의 치료와 구원은 하나님의 몫이다.

그러면 우리가 믿어야 할 하나님의 속성은 무엇인가.

첫째, 하나님은 신실하신 분이라는 것이다.

우리가 부르면 외면치 않고 응답하시는 분이다. 고통이 왔다면 신호가 온 것이다. 부르짖어 기도하라는 신호다. 그러면 신실하신 하나님은 들으신다. 부르짖어 기도하는 일은 누구에게 맡기지 말고 내가 해야 한다. 그 응답은 하나님이 하신다.

두 번째, 하나님은 전능하신 분이시다.

무엇이든지 하실 수 있는 능력이 있다. 그러나 우리가 여기서 간과해서는 안 될 것은 하나님은, 불가능은 없지만 무슨 일이든지 하시는 것은 아니라는 사실이다.

하나님은 주권적으로 하실 일만 하지 그렇지 않은 일은 하지 않으신다. 그러나 분명한 것은 내 고통의 부르짖음을 들으시고 고칠 수 있고 해결하실 수 있는 분임은 틀림없다.

세 번째, 하나님은 나를 사랑하시는 분이시다.

나를 위해서 독생자 예수를 보내신 분이다. 나를 구원하기 위하여 하나뿐인 아들을 보내시사 내 죄를 대신 짊어지고 십자가형을 받도록 하신 분이다. 이보다 더 큰 사랑은 없다. 그런 분이 무엇이 아까워 나에 대한 해결책을 마련해 주시지 않겠는가.

성경은 말씀한다. "자기 아들을 아끼지 아니하시고 우리 모든 사람을 위하여 내주신 이가 어찌 그 아들과 함께 모든 것을 우리에게 주시지 아니하겠느냐."(롬 8:32)

이쯤 생각하고 우리에게 고통이 왔을 때 어떻게 해야 할 것인가를 고민해 보자. 사실 고민할 것 없다. 나를 사랑하시는 분은 전능하시고 신실하시다는 사실만 알면 부르짖어야 한다. 나의 기도를 들으시고 나를 넓은 곳에 세우시는 하나님을 찬양할 수밖에 없다.

고통이 오기 전부터 미리 찬양하고 미리 감사하자. 예방은 치료보다 훨씬 좋은 것이다.

여호와 이름에 합당한 영광

오늘 말씀

시 96:8-9

> 여호와의 이름에 합당한 영광을 그에게 돌릴지어다. 예물을 들고 그의 궁정에 들어갈지어다. 아름답고 거룩한 것으로 여호와께 예배할지어다. 온 땅이여, 그 앞에서 떨지어다.

먹든지, 마시든지, 무엇을 하든지 창조주 하나님께 영광을 돌리는 것이 피조물인 사람이 지켜야 할 본분이다.(고전 10:31)

이 목적을 가지고 사시라. 그러면 반드시 당신은 성공의 삶을 살 것이다.

그렇다면 우리는 어떻게 하나님께 영광을 드려야 하는가. 여호와의 이름에 합당한 영광을 돌리라 하신다.

여기서 우리는 먼저 하나님의 이름에 대해서 생각해 보아야 한다.

그 이름은 높다. 거룩하시다. 아름답다. 크다. 영원하시다.

이 세상에 있는 모든 수식어를 다 동원해도 그 이름의 깊이와 높이와 넓이를 다 표현할 수가 없다.

그런 이름에 합당하려면 우리는 어떻게 해야 할 것인가. 가장 고귀하고, 가장 아름답고, 가장 풍성하고, 가장 거룩하고, 가장 좋은 것을 드려야 한다.

예배드리는 우리의 마음에 최선의 고결함과 정직함과 순결함이 있어야 한다. 올려드리는 예물이 인색하지 않고 자원하는 것이어야 하고 깨끗해야 한다. 기도가 간절하고 순박해야 한다. 찬양이 기쁘고 뜨거워야 한다.

하나님의 말씀을 경청해야 하고 그 말씀을 하나님의 말씀으로 받아야 한다.(살전 2:13) 그리고 그 말씀대로 사는 삶이 되어야 한다. 그것이 생활예배다. 두렵고 떨리는 마음이 있어야 한다. 그것이 경외함이다.

하나님을 사랑하는가. 교회 또한 사랑하자. 성도 사이의 아름다운 교제가 이루어지고 주님을 섬기듯 교회를 섬기자.

예배당은 하나님이 예배를 받으시고 예배하는 모든 성도에게 복과 은혜를 베푸시는 거룩한 궁정이다. 그러므로 우리는 사람의 소리가 하나님의 말씀보다 크지 않도록 항상 주의해야 한다.

"오직 여호와는 그 성전에 계시니 온 땅은 그 앞에서 잠잠할지니라."(합 2:20)

차든지 뜨겁든지 하라

오늘 말씀

계 3:15-16

> 내가 네 행위를 아노니 네가 차지도 아니하고 뜨겁지도 아니하도다. 네가 차든지 뜨겁든지 하기를 원하노라. 네가 이같이 미지근하여 뜨겁지도 아니하고 차지도 아니하니 내 입에서 너를 토하여 내리라.

소아시아 일곱 교회 중에 라오디게아 교회에게 책망한 내용은 오늘날 우리들 교회에 똑같이 적용될 수 있다.

교회는 신앙이 뜨거워야 한다. 뜨거운 열정으로 하나님을 사랑하고 이웃을 사랑해야 한다. 예배가 뜨겁고 전도열이 뜨거워야 하고 봉사와 헌신생활이 뜨거워야 한다.

그런데 미지근했다. 차지도 뜨겁지도 않았다.

사실 신앙이 차면 안 된다. 그럼에도 차든지 뜨겁든지 하라고 하는 이유는 자기 신앙이 차다고 느끼면 고치려 하기 때문이다. 그러나 미지근하면 자기 신앙이 잘못된 줄을 모르게 된다. 모르면 고칠 생각을 하지 않는다.

그러므로 신앙은 차라리 차야 한다. 그래야 자기 신앙의 잘못을 깨닫고 뜨거워지려 할 것이다.

이렇듯 우리는 누구든지 무슨 일을 하든지 열정을 가지고 해야 한다. 그것이 옳은 일이라 한다면 더욱 성실하게 감당해야 한다. 내게 맡겨준 일인데 어떻게 소홀히 하며 게으름을 피울 수 있겠는가.

열심이 없는 사람이 미지근할 수밖에 없는 이유는 크게 두 가지다.

하나는 핑계다. 환경이 어떻고, 시간이 없고, 몸이 편치 않고, 바쁘고 하는 식으로 자신의 불성실을 감추려 든다.

그러나 그 일이 자기 개인에게 어떤 물질적인 유익이 있고 재미있는 일이라면 그런 핑계를 대겠는가. 시간을 만들어서 일하고, 몸이 조금 아파도 참고 하며, 바쁜 일 제쳐 두고 그 일에만 달라붙을 것이다.

하나님은 바쁜 중에도 시간을 만들어서 성실하게 일하는 사람에게 큰일을 맡기신다. 일이 없는 것이나 일하지 않는 것은 자랑이 아니다. 어떤 일을 맡아서 열심히 할 수 있는 것을 자랑하자.

사람이 미지근할 수밖에 없는 또 하나의 이유는 다음으로 미루는 것이다. 오늘 할 일을 다음으로 미루지 말아야 한다.

미루는 데에는 하기 싫다는 의미가 들어 있다. 흔히 내일은 언제든지 있다고 생각하지만 내일 어떻게 될지는 아무도 모른다. 그렇게 불투명한 내일에 소중한 것을 맡기고 미루는 것은 포기하는 것이다.

포기하는 것, 미루는 것, 핑계 대는 것, 그 모두는 우리를 미지근하게 만든다. 하나님이 원하시는 것은 뜨거운 것이다.

너는 내 것이라

사 43:1

야곱아, 너를 창조하신 여호와께서 지금 말씀하시느니라. 이스라엘
아, 너를 지으신 이가 말씀하시느니라. 너는 두려워하지 말라. 내가
너를 구속하였고 내가 너를 지명하여 불렀나니 너는 내 것이라.

나는 하나님의 독특한 작품이다. 세상에 나와 비슷한 사람은
있을 수 있어도 나와 같은 사람은 하나도 없다.

그런데 나를 생각하면 부족하고 무능하고 연약함을 발견한
다. 하나님 앞에서야 말할 것도 없지만 그 어떤 훌륭한 사람들
과 비교해도 나는 형편이 없다. 재주도, 실력도 없고 가진 것도
없다. 이 세상을 살아가는 데 부적격한 것 같다. 그럼에도 불구
하고 살아서 숨쉬고 일하고, 가정을 이루고 산다. 신기하다. 나
를 지으신 하나님의 은혜라고 할 수밖에 없다.

그러나 한편으로 생각해 보면 나를 그렇게 과소평가만 할 것
이 아닌 것 같다. 오늘 말씀이 용기를 주지 않는가.

첫째, 하나님이 나를 창조하시고 지으셨다.

하나님은 전능하시고 지혜로우신 분이다. 그분이 나를 허술
하게 만들지는 않았을 것이다. 적어도 어떤 분야에서 사용할
수 있도록 적합하게 만드셨을 것이다. 나를 통해서도 영광을
받으시려고 적당한 지혜와 재능과 체력을 주어서 말이다. 그렇
다면 큰 욕심 부릴 것도, 남과 비교할 필요도 없다. 나는 하나

님이 독특하게 만드신 걸작품이라고 생각하며 살아야겠다.

둘째, 하나님은 나를 구속해 주셨다.

사람은 아담 이후 누구나 죄인으로 태어나기 때문에 구속이 필요하다. 죄 씻음을 받아야 한다. 그래야 영생을 얻는다. 내가 이 혜택을 입었다. 감사할 수밖에 없다. 나를 구속하기 위해서 예수님이 십자가에서 돌아가셨다. 그만큼 내가 존귀한 존재라는 뜻 아닌가.

셋째, 하나님이 나를 지명하여 부르셨다.

지명하여 불렀다는 말은 사람을 무더기로 택한 것이 아니라 한 사람, 한 사람 개인적으로 불러서 이끌어냈다는 뜻이다. 하나님은 구원을 위해서도 불러냈지만 사명을 감당하게 하기 위해서도 불러내셨다. 내가 그런 특별한 은혜를 입었다.

그리고 우리에게 하나님은 너는 내 것이라고 소유권을 주장하신다. 당연하다. 나를 만드시고 구속하시고 지명하여 불렀으니 나는 주님의 것일 수밖에 없다. 누구나 자기의 것은 아낀다. 사랑한다. 그렇다면 하나님도 나를 아끼고 사랑하고 앞날을 보장해 주지 않겠는가. 우리를 향한 당부의 말씀을 보라. 두려워하지 말라고 하지 않는가. 내가 너를 만들고 내 것이라고 인을 쳤는데 감히 누가 너를 귀찮게 하겠느냐. 어떤 경우에도, 무슨 일을 만나도 보호해 주시겠다는 뜻 아닌가. 이제부터 우리는 하나님의 것으로서 자부심과 자긍심을 가지고 살자.

서울 하늘에도 달은 뜬다

오늘 말씀

시 8:3-4

주의 손가락으로 만드신 주의 하늘과 주께서 베풀어 두신 달과 별들을 내가 보오니 사람이 무엇이기에 주께서 그를 생각하시며 인자가 무엇이기에 주께서 그를 돌보시나이까.

우연히 하늘을 보니 둥근달이 떠 있다. 정말 오랜만에 보는 달이다. 분명 저 달은 매일매일 떠 있었으련만 그동안 잊고 살았다. 오늘 그 달이 내게 새삼스럽게 다가온다. 마치 아주 소중한 것을 잃어버렸다가 다시 찾은 것 같다.

청운의 꿈을 안고 서울에 올라온 지가 어언 30년이 훌쩍 지났는데 그동안 달을 잊고 살아온 것이다. 이루어놓은 것은 없어도 세월은 흘렀다.

예전에 내가 고향에 살 때는 서울 어느 하늘 아래에 있을 사랑하는 사람의 모습을 그리면서 얼마나 저 달을 바라보았는지 모른다. 그러나 저 달이 지금 나에게 주는 의미는 무엇인가.

우주인들이 달을 정복한 이후 "계수나무 한 나무, 토끼 한 마리"의 꿈을 앗아가더니 대낮같이 밝은 가로등이 어두운 오솔길을 밝혀주던 달빛의 의미를 퇴색시켜 버렸고, 이제는 억척같이 살아야 한다는 생존양식이 하늘을 바라보는 여유까지 빼앗아 버린 게 아닐까.

예전에 풍류객들이 말했다고 들었다. 강릉江陵 경포대鏡蒲臺

에 가면 달이 다섯이나 뜬다고. 하늘에 하나, 바다에 하나, 호수에 하나, 술잔에 하나, 그리고 마음에 떠오르는 또 하나의 달. 가난했지만 그 당시 사람들에겐 달을 여러 개 가질 수 있는 여유가 있었던 것 같다.

그렇다면 지금 서울 사람들에게는 몇 개의 달이 있는가. 형편이 옛날보다 월등히 좋아졌고, 일하기 위해서는 휴식도 필요하고, 여가도 필요하다면서 산과 바다로 잘도 나가지만 목적을 위한 휴식이 어디 진정한 휴식이요, 여유겠는가. 그것은 또 다른 노동이다.

정말 우리에겐 생활에 찌들려 순수하게 "인생이 무엇인가? 왜 사는가? 우리는 지금 어디서 와서 어디로 가는가?"에 대한 사색조차 할 여유도, 시간도 없단 말인가.

사실 온 천하를 얻고도 내 생명을 잃으면 아무 유익도 없음이 분명한데 우리는 지금 바쁘다는 이유 하나로 내 영혼에 대해서는 너무 소홀한 것이 아닌지 모르겠다.

바쁘지만 가끔씩 위도 보고, 하늘도 보아야겠다. 거기엔 별도 있고, 달도 있다. 그리고 내 영혼을 감싸주시는 하나님의 사랑도 있다. 서울 하늘에도 달은 뜬다.

3월에 내리는 눈

아쉬워선가, 찬바람에 붙들려
하늘은 눈을 내린다
덕유산 자락, 무주엔
언제나 새순이 돋을까
남녘은 빠르리라, 단숨에 달려온 걸음
봄은 저만치 머물러 있고
아직도 깨어나지 못한
"예술인의 마을"
3월에도 하얀 꿈을 용납하고 있다
얼마나 더 그리워해야 하는가
얼마나 더 사모해야 하는가
고요가 쌓이고 있다

눈물을 흘리며 씨를 뿌리는 자

 오늘 말씀

시 126:5-6

눈물을 흘리며 씨를 뿌리는 자는 기쁨으로 거두리로다. 울며 씨를 뿌리러 나가는 자는 반드시 기쁨으로 그 곡식 단을 가지고 돌아오리로다.

씨를 뿌리는 때가 되었다. 아니, 씨를 뿌려야 할 때가 되었다. 주자朱子는 봄에 씨를 뿌리지 않으면 가을 거둘 때에 후회한다고 했다.

그렇다. 뿌리지 않고 거둘 수는 없다. 요즈음엔 뿌리지 않고 거두려는 사람이 많아서 사회가 어지럽다. 그런 사람은 정상적인 사고를 가진 사람이 아니다. 사악한 사람이다.

씨를 뿌린다는 것은 희망을 심는다는 의미다. 누구나 희망을 가지고 있다면 그만한 일은 해야 한다. 노동을 해야 하고 수고를 해야 한다. 근력을 소비해야 하고 씨를 밭에 버려야 한다. 버리는 것이 아깝다고 가지고 있으면 그는 항상 그만큼밖에 가질 수 없다. 많이 버린 사람이 많이 거둔다.

씨를 뿌린다는 것은 노력한다는 뜻이기도 하다. 공부도 하지 않고 좋은 성적을 얻으려는 사람이 정상적인 자세를 가진 사람인가.

노력을 많이 한 사람이 좋은 결실을 거둔다. 눈물을 흘리며 씨를 뿌린 사람이 기쁨으로 거둔다. 거둔다는 소망이 있으면

수고도 해야 하지만 인내도 해야 한다. 고통스러워도, 외로워
도, 모두가 잠든 한밤중에도 홀로 깨어 뿌릴 수 있어야 한다.

　오늘 우리는 무엇을 뿌리고 있는가. 오늘 우리는 무엇을 위
해서 수고하며 참고 있는가. 내게 맡겨진 일에 게으르지 말자.
그 일을 소홀히 하지 말자. 오늘 게으르면 내일 거둘 것이 빈약
하다. 어제 어떻게 살았는가. 지금 우리는 그 열매를 따고 있는
것이다. 그러므로 오늘 뿌린 것 때문에 내일 우리는 웃을 수도
있고 울 수도 있다.

　내일 웃고 싶은가. 오늘 뿌리고 가꾸는 일에 열심을 내자. 눈
물을 같이 뿌리자. 그 결실을 바라보며 뿌리자. 기회가 주어지
는 대로 뿌리자. 뿌리는 것은 내 몫이고 거두게 하심은 하나님
몫이다. 무조건 기다리는 것이 아니고 내 할 일 하면서 기다리
자. 그것이 순리다.

　땅은 거짓말을 하지 않는다. 하늘은 진실하다. 심지 않으면
거둘 것이 없고 심으면 거둘 것이 있다. 하늘과 땅은 사람의 정
성을 무시하지 않는다. 노력한 만큼 거두게 하고 연구한 만큼
좋은 품질로 나오게 한다.

　지금은 심을 때다. 나라와 민족을 위하여 심고, 가정을 위하
여 심고, 나 자신을 위하여 심자. 심을 수 있는 기력이 있다는
것은 얼마나 감사한 일인가.

　심은 대로 거두게 하시는 하나님은 얼마나 위대하신가. 심고
기다리는 사람에게 약속하신 풍성한 결실은 얼마나 큰 기쁨인
가!

일어나서 함께 가자

아 2:11-13

> 겨울도 지나고 비도 그쳤고 지면에는 꽃이 피고 새가 노래할 때가 이르렀는데 비둘기의 소리가 우리 땅에 들리는구나. 무화과나무에는 푸른 열매가 익었고 포도나무는 꽃을 피워 향기를 토하는구나. 나의 사랑, 나의 어여쁜 자야, 일어나서 함께 가자.

겨울이 가니 봄빛이 찬란하다. 좋은 계절이다. 잠들어 기를 죽이고 있던 초목들이 생기를 발하며 화사하게 대지를 꾸민다.

아가서에 나오는 주인공 솔로몬과 술람미 여인이 되어서 사랑스런 대화를 나누고 싶은 계절이다.

봄이 아름답게 느껴지는 이유는 무엇인가. 그것은 바로 그 앞에 겨울이 있었기 때문이다. 혹독한 추위에 기를 펴지 못하고 움츠리고 지내다가 드디어 기를 펼 수 있게 되었으니 얼마나 희망이 넘치겠는가. 하나님이 고안한 계절의 순환을 보면서 찬양하자.

일찍이 시인 셸리는 이렇게 노래했다. "겨울이 오면 봄도 머지 않으리."

그는 싸늘한 겨울이 오는 것을 두려워하지 않았다. 겨울 추위에 미리 낙심하지 않고 그 너머의 봄을 바라보았다.

우리는 그것을 소망이라 한다. 모세는 홍해 앞에서 낙담하지 않았고 여호수아는 요단 앞에서 좌절하지 않았다. 그 너머 젖과 꿀이 흐르는 약속의 땅 가나안을 바라보며 나아갔다.

봄이 왔다. 꽃 피고 새가 노래하는 봄이다. 칙칙하고 우울했던 마음은 봄빛으로 녹이자. 무거운 외투도 벗어버리고 우리 함께 소망의 나라로 가자. 유혹하는 봄빛에 적당히 넘어져 주는 것도 괜찮으리라.

이제 일어나자. 주저앉았던 자리에서 일어나자. 누웠던 자리에서 일어나자. 잠들었던 자리에서 일어나자. 그리고 함께 걸어가자. 저 아름다운 나라를 바라보며 어깨를 나란히 하고 걷자. 같은 마음으로 가자. 서로 아끼고 존경하는 마음으로 가자.

주님이 제시하신 소망의 나라가 앞에 있다. 그 나라는 영원한 나라요, 사랑이 넘치는 나라다. 그곳을 바라보는 우리는 이미 행복하지 않은가.

행복은 멀리서 오는 게 아니다. 내 마음의 감흥에서 온다. 감사하는 내 주변 환경에서 온다. 행복은 기다리는 마음에 고인다. 아름다운 마음에 오롯이 고이는 행복. 그것을 누구에게 빼앗길 것인가. 양보할 일이 아니다.

행복은 이미 봄을 맞는 우리 마음속에 찾아와 있다.

네 마음을 지키라

잠 4:23

모든 지킬 만한 것 중에 더욱 네 마음을 지키라. 생명의 근원이 이에서 남이니라.

우리에게는 참 지켜야 할 것이 많다.

우선 한 나라의 국민으로서 나라를 지켜야 한다. 우리는 국권을 잃고 고생을 경험한 민족이다. 나라를 빼앗겨서 설움을 당한 민족이 또다시 그런 일을 당해서야 되겠는가.

최근에는 자유민주주의를 지키기 위해서 애쓰고 있다. 정치가 잘못되면 군사적으로, 경제적으로, 사상적으로, 외교적으로, 사회적으로 위험에 처하기 때문이다.

개인적으로도 지킬 게 많다. 가정을 지키고, 사업과 재산을 지키고, 건강을 지키고, 신앙을 지키고, 명예를 지키고, 이웃과의 신의도 지켜야 한다.

우리는 이런 모든 것을 지키기 위하여 여러 가지 면에서 참으로 노력을 많이 하고 있다.

그러나 오늘 말씀을 보면 그 어떤 것보다 네 마음을 지키라고 한다. 왜냐하면 생명의 근원이 마음에서 나오기 때문이라 했다.

우리에게는 마음이 있다. 그런데 그 마음은 모든 사람이 같을 수 없다.

그렇다면 도대체 마음이 무엇인가.

이에 대한 여러 정의가 있는데 그중에 "지知, 정情, 의意의 좌소坐所"라는 정의를 살펴보면 지성과 감정과 의지가 담겨 있는 곳이 마음이란 것이다. 그렇다면 마음은 사람이 사람으로서 구실을 할 수 있는 곳이다.

그렇다. 마음이 나를 지탱하고 있는 것이다. 마음이 나쁘면 나쁜 사람이고, 마음이 선량하면 선량한 사람이다. 사람의 모든 행동은 그 마음의 지시에 의해서 이루어진다. 손이 마음대로 행동하고 발이 아무데나 가는 것이 아니다. 모두 마음먹기에 달린 것이다. 그러니 마음이 얼마나 소중한가. 그래서 바른 사람이고자 한다면 마음부터 지켜야 한다.

마음을 어떻게 지킬 수 있는가. 제일 중요한 것은 하나님과 화목한 관계를 유지하는 것이다. 그 관계가 잘못되면 모든 것이 잘못된다. 사람 관계, 물질 관계도 잘못된다. 그러나 하나님과 관계가 좋으면 그는 곧 거룩한 백성이요, 의로운 사람이요, 하나님이 기뻐하시는 사람이다.

하나님과 올바른 관계 속에서 마음을 지키자. 하나님이 우리의 생명과 삶을 지켜주실 것이다.

구원의 길

롬 10:9-10

네가 만일 네 입으로 예수를 주로 시인하며 또 하나님께서 그를 죽은 자 가운데서 살리신 것을 네 마음에 믿으면 구원을 받으리라. 사람이 마음으로 믿어 의에 이르고 입으로 시인하여 구원에 이르느니라.

우리에게 죽음이 찾아오는 것은 죄 때문이다. 아담이 하나님께서 금하신 선악과를 따먹는 죄를 범하자 하나님은 약속대로 그에게 벌을 내렸다. 그것은 바로 흙으로 지었으니 흙으로 돌아가라는 것이었다.

흙으로 돌아가라는 말씀이 뜻하는 바는 육신적 죽음이다. 이는 아담 한 사람에게만 해당하는 벌이 아니다. 그는 모든 인류의 대표로서 범죄하였기 때문에 이후에 그의 후손으로 태어나는 모든 사람에게 그 영향이 미친다.

그러므로 성경은 죄의 삯은 사망이라고 선언한다. 그리고 사망에서 벗어나는 길은 우리에게 사망을 가져다준 죄에서 벗어나는 길밖에 없음을 가르쳐준다.

죄인이 어떻게 죄에서 벗어날 수 있겠는가. 인간의 수단 방법으로는 불가능하다. 하나님만이 하실 수 있다. 그것은 죄 없는 사람에게 죄인의 죗값을 치르게 하는 것이었다.

그렇다면 죄 없는 이는 누구인가. 의인은 없나니 인간 세계에는 없다. 그래서 죄 없는 예수가 동정녀를 통해서 성령으로 잉태되어 태어났고 만인의 죄를 대신 짊어지고 죽었다. 이 사실을 믿는 사람만 의롭다 인정을 받는다. 그것이 구원이다. 이 구원을 주님은 미리 성취시켜 놓았다.

본문은 죄인이 구원받는 길을 자세하게 알려주고 있다.

먼저 입으로 예수님이 구주 되심을 시인하라는 것이다. 그리고 하나님께서 예수님을 죽은 자 가운데서 살리신 것을 마음으로 믿으라는 것이다. 결국 구원은 마음으로 예수님의 구주 되심과 하나님께서 그를 죽은 자 가운데서 살리셨음을 믿고 그 사실을 입으로 시인하는 것이다.

이론적으로 구원받기가 이렇게 쉽다. 그러나 불신자들은 믿지 않는다. 그들은 자기들의 이성으로 이해가 되지 않기 때문이다.

그러나 우리는 얼마나 감사한가. 구원을 예수 그리스도를 통하여 미리 성취시켜 놓고 믿기만 하면 그 고귀한 구원을 쉽게 얻도록 했으니 얼마나 고마운가.

그 믿음을 굳게 지키며 늘 예수가 우리 구주 되심을 고백하며 살자. 우리는 구원을 은혜로 받은 사람들이다.

은혜로 받은 구원, 은혜로 받은 새 생명. 날마다 그 이름을 찬양하고, 날마다 감사하자.

믿음은 들음에서 난다

롬 10:17

그러므로 믿음은 들음에서 나며 들음은 그리스도의 말씀으로 말미암았느니라.

성경은 1점 1획도 오류가 없는 하나님의 말씀이다. 죄인을 구원하실 목적으로 인류에게 주신 말씀이다.

우리는 우리의 지혜만으로는 하나님을 알 수 없다. 하나님께서 당신 자신이 어떤 분이신가를 보여주실 때, 보여주신 만큼만 알 수 있다. 이처럼 우리가 모르는 하나님을 보여주신 것을 계시啓示라 한다.

그래서 성경은 하나님의 계시다. 성경을 통해서 우리는 하나님은 어떤 분이시며 그분의 뜻이 무엇인가를 안다.

하나님은 무지한 백성들에게 하나님 자신과 당신의 뜻을 전하기 위해서 선지자와 사도들을 세워 성경을 기록하게 하셨다. 그리고 그 말씀을 전파하도록 하셨다. 그러므로 전파하는 사람이 있어야 계시를 들을 수 있다. 다시 말하면 들으려면 전하는 사람이 있어야 한다.

하나님은 전파하는 사람이 전하는 계시를 들을 때 하나님에 대한 확신과 구원에 대한 믿음이 형성되게 하셨다.

그렇다. 구원은 믿음으로 말미암는데 그 믿음의 형성은 들음에서 나고 그 들음은 반드시 말씀을 듣는 데서만 형성되는 것이다. 그러므로 모든 사람은 말씀을 듣는 데 열중해야 한다. 그리고 그들에게 복음을 신실하게 전하고 선포하는 사람이 소중한 분이다.

우리는 어떻게 하나님의 존재와 구원을 주신 하나님을 믿게되었는가. 나에게 전해주는 사람이 있었다. 그들이 전도자다. 그 전도자를 따라서 교회에 다니며 신앙생활을 했다. 거기서 선포되는 말씀을 들으며 예배를 드렸다. 그러는 동안 내 믿음이 자랐고 봉사도 하게 되었다.

이제는 어떤 환란이 와도 신앙을 떠날 수가 없게 되었다. 복을 받은 것이다. 이보다 더 감사한 일이 어디 있는가.

듣자. 사모하는 마음으로 하나님의 말씀을 듣자. 예수 그리스도의 장성한 분량을 목적으로 하고 부지런히 듣자. 나는 지금 더욱 성숙되어 가고 있는 것이다.

데살로니가 교회는 "하나님의 말씀을 받을 때에 사람의 말로 받지 아니하고 하나님의 말씀으로 받았다."고 했다.(살전 2:13)

백부장 고넬료는 하나님의 말씀을 전하는 베드로를 초청하고 그가 들어올 때 "이제 우리는 주께서 당신에게 명하신 모든 것을 듣고자 하여 다 하나님 앞에 있나이다." 하고 고백했다.(행 10:33) 이들이 하나님의 말씀 듣기를 얼마나 사모했는가를 알수 있다. 그러므로 그들은 복이 있다.

구하라, 찾으라, 두드리라

마 7:7-8

구하라, 그리하면 너희에게 주실 것이요, 찾으라, 그리하면 찾아낼 것이요, 문을 두드리라, 그리하면 너희에게 열릴 것이니 구하는 이마다 받을 것이요, 찾는 이는 찾아낼 것이요, 두드리는 이에게 열릴 것이니라.

성도는 기도를 통해서 하나님과 대화하고 인격적 교제를 한다. 물론 기도 외에도 여러 방법으로 하나님과 교통할 수 있지만 그래도 기도가 일반적으로 많이 쓰인다.

오늘 말씀은 우리에게 구하라, 찾으라, 두드리라고 권하고 있다. 이는 우리에게 기도를 권하는 것인데 기도의 여러 목적 중 기도를 통하여 우리가 필요한 것을 얻을 수 있음을 강조하고 있다.

오늘은 먼저 본문의 문장 구조부터 생각해 보자. 뒤에 나오는 내용으로 볼 때 본문은 기도하라는 말을 구하라, 찾으라, 두드리라는 말로 바꾸어 놓았음을 알 수 있다. 결국 구하라, 찾으라, 두드리라는 말은 기도하라는 말의 반복이다.

기도하라는 같은 말을 세 번 반복하는 것보다 얼마나 수사학적으로 세련되어 있는가. 이렇게 반복함으로 기도하라는 뜻을 강조하고 있는데 이도 자세히 살피면 3단계로 기도를 강조하고 있다.

수사학적으로 설명하면 점층법을 쓰고 있다. 즉 구하라보다

찾으라가 더 강조의 뜻을 가지고 있다. 그리고 찾으라보다 두
드리라가 더 적극적인 강조의 뜻이 된다. 그렇다. 성도에게 있
어서 기도는 제아무리 강조해도 무리가 아니다.

하나님은 우리가 하나님께 구해서 얻기를 원하고 계신다. 그
러므로 하나님은 우리에게 무엇이 필요한가를 미리 아시고 무
엇이든지 주시기 위해서 예비해 두시고 계심을 알아야 한다.
그럼에도 구하지 않는 것은 우리의 게으름이요, 미련함이다.

우리가 하나님의 사랑을 받는 구원 백성이라면 적극적으로
구하여 얻고 그 얻은 것으로 하나님께 영광을 돌리는 데 써야
한다.

구하라고 하시는데 구하지 않는 것을 겸손으로 착각하지 말
라. 구하지 않는 것이 오히려 하나님을 신뢰하지 않는 부족한
신앙이요, 불순종이다.

주님은 무엇이든지 믿음으로 구하라고 하셨고 구한 것을 받
은 줄로 믿으라고 하셨다. 그러나 정욕으로 쓰려고 잘못 구하
는 것은 구하여도 받지 못한다고 하셨다.(약 4:3)

믿음으로 구하자. 하나님의 뜻으로 구하자. 예수 이름으로
구하자. 그것이 기도이고 그 기도는 반드시 응답을 받는다.

원수를 갚지 말고

롬 12:19

> 내 사랑하는 자들아, 너희가 친히 원수를 갚지 말고 하나님의 진노
> 하심에 맡기라. 기록되었으되 원수 갚는 것이 내게 있으니 내가 갚
> 으리라고 주께서 말씀하시니라.

서로 화목하게 지내기를 원치 않는 사람은 없다. 그러나 이 해관계가 얽히면서 화목이 깨어지고 친구가 원수처럼 되는 경우를 우리는 종종 본다.

그럴 때 당사자들은 어떻게 원수를 갚을까? 또는 어떻게 하면 저가 내게 행한 것보다 더 크고 고통스럽게 갚아줄까? 하고 생각할 수 있다.

그런데 성경은 너희가 친히 원수를 갚지 말라고 권한다. 일찍이 예수님께서도 원수를 위하여 기도하라고 가르치셨고 원수까지도 사랑하라고 하셨다.

주님은 십자가에 달려 고통을 당하는 순간에도 원수들을 위하여 자기들이 하는 것을 알지 못하니 용서해 달라고 하나님께 기도하셨다.

오늘 말씀에도 원수 갚는 것이 하나님께 있으니 하나님의 진노하심에 맡기라고 하신다.

여기서 잠시 원수에 대해서 생각해 보자.

첫째는 내가 원수로 여기는 사람을 하나님도 그렇게 생각하

느냐를 생각해야 한다. 나와는 사이가 좋지 않지만 그 사람도 하나님의 사랑을 받는 사람이라면 원수로 여기고 보복한다는 것이 옳은가. 하나님의 원수는 나의 원수가 되어야 마땅하지만 하나님의 사랑을 받는 사람을 내 원수로 여기는 것은 옳다고 할 수 없다.

둘째, 내가 남에게 해를 끼치거나 섭섭하게 하여 원수를 만드는 일은 없어야 한다. 때로는 나의 이기심과 욕심 때문에 남이 나를 따라주지 않는다고 원수 취급을 할 수 있다. 그것은 무조건 내 잘못이다.

셋째, 공의의 하나님께서 그가 진정으로 잘못이 있으면 하나님의 방법으로 해결하실 것이다.

우리는 원수 갚는 일을 하나님으로부터 허락받지 않았음을 명심해야 한다. 우리에게 주어진 것은 사랑하는 것과 용서하는 일뿐이다.

옳지 않은 행위에 대해서 하나님은 반드시 징계하거나 심판하실 것이다. 또한 원수를 만들지 않도록 하고 불의에 참여하는 일이 없도록 각별히 조심하는 성도를 지켜주실 것이다.

깨닫지 못하는 백성

오늘 말씀

사 1:3

소는 그 임자를 알고 나귀는 그 주인의 구유를 알건마는 이스라엘
은 알지 못하고 나의 백성은 깨닫지 못하는도다 하셨도다.

우리 속담에 "은혜를 모르는 사람은 금수禽獸만도 못하다."는
말이 있다.

그런데 오늘 말씀은 하나님의 은혜를 모르고 대적하며 불순
종하는 이스라엘을 향하여 짐승만도 못하다고 책망하고 있다.
소는 그 임자를 알고 나귀는 그 주인의 구유를 알건마는 이스
라엘 백성은 깨닫지 못한다고 했다.

소나 나귀는 짐승이다. 본능으로 살 뿐 사고 능력이 없다. 그
럼에도 자기를 길러주는 주인을 알아본다는 것이다. 실제로 소
나 나귀는 자기 주인에게 순종하고 충성을 다한다. 그들의 행
동을 보면 마치 자기 주인에게 감사하는 마음을 갖고 있는 것
같다.

그런데 이스라엘은 어떤가. 하나님은 모든 민족 중에서 그
들을 택하셨다. 그들의 수효가 많아서도 아니고 남다른 뛰어난
민족이어서도 아니었다. 보잘 것 없고 작은 민족이지만 하나님
은 그들에게 긍휼을 베푸셨다. 그러면서 그들이 하나님 한 분
만 섬기고 하나님의 말씀에 순종하기를 원했다. 언약백성으로

계명을 주어서 하나님의 백성다운 거룩함을 지니도록 했다.

그런데 그들은 하나님 외의 신, 즉 우상을 섬기고 패역한 삶을 살았다. 믿음을 저버린 패역한 민족이 되었다. 완전히 하나님을 배신한 것이다.

이런 배신에 하나님은 "슬프다, 범죄한 나라요, 허물진 백성이요, 행악의 종자요, 행위가 부패한 자식이로다. 그들이 여호와를 버리며 이스라엘의 거룩하신 이를 만홀히 여겨 멀리하고 물러갔다."고 탄식했다.(사 1:4)

은혜를 잊으면 곧 불순종과 교만으로 흐른다. 그리고 하나님의 뜻대로가 아닌 자기들 마음대로 산다. 그것이 바로 심판을 자초하는 일이 아니겠는가. 그래서 이스라엘은 결국 나라를 잃었다.

은혜를 잊지 말자. 하나님의 은혜는 물론 부모님의 은혜, 나라의 은혜, 이웃의 은혜 등 우리는 수많은 은혜를 입고 산다. 그 은혜들을 잊지 말자. 그것이 사람의 도리요, 결국은 축복의 삶이 된다.

원수는 물에 새기고 은혜는 돌에 새기라는 말이 있다. 은혜를 저버리지 말라는 뜻이다. 내가 남에게 베푼 호의는 빨리 잊을수록 좋다. 그러나 내가 받은 은혜는 잊지 않음이 인간의 참 도리다.

하나님의 본심

애 3:33

주께서 인생으로 고생하게 하시며 근심하게 하심은 본심이 아니시로다.

하나님은 긍휼이 많고 사랑이 풍부하신 분이다. 창조하신 모든 것을 주권적으로 관리하시며 특별히 인간의 생사화복을 주관하신다.

그런데 하나님이 다스리시는 사회에는 불행한 사람들의 이야기가 많다. 왜 그럴까? 하나님께서 바로잡으면 사람들에게 근심과 고생이 없을 터인데. 하나님은 인간의 고난을 즐기시는 것일까?

천만의 말씀이다. 인간의 고통을 방관하며 즐기시는 분이라면 선하신 분이 아니다. 감히 이런 생각을 한다면 그는 순진하거나 어리석은 사람일 것이다.

어떤 부모가 자기가 낳은 자식들의 아픔과 걱정을 바라보며 즐길까. 아니다. 그렇지만 자식들을 사랑하기 때문에 부모도 그 자식들이 잘못된 길을 가면 징계하시고 그들이 되돌아섰을 때 격려하며 흐뭇해하신다.

그렇다. 하나님의 본심은 인생으로 고생하게 하시고 근심하게 하는 것이 아니다. 고생하지 않기를 원하시고 근심 없이 평화롭기를 원하신다.

그런데 왜 인생에게 고생과 근심이 그치지 않는가? 하나님 탓을 하지 말라. 하나님은 선하시고 공의로우시다. 선하지 않은 행위에도 박수치고 격려해 주시는 분이 아니다. 하나님의 공의는 불의한 일에 벌을 내리시고 선한 행위에만 칭찬하시는 분이시다. 어떤 경우에도 불의를 징계하시고 정의에는 상을 주시는 분이시다.

하나님의 본심을 의심하지 말자. 선을 행하고 하나님의 뜻에 순종하자. 인생의 고생하심을 보고 마음 아파하시며 근심하는 것을 보고 애달파하시는 분이다.

세상은 악하지만 어쩔 수 없었노라고 핑계 대지 말자. 거기에 넘어져 있지 말고 과감히 그 길에서 벗어나와 하나님께 순종하자. 힘들어도 그것이 사는 길이다.

하나님께 순종하려고 애쓰는 사람을 하나님은 절대로 버려두지 않으신다. 악한 세력의 방해를 막아주고 괴롭힘에서 벗어나게 해 주신다.

믿자. 의지하자. 맡기자. 하나님은 사랑과 긍휼이 풍부하신 우리의 아버지시다.

하나님께서 기쁘게 여기지 않는 일

애 3:34-36

> 세상에 있는 모든 갇힌 자들을 발로 밟는 것과 지존자의 얼굴 앞에서 사람의 재판을 굽게 하는 것과 사람의 송사를 억울하게 하는 것은 다 주께서 기쁘게 보시는 것이 아니니라.

하나님은 불꽃 같은 눈으로 세상과 세상에서 일어나는 사람들의 행위를 보고 계신다. 보고 계실 뿐 아니라 그 모든 일을 판단하신다.

그리고 그 판단은 정확하다. 하나님이 그르다 하시는 것은 그른 것이고 하나님이 옳다 하신 것은 누가 뭐래도 옳다. 하나님은 현재만 보시는 것이 아니라 과거와 모든 사건의 원인도 알고 계시고 미래와 그 결과도 모두 아신다.

그러므로 우리는 하나님이 기뻐하시고 원하시는 일은 해야 한다. 하기 싫어도 해야 하고 손해를 보는 것 같아도 해야 하고 박해를 당하고 모욕을 당한다 해도 해야 한다.

사자 앞에서도 담대했던 다니엘을 보고 풀무불 앞에서도 우상에게 무릎을 꿇지 않았던 사드락과 메삭과 아벳느고를 생각해 보라. 선지자들이 기쁘게 순교한 것은 그 일이 하나님께서 원하는 옳은 일이었기 때문이다.

세상에는 사회적 약자들이 있다. 이는 사회적 강자들도 있다는 뜻이다. 강자들은 자신들에게 주어진 힘으로 약자들에게 도움을 주어야 한다는 뜻을 알아야 한다.

그런데 그들이 세상의 권세와 부유함과 지식으로 오히려 약자들에게 피해와 고통을 주는 경우가 많다. 이는 하나님이 기뻐하시는 일이 아니다. 다시 말해서 그들은 하나님께서 원하지 않는 일을 하는 것이다.

구체적으로 오늘 말씀은 세 가지 경우를 든다.

하나는 갇힌 자들을 발로 밟는 일, 즉 억울하게 갇혀 고생하는 사람에게 오히려 더 압박을 가하는 것을 하나님께서 싫어하신다는 것이다.

두 번째는 공의의 하나님 앞에서 재판을 굽게 하는 일, 즉 죄없는 사람이 정죄되고 죄 있는 사람이 무죄 방면을 받는 경우가 있다는 것이다. 공정한 재판관이신 하나님 앞에서 공정하지 않은 재판이 자행될 때 하나님이 기뻐하실까. 재판은 빈부귀천에 구애받지 않고 공정해야 한다. 공정하지 않을 때 반드시 거기에는 억울한 사람이 나오기 마련이다.

셋째는 사람의 송사를 억울하게 하는 일이라 했다. 억울해서 하는 송사를 억울하게 한다면 하나님께서 기뻐하실 리 없다.

여기서 유념할 사항이 있다. 우리가 재판관이 아니더라도 우리의 생활 속에서 재판관 역할을 할 때가 있다. 사소하지만 시비를 가려야 할 때가 있다. 이때 나와의 친분 관계에 따라 잘못 판단을 해주면 억울한 일이 발생할 수 있다. 상처를 남겨줄 수도 있고 누명을 씌울 수도 있다. 작은 일에서부터 조심하자.

별과 같이 영원토록 빛나리라

 오늘 말씀

단 12:3

지혜 있는 자는 궁창의 빛과 같이 빛날 것이요, 많은 사람을 옳은 데로 돌아오게 한 자는 별과 같이 영원토록 빛나리라.

예수님은 종말이 가까워지면 일어나는 현상 중에 하나로 거짓 선생, 거짓 지도자들이 많이 나와서 사람들을 현혹시키고 오도할 것을 말씀하셨다.

오늘날 우리 사회에 얼마나 많은 이단사설이 있고 그것을 유포하는 사람이 많은가.

영적세계는 물론이고 우리의 정신세계도 말할 수 없이 혼탁해졌다. 저마다 자기가 구원자라고 혹세무민하면서 방황하는 사람들을 유혹하고 있다. 이로 인해서 진리가 비진리에 의해서 훼손을 당하고 정의가 불의에 의해서 참혹하리만큼 농락을 당하고 있다.

이런 때에도 굳건하게 진리를 가르치고 전파하는 사람이 있다. 그들은 갖은 방해와 핍박에도 굴하지 않고 복음을 전하며 많은 영혼을 천국으로 인도하고 있다. 이 얼마나 자랑스러운 일이며 하나님은 이런 사람들을 위하여 어찌 상을 준비해 놓지 않았겠는가.

오늘 말씀은 많은 사람을 옳은 데로 돌아오게 한 자는 별과 같이 영원토록 빛나리라고 했다.

여기서 옳은 데는 생명이 있는 곳이다. 구체적으로 말하면 영원한 천국이다. 그리고 하늘의 해나 별처럼 빛난다는 것은 구원받은 성도가 누릴 영광의 상급을 가리킨다.

그렇다. 생명을 건지는 사람에게는 하나님나라의 영광의 상급이 있다.

복음을 전하고, 가르치고, 전도하는 사람들은 옳은 데로 돌아오게 하는 사람이다.

또한 어둠의 세력에 빠져 있거나 옳지 않은 사상에 매여 있는 사람들을 그곳에서 이끌어내는 사람은 참으로 귀한 일을 하는 사람이다.

우리는 도덕적으로 바르지 않은 사람을 구출해 내는 일에도 게을러서는 안 된다. 옳지 않은 쪽으로 이끄는 악한 세력의 열심을 보라. 그런 악한 일에도 열심을 낸다면 우리는 더욱 열심을 내야 하지 않겠는가.

말 한마디, 행동 하나도 옳은 데로 인도하는 매개가 된다는 것을 알고 경건의 모범도 보이자. 우리에게 큰 상급이 예비되어 있다.

영생과 영멸

땅의 티끌 가운데에서 자는 자 중에서 많은 사람이 깨어나 영생을 받는 자도 있겠고 수치를 당하여서 영원히 부끄러움을 당할 자도 있을 것이며

성경은 죽는 것을 잠자는 것으로 자주 묘사한다. 잔다는 것은 다시 깨어난다는 것을 전제하기 때문에 죽음도 없어지는 것이 아니라 다시 산다는 것을 나타내고자 할 때 그렇게 하는 것이다.

그렇다. 잠든 사람이 깨어나는 것처럼 죽은 사람도 언젠가 죽음의 자리에서 일어난다. 그러나 죽는 것은 모든 사람의 경험으로 인정되지만 다시 산다는 것은 이성으로 이해하기 어렵기 때문에 믿지 않는 사람이 많다.

그러나 사람이 저녁에 자고 아침에 일어나듯 죽은 사람도 반드시 부활의 때가 있다. 그것을 예수님은 부활의 첫 열매로 보여주셨다.(고전 15:20)

오늘 말씀도 그렇다. 땅의 티끌 가운데서 자는 자란 사람이 죽어서 흙에 묻힌 것을 말한다. 그런데 그런 자 중에서 어떤 사람들은 깨어나 영생을 받고 어떤 사람들은 영원히 수치를 당할 것이라고 했다.

사람의 이성으로 믿기 어려운 내용이다. 그러나 진리는 보고

확인한 것만 믿는 것이 아니라 진실이기 때문에 믿어야 한다. 믿음이 증거가 된다.(히 11:1)

영원히 사는 세계와 영원히 수치를 당하는 세계가 우리 앞에 있다. 그것을 하나님이 우리가 세상을 떠날 때 분명하게 보여 주실 것이다.

그렇다면 지금 보여주시고 믿도록 하면 되지 않을까. 그것은 하나님의 주권이다. 하나님은 우리 모두가 구원받아 영생에 참여하기를 원하지만, 그러나 보고 확인한 다음에 믿겠다고 하는 불신자에게까지 자비를 베풀지 않으신다.

때가 있다. 내 눈에 지금 보이지 않아도 성경에 기록된 복음에 귀를 기울이라. 성경은 하나님의 계시다. 그럼에도 계속 보고 믿겠다, 확인한 다음에 믿겠다고 하는 사람은 반드시 후회할 것이며 어리석은 사람이다.

예수님은 말씀하셨다. "이를 놀랍게 여기지 말라. 무덤 속에 있는 자가 다 그의 음성을 들을 때가 오나니 선한 일을 행한 자는 생명의 부활로, 악한 일을 행한 자는 심판의 부활로 나오리라."(요 5:28-29)

생명의 부활! 이것이 우리의 영원한 소망이다. 이 소망을 붙들고 사는 사람이 지혜로운 사람이고 축복의 사람이다.

일하기 싫어하거든

살후 3:10

우리가 너희와 함께 있을 때에도 너희에게 말하기를 누구든지 일하기 싫어하거든 먹지도 말게 하라 하였더니.

노동은 신성한 것이다. 하나님은 에덴동산을 창설하시고 아담에게 그곳을 맡겨주실 때부터 일하도록 하셨다. 그러므로 노동은 아담이 범죄하기 전부터 사람이 보람 있게 사는 방편으로 사람에게 주신 문화명령 중의 하나다.

그럼에도 어떤 사람들은 오해한다. 하나님이 아담에게 "너는 평생에 수고하여야 그 소산을 먹으리라."(창 3:17)고 하신 말씀 때문에 그 전에는 노동이 없었을 것으로 착각한다.

그러나 아니다. 하나님은 아담이 범죄하기 전에 이미 "땅을 정복하고 바다의 물고기와 하늘의 새와 땅의 움직이는 모든 생물을 다스리라."고 노동을 축복으로 주셨다.(창 1:26)

여기서 다스린다는 의미는 경영한다는 뜻이다. 그러므로 범죄 하기 전 에덴동산에서의 노동은 하나님의 뜻에 합당하게 경영하는 즐거운 노동이었다. 그러나 범죄 이후에 하나님은 그 노동을 땀 흘리며 해야 하는 벌로 주셨다.

어쨌든 지금도 여전히 노동은 신성한 것이고 우리는 즐거운 노동으로 감당해야 한다.

성경은 오늘 말씀처럼 누구든지 일하기 싫어하거든 먹지도 말게 하라고 했다. 사람이 먹지 않아도 살 수 있는가.

그러므로 이 말씀은 노동하지 않는 것은 삶의 가치가 없다는 의미가 된다. 하나님은 노동을 통하여 그 반대급부로 재화를 얻어 살게 했고 노동을 통하여 건강한 삶을 영위하도록 했다.

그럼에도 일하지 않고 무상으로 먹고 살려는 게으른 사람과 잘못된 의식을 가진 사람이 있다. 그는 자신과 가정과 사회에 죄를 지으면서 하나님의 뜻을 어기는 사람이다.

기쁘게 일하자. 그리고 건강하고 건전한 삶을 살자. 그러기 위해서 고려할 점이 있다. 무엇보다 자기가 하고 싶은 일을 하도록 하자.

사람에게는 각기 재주가 주어져 있기 마련이다. 하나님이 주신 것이다. 그것을 찾아서 일을 즐겁게 할 수 있어야 한다. 아무리 많은 돈을 번다 한들 억지로 하는 일이 좋겠는가.

그리고 부도덕한 일은 억만금이 들어온다 해도 피하라. 그런 일은 이미 가치가 없고 이 사회에 악을 끼치는 일이다. 행복할 수 없다. 무슨 일이든 직업에는 귀천이 없다.

건전하게 즐기면서 일하자. 그래서 이 사회에 기여하면서 행복한 가정을 이끄는 사람이 되자. 그것이 보람이고 축복이다.

그는 흥하고 나는 쇠하고

오늘 말씀

요 3:30

그는 흥하여야 하겠고 나는 쇠하여야 하리라 하니라.

세례 요한처럼 자기 사명에 투철했던 사람이 얼마나 될까. 그는 이사야 선지자의 예언처럼(사 40:3-5) 광야에서 외치는 자의 소리요, 오실 메시아의 길을 예비하는 사람으로 예수님보다 6개월 먼저 태어났다. 당시 세상은 영적으로 빛이 오기 전의 고요와 어둠으로 덮여 있었다.

요한은 특이한 복장과 언행으로 범상치 않은 인물로 주목받았다. 그는 낙타 털옷을 입고 허리에 가죽 띠를 띠고 메뚜기와 석청을 먹었다. 그래서 이스라엘을 구원하러 오신 메시아가 아닌가 하는 의심도 받았다. 그는 아니라고 부인했다. 나는 너희로 회개케 하기 위하여 물로 세례를 베풀거니와 내 뒤에 오시는 이는 나보다 능력이 많으시니 나는 그의 신을 들기도 감당하지 못하겠노라고 했다. 그는 장차 심판주로서 손에 키를 들고 타작마당을 정하게 하사 알곡은 모아 곳간 안에 들이고 쭉정이는 꺼지지 않는 불에 태우시리라고 했다.(마 3:11-12) 세례 요한은 철저하게 자기를 부인하고 예수님만 소개했다. 회개하라, 천국이 가까이 왔노라고 외쳤고(마 3:2), 보라, 세상 죄를 지

고 가는 하나님의 어린양이라고 소개했다.(요 1:29)

어느 날 제자들이 요한에게 선생님과 함께 요단 강 저편에 있던 이 곧 선생님이 증언하시던 이가 세례를 베풀매 사람이 다 그에게로 가더이다 하고 고했다. 아마 자기들이 모셨던 선생님이 인기가 떨어지는 것이 안타까웠던 모양이었다. 그러나 세례 요한은 조금도 괘념치 않고 내가 말한바 나는 그리스도가 아니요, 그의 앞에 보내심을 받은 자라고 한 것을 증언할 자는 너희니라 하며 자신의 정체성과 제자들이 해야 할 일이 무엇인가를 분명히 했다. 그리고 "그는 흥하여야 하겠고 나는 쇠하여야 하리라."고 했다. 자신은 예수를 위하여 세상에 그를 소개하는 역할밖에 없으니 앞으로 쇠하여야 하지만 예수는 장차 죄인을 구원하는 그리스도로 밝히 드러내며 영원한 사역을 감당해야 하기 때문에 흥해야 한다고 한 것이다. 그는 자기 사명이 무엇인가를 분명하게 알고 정확히 실천한 사람이다.

위대한 사람, 세례 요한. 우리는 그에게 주어진 사명에 충실해야 할 것을 배워야 한다. 세상에 사명 없이 태어나는 사람은 없다. 그 사명을 위해 살고 그 사명 때문에 죽을 수 있다면 행복한 사람이 아니겠는가.

또 하나 우리는 세례 요한에게서 남을 높이기 위해서는 내가 낮아져야 함을 배워야 한다. 예수님은 우리를 구원하고 우리의 신분을 높이기 위해 낮은 곳으로 오셨다. 나를 낮추고 남을 높이는 것이 겸손의 삶이다. 성경은 우리에게 "오직 겸손한 마음으로 각각 지기보다 남을 낮게 여기라."고 교훈한다.(빌 2:3)

청년의 때에 너의 창조주를 기억하라

전 12:1-2

> 너는 청년의 때에 너의 창조주를 기억하라. 곧 곤고한 날이 이르기
> 전에, 나는 아무 낙이 없다고 할 해들이 가깝기 전에, 해와 빛과 별
> 들이 어둡기 전에, 비 뒤에 구름이 다시 일어나기 전에 그리하라.

청년의 때는 인생의 황금기다. 혈기방장하여 무엇이든 할 것
같은 자신감이 있는 시기다. 그렇기 때문에 위험한 시기이기도
하다. 폭풍노도의 계절이기 때문이다.

이런 시기를 어떻게 보내는가는 본인에게 중요하다. 오늘 말
씀은 이때에 무엇보다 창조주를 기억하라고 한다.

청년기의 가장 소중한 일은 창조주를 기억하는 일이다. 왜
그런가? 곤고한 날이 다가오고 나는 아무 낙이 없다고 할 때가
가깝기 때문이다.

그렇다. 나이 든 어르신들의 푸념을 들어보라. 세월이 참 빠
르게 지났다고 한다. 인생이 참 허무하다고 하는 사람이 많다.

그들도 모두 유년기, 청년기가 있었다. 이렇게 세월이 빠르
게 지날 줄은 모르고 살았을 것이다. 그래서 청년의 시기에 헛
된 시간도 보냈을 수 있다.

그러고 보니 기력 떨어지고 의욕도 떨어지고 세상을 떠나 하
나님 만날 날이 가까워지고 있는 것이다. 잘못 살았다고 느껴
지면 후회가 밀물처럼 밀려올 것이다. 지난 추억을 되새기며

살 수 있지만 거기에는 즐거운 일만 있는 게 아니라 아쉬운 일과 부끄러운 일도 많다.

그러므로 청년의 때, 인생의 황금기를 허송하지 말고 바르게 살아야 한다. 후회를 쌓는 삶을 살지 말아야 한다. 그것이 무엇인가? 열심히 일하는 것이다.

그런데 오늘 말씀은 너의 창조주를 기억하라고 했다. 가장 황금기에 가장 위대하신 하나님을 기억하는 것보다 보람되고 다행한 일은 없다. 왜냐하면 그는 하나님의 영광을 위해서 일하고 그 영광을 위해서 살 것이기 때문이다.

힘 떨어지고 살아갈 날이 얼마 남지 않았다고 느껴질 때 그 젊음을 주님을 위하여 쓸걸 하고 후회한들 무슨 유익이 있겠는가.

젊음을, 그 열정을 하나님께 바칠 수 있다면 그보다 보람 있는 일은 없다.

가장 좋은 것과 시간을 주를 위해서 바치자. 인생은 하나님으로부터 태어나서 어차피 하나님 앞으로 간다. 거기서 무슨 말을 듣고 싶은가. 착하고 충성된 종이라는 칭찬을 받는다면 그는 인생을 바르게 산 사람이다.

선 줄로 생각하면

고전 10:12

그런즉 선 줄로 생각하는 자는 넘어질까 조심하라.

등산하는 사람들에게 언제 사고가 더 많이 나느냐고 물으면 산에 오를 때보다 내려올 때라고 한다.

왜 그럴까? 아무려면 산에 오르려면 힘이 더 들고 내려올 때는 덜 들 터인데 왜 그럴까? 바로 그것 때문이다. 힘이 들더라도 오를 때는 긴장을 하지만 내려올 때는 아무래도 긴장이 풀리기 때문이다.

기업하는 사람들에게 물어보면 창업이 어렵지만 수성은 더 어렵다고 한다.

왜 그럴까? 역시 긴장이 풀리고 교만한 생각이나 안일한 생각이 들 수 있기 때문이다.

다윗은 사울 왕에게 쫓겨 다닐 때에 범죄하지 않았다. 생명의 위협을 느끼며 도망 다니면서 무슨 죄 지을 생각이나 시간이 있었겠는가.

그러나 왕이 되고 주변의 나라들을 이기며 평화를 구가할 때쯤에 부하 장수 우리아의 아내를 범했다.

선 줄로 생각하는 그때가 위험한 것이다. 나는 다 이루었다고 생각하는 그때에 자칫 긴장이 풀릴 수 있다. 그때가 위험하다. 교만하지 말고 마음의 해이가 있어서는 안 된다.

내 힘으로 완성했다고 느끼는 순간이 사탄이 노리는 순간이기도 하다.

이만큼 기도했으면 됐지, 이만큼 봉사했으면 됐지, 이만큼 헌금했으면 됐지, 이만큼 성경을 읽었으면 됐지 하고 자만심을 갖는 그때가 위험하다. 넘어질 수 있는 순간이다.

항상 긴장하는 것도 스트레스를 유발하기 때문에 좋은 현상은 아니지만 모든 것을 풀어놓으면 마귀가 틈을 노린다.

영적 무장이 필요하다.

언제나 하나님의 말씀에 순종하며 기도하여 하나님의 도움을 요청해야 한다.

교만하지 말라.

넘어지는 것은 한순간이다. 선 줄로 느껴지면 오히려 긴장하라. 넘어졌다가 일어나기는 더욱 어렵다.

네 보화를 티끌로 여기고

오늘 말씀

욥 22:24-25

네 보화를 티끌로 여기고 오빌의 금을 계곡의 돌로 여기라. 그리하면 전능자가 네 보화가 되시며 네게 고귀한 은이 되시리니.

예수님은 한 사람이 두 주인을 섬길 수 없듯이 하나님과 재물을 겸하여 섬기지 못한다고 했다.(마 6:24)

우리의 가장 귀중한 보배는 무엇인가. 그것이 따로 있는 한 우리는 하나님을 존귀하게 섬길 수 없다.

하나님보다 더 사랑하는 것이 있는데 어떻게 "주 예수보다 더 귀한 것은 없네." 하고 노래할 수 있는가. 주 예수보다 더 귀한 것은 없네 하고 노래하면서 재물이나 권세나 재능이나 자식을 더 사랑한다면 위선이다.

엘리 제사장은 "네 아들들을 나보다 더 중히 여겨 내 백성 이스라엘이 드리는 가장 좋은 것으로 너희들을 살지게 하느냐."고 하나님으로부터 책망을 들었다.(삼상 2:29)

하나님보다 재물을 더 사랑하는 오늘날의 군상들은 가히 현대판 우상숭배자들이다.

어디 재물뿐인가. 현대인들은 다양한 우상들을 섬기고 있다. 명예와 지식과 각종 취미와 자식을 하나님보다 더 사랑하고 있다. 그것들을 하나님보다 더 사랑하기에 우리는 하나님의 사랑과 칭찬에서 멀어지고 하나님의 징계와 책망 앞에 더 다가서게 된다.

오늘 말씀도 네 보화를 티끌로 여기라고 한다. 오빌의 금은 당시에 최고의 품질을 자랑하는 금으로 여겼는데 그것을 계곡의 돌로 여기라 했다. 그것들을 존귀하게 여긴다면 하나님을 덜 귀한 분으로 여긴다는 뜻이 되기 때문이다.

그러나 하나님을 유일하게 존귀한 분으로 여긴다면 그는 자기가 소유한 보화와 오빌의 금을 티끌과 계곡의 돌로 여길 것이다.

예수님은 네 보물 있는 곳에 네 마음도 있으리라고 했다.(마 6:21) 재물을 자신의 가장 귀한 보물로 여길 때 그는 늘 보물과 함께할 것이다. 보물을 바라보며 보물을 의지하고 보물을 자랑하며 살 것이다. 그러나 그의 심령에는 언제나 두려움과 염려와 불안도 함께 할 것이다.

하지만 하나님이 가장 귀한 보물로 여겨질 때 그는 늘 주님과 함께할 것이다. 그가 하나님을 의지하고 바라보며 자랑할 때 평안과 기쁨과 영원한 소망이 떠나지 않을 것이다.

"주 예수보다 더 귀한 것은 없네."

마음 모아서 찬양하자.

목욕한 자는 발밖에 씻을 필요가 없다

오늘 말씀

요 13:10 상

> 예수께서 이르시되 이미 목욕한 자는 발밖에 씻을 필요가 없느니라. 온몸이 깨끗하니라.

목욕한 자는 발밖에 씻을 필요가 없다는 예수님의 말씀은 죄 씻음에 대한 이론을 제시해주고 있다.

예수께서 제자들과 함께 만찬을 드신 이후 제자들의 발을 씻어주시던 때의 일이다.

예수님은 저녁 잡수시던 자리에서 일어나 겉옷을 벗고 수건을 가져다가 허리에 두르시고 대야에 물을 떠서 제자들의 발을 씻으시고 그 두르신 수건으로 닦기를 시작했다.

베드로 차례가 왔는데 그는 선생님이 어떻게 제자들의 발을 씻느냐고 거절했다. 그는 당시의 사회 통념상 그럴 수는 없다고 했다.

그러자 예수님은 내가 너를 씻어주지 아니하면 네가 나와 상관이 없다며 하늘나라 윤리와 이 세상의 윤리가 다름을 말씀하셨다.

즉 세상의 윤리는 지체 낮은 사람이 지체 높은 사람의 발을 씻어주어야 하지만 하나님나라의 윤리는 지체가 높은 사람이 오히려 지체 낮은 사람의 발을 씻어주어야 하는 섬김의 도리를 깨우쳐주신 것이다.

이에 베드로는 내 발뿐 아니라 손과 머리도 씻어달라고 요구했다. 이 요구에 따른 예수님의 대답이 "이미 목욕한 자는 발밖에 씻을 필요가 없다."는 것이었다.

이 예수님의 대답은 우리의 죄 씻음을 설명한 말씀으로 이해되고 있다. 즉 우리는 예수 믿기 전에 예수 믿지 않고 하나님께 불순종한 죄에 대하여 회개했다. 그 회개를 받으신 하나님은 우리의 모든 죄를 용서하시고 의롭다고 인정해 주셨다. 구원을 주신 것이다.

이 구원에 대한 약속은 변함이 없어서 우리는 영원한 구원을 얻은 바 되었다. 그러면 이제부터 믿음으로 의롭다 여김을 받은 사람은 죄와 결별을 해야 한다.

그렇지만 어디 그런가. 연약한 우리는 수시로 넘어지며 죄를 짓고 산다. 그럼에도 한번 용서받았으니 그 효력으로 다시 회개할 필요가 없는가.

예수님은 목욕한 사람은 발만 씻으면 된다고 했다. 회개하고 예수 믿어 의롭다 함을 얻은 것을 목욕으로, 그 후의 죄를 범할 때마다 하는 회개를 발 씻는 것으로 비유한 것이다.

우리는 이미 목욕을 했다. 그러나 발은 자주 씻어야 한다. 의롭다 인정을 받아도 죄에 대한 책임은 지면서 계속 해결받아야 성결하고 거룩한 삶을 살 수 있다.

여호와를 의지하는 사람

렘 17:7-8

> 그러나 무릇 여호와를 의지하며 여호와를 의뢰하는 그 사람은 복을 받을 것이라. 그는 물가에 심어진 나무가 그 뿌리를 강변에 뻗치고 더위가 올지라도 두려워하지 아니하며 그 잎이 청청하며 가무는 해에도 걱정이 없고 결실이 그치지 아니함 같으리라.

남을 의지하지 않고 자기 일을 스스로 해결하려는 자세나 태도는 좋다. 그러나 스스로 모든 문제를 해결할 수는 없다. 세상에는 의욕이 있어도 스스로 해결할 수 없는 문제가 많다.

예를 들어 몸이 아파 봐라. 참는다고 해결되지 않는다. 병원이나 약국의 신세를 져야 한다. 갑작스런 사고나 내가 항거하기 어려운 여러 가지 문제를 만나면 의지하고 싶지 않아도 의지할 수밖에 없다. 그래서 내가 당한 일에 도움을 줄 수 있는 유력한 사람을 주변에서 찾아 의존하려 든다.

그런데 하나님은 중요한 문제를 사람에게 의지하지 말라고 한다. 성경은 "귀인들을 의지하지 말며 도울 힘이 없는 인생도 의지하지 말지니 그의 호흡이 끊어지면 흙으로 돌아가서 그날에 그의 생각이 소멸하리로다."고 노래하고 있다.(시 146:3-4)

사람을 의지하지 말아야 하는 이유를 무능과 수명의 짧음에 두고 있다. 그러면서 성경은 하나님을 의지하라고 한다. 왜냐하면 하나님은 영원하시며 그 능력이 한이 없기 때문이다.

그러나 그보다 하나님을 의지한다는 것은 하나님을 신뢰한다는 의미가 있기 때문이다. 무엇을 의지한다는 것은 그것을 믿는다는 의미가 있다. 사람도 마찬가지다. 사람을 의지한다는 것은 그 사람을 믿는다는 의미가 내포되어 있다. 믿음 없이 어떻게 의지할 수 있는가.

그렇다. 우리가 하나님을 의지해야 하는 이유는 하나님을 신뢰해야 하기 때문이다. 우리가 신앙인이라면 전능하신 하나님을 적극적으로 신뢰하고 의지해야 한다. 그 믿음을 보시는 하나님은 복을 주시마 약속하고 있다.

오늘 말씀은 하나님을 신뢰하는 사람을 물가에 심어진 나무로 비유하고 있다. 물가에 심어진 나무는 뿌리가 강변으로 뻗어져 있기 때문에 날씨에 구애받지 않고 항상 잎이 청청하고 언제나 결실이 그치지 않는다.

하나님을 의지하자. 하나님을 전적으로 신뢰하자. 그러면 하나님은 전천후 축복으로 우리를 형통하게 하실 것이다.

여호사밧 왕은 모압과 암몬과 세일산 사람들이 연합하여 쳐들어왔을 때 하나님께 기도하기를 "우리를 치러 오는 이 큰 무리를 우리가 대적할 능력이 없고 어떻게 할 줄도 알지 못하옵고 오직 주만 바라보나이다."라고 했다.(대하 20:12) 그리고 백성들에게 "너희는 너희 하나님 여호와를 신뢰하라. 그리하면 견고히 서리라."고 했다(대하 20:20)

과연 하나님은 오직 하나님만 바라보고 신뢰한 유다를 모압과 암몬과 세일산 사람들에게서 구원해 주셨다. 어떤 위기에서도 하나님은 당신을 신뢰한 백성을 보호하신다.

불의로 치부하는 자

렘 17:11

불의로 치부하는 자는 자고새가 낳지 아니한 알을 품음 같아서 그의 중년에 그것이 떠나겠고 마침내 어리석은 자가 되리라.

정당한 노동의 대가를 치르고 재화를 얻는다면 누가 뭐라고 하겠는가. 그런데 사람에게는 많은 것을 쉽게 취득하고자 하는 욕심이 있다.

그 욕심도 정당하다면 많이 양보해서 이해를 해줄 수 있지만 과연 빨리, 쉽게, 많이 얻는 방법이 무엇일까? 불법, 불의의 방법이 떠오르게 된다.

그렇다면 불의의 방법을 통하여 많은 재화를 얻으면 평안할까? 하나님은 말할 것 없지만 세상도 그것을 용납하지 않는다. 자기 양심도 조금이라도 살아 있다면 용납하지 않을 것이다. 걱정과 근심이 떠나지 않아 늘 불안할 것이다.

오늘 말씀은 그렇게 불의로 재물을 쌓은 사람의 예가 자고새가 자기가 낳지 않은 알을 품은 것으로 비유하고 있다.

우리나라의 경우 뻐꾸기는 제 둥지를 만들지 않고 붉은머리오목눈이(뱁새) 둥지에 알을 낳아 붉은머리오목눈이로 하여금 부화시키고 키우도록 한다.

이를 탁란托卵이라 하거니와 알에서 부화한 새들이 자고새나

붉은머리오목눈이로 살게 되겠는가. 자랄 만큼 자라서 스스로 먹이를 찾아 먹을 정도가 되면 날아가 버린다. 그러면 자고새는 헛고생을 한 결과가 된다.

이처럼 불의로 치부하고 나면 나중에 자기 것으로 남지 않기 때문에 어리석은 자가 된다는 것이다.

그렇다. 모든 일은 보람이 있어야 한다. 남에게도 자기에게도 유익이 되어야 한다. 보람도 없고 사회에나 남에게 피해를 줄 뿐 아니라 자기에게도 근심과 후회를 가져다주는 일은 허무하고 헛된 일이다.

불의한 치부. 그것은 부끄러운 일이다. 조금 부족하더라도 정당하게 벌어서 정당하게 쓰자. 궁극적으로 부자로 살게 하기도 하고 가난하게 살게도 하시는 분은 하나님이시다.(삼상 2:7)

우리가 만약 하나님의 일에 물질로 헌신하고 충성하고자 하는 신앙이 있다면 하나님은 우리를 사용하시기 위하여 불의한 방법이 아닌 정당한 방법으로 축복할 것이다.

자기 소견에 옳은 대로

삿 21:25

그때에 이스라엘에 왕이 없으므로 사람이 각기 자기의 소견에 옳은 대로 행하였더라.

오늘 말씀은 역사적으로 사사시대가 어떤 사회였는가를 보여주고 있다.

사사시대는 이스라엘이 가나안을 정복한 이후부터 사울이 왕이 되어 왕정이 시작되기까지의 약 400년 동안을 가리킨다. 그때는 모세나 여호수아 같은 뛰어난 지도자가 없었다. 이방나라처럼 왕도 없었다.

그렇더라도 이스라엘이 하나님의 언약백성으로 모세가 시내 산에서 받아온 계명이 있었으니 그 계명을 지키며 순종하는 나라가 되었어야 했다. 그런데 하나님의 계명보다 사람이 각기 자기 소견에 옳은 대로 행했다.

사람들이 자기 옳은 대로 행동하고 살면 어떻게 되겠는가. 자기 생각은 항상 옳은 것으로 여기지만 과연 그런가. 무질서하고 다툼이 끝없이 일어났을 것이다.

하나님을 섬기는 일에도 소홀했을 것이다. 그러면 하나님의 징계가 따르고 그 징계의 일환으로 이방민족의 침략을 허락하면 이스라엘은 고난을 당해야 했다. 그러면 백성들이 회개하며 부르짖고 그러면 그때마다 하나님은 사사를 세워 대적을 물리쳐주시고 하는 이런 일이 반복되었다.

하나님은 이스라엘에게 하나님의 백성으로 합당하게 살게 하기 위하여 율법을 주셨다.

율법은 네 생각이 옳다거나 내 말이 옳다거나 해서 서로 의견 다툼을 하라고 주신 것이 아니다. 하나님의 말씀에 기준을 두고 살라는 명령이다. 그러므로 하나님의 언약백성은 하나님의 말씀에 무조건 순종해야 했다.

그러나 사사시대의 사람들은 하나님의 뜻을 저버리고 네 뜻도 거절하며 오직 내 뜻이 옳다고 여기며 살았다는 것이다. 그런 곳에 정의와 평화의 사회가 이루어질 수 있었겠는가. 말씀의 지배를 거부하는 사회는 언제나 혼란과 무질서만 있다.

그러면 지금 우리가 사는 사회는 어떤가. 우리 사회에 하나님의 법이 있는가. 국법조차 자기 유익한 대로 해석하며 살고 있다. 자기 주장으로 살고 자기 잘난 맛으로 사는 것 같다. 그런 곳에 질서가 있는가. 질서가 없으면 도덕이 무너지고 정의가 실종되는 방향으로 갈 수밖에 없다.

이 사회가 살고 교회와 가정이 바로 서는 비결은 어디에 있는가. 하나님의 말씀이 우리의 흔들릴 수 없는 삶의 기준이 될 때만이 가능하다. 그곳이 하나님의 나라요, 축복의 나라다.

우리 죄를 자백하면

요일 1:9

만일 우리가 우리 죄를 자백하면 그는 미쁘시고 의로우사 우리 죄를 사하시며 우리를 모든 불의에서 깨끗하게 하실 것이요.

인류의 근본 문제는 죄에서의 자유다. 기독교는 바로 그것을 추구한다. 사람은 죄 때문에 자유스럽지 못하고 죄 때문에 죽는다. 그러므로 죄를 없애고 그 죄에서 벗어나야 한다. 그것이 인류 최대의 문제다.

그렇다면 우리는 죄의 노예 상황에서 어떻게 벗어날 수 있을까. 방법이 없다. 적어도 사람의 방법으로 죄에서 자유를 얻을 수는 없다.

지금까지 많은 사람들이 죄에서 자유하는 방법을 알아내고자 연구하고 노력했다. 죄에 물든 몸을 괴롭혀서 죄에서 벗어나는 방법을 생각하기도 했다. 그래서 금식도 하고 극기 훈련도 했다. 그러나 소용이 없었다.

잊어버리는 방법을 시도하기도 했다. 술이나 마약 등을 이용하여 고통을 잊어버리면 죄에서 벗어날 수 없을까 생각한 것이다. 그러나 허사였다.

선행을 통하여 상쇄하는 방법은 어떨까 생각했다. 그래서 궂은일을 비롯하여 힘든 일을 자원하여 감당함으로 죄에서의 자유를 느끼려 했다. 그러나 역시 죄는 죄고 선행은 선행일 뿐이었다.

죗값을 치르고 감옥에서 나와도, 심지어 자살을 하고 사형을 당해도 죄책에서 벗어날 수가 없었다. 도무지 삶의 방법으로 죄에서 벗어나는 방법은 없는 것이다.

그러면 정말로 죄에서 벗어나는 방법은 없는가. 있다. 유일한 방법이 있다. 그 방법은 유일하기 때문에 소중하다. 하나님의 방법이다.

일찍이 하나님은 죄인에게 붙어 있는 죄를 죄 없는 이에게 떠맡기는 방법을 택했다. 그러나 사람은 모두가 죄인이기에 남의 죄를 대신 질 사람이 없다. 그래서 죄 없으신 예수 그리스도를 사람의 모양으로 보내셨다.

이론적으로 쉽다. 누구든지 죄에서 벗어나 자유를 얻으려면 회개 자복하고 예수를 구주로 믿으면 된다. 그러면 내 죄는 주님이 가져가고 우리는 주님의 의를 받게 된다. 그것이 구원이고 죄와 결별하는 것이다.

어떤 이는 구원이 그렇게 쉽고 죄 사함 받기가 그렇게 쉬워서 되겠느냐고 할 수 있다. 그러나 그렇다. 모두가 구원받길 원하시는 하나님이기에 쉽게 해놓았다. 그러나 우리가 쉽지 예수님은 결코 쉽지 않았다.

죄를 자백하고 예수를 믿자. 예수 믿으며 자백하는 삶을 살자. 허물의 사함을 받고 자신의 죄가 가려진 자는 복이 있다.(시 32:1)

177

인내로 얻는 성취

너희의 인내로 너희 영혼을 얻으리라.

아무리 귀한 목적도 인내가 없으면 성취하기가 어렵다. 아무리 위대한 사랑도 인내 없이는 성취할 수 없다. 오래 참음은 성령의 열매다.(갈 5:22)

모든 사람이 성공과 승리를 추구하지만 인내를 소홀히 여긴다면 이를 얻기 어렵다.

그러므로 성경은 신성한 성품에 참여하려면 "너희 믿음에 덕을, 덕에 지식을, 지식에 절제를, 절제에 인내를, 인내에 경건을, 경건에 형제우애를, 형제우애에 사랑을 더하라."고 했다.(벤후 1:5-7)

인내란 무조건 참고 견디는 것을 의미하는 것이 아니다. 신앙 안에서 참으며 노력하는 것을 의미한다.

보라, 세상에서 승리했다, 또는 성공했다 하는 사람들을 말이다. 과연 누가 참지 않고 성공했으며 누가 기다리지 않고 이루어냈는가.

아브라함은 75세에 자손 약속을 받고 25년을 참아서 100세에 자식을 두었다. 이삭은 40세에 리브가와 결혼하여 60세에에서와 야곱을 낳았다. 자그마치 20년을 기다린 것이다.

야곱은 사랑하는 여인 라헬을 얻기 위하여 14년 동안이나 품삯 받지 않고 일했다. 요셉은 17세에 애굽에 팔려가서 13년 동안 종살이, 감옥살이 하다가 애굽의 국무총리가 됐다.

모세는 40세에 살인 사건이 발각되어 미디안 광야로 도망하여 40년 동안 이드로 제사장의 사위가 되어 목자 노릇을 하다가 나이 80에 이스라엘을 인도하는 지도자가 되었다.

우리는 얼마나 참으며 기다려야 하는가. 사람마다 다르지만 참으며 견딜 수 있어야 성취의 기쁨도, 영혼의 구원도 얻는다. 모욕도, 환경도, 빈곤도, 참기 어려운 그 무엇도 참으며 노력하는 사람의 길을 막지 못한다.

너희 인내로 너희 영혼을 얻으리라! 오늘 우리에게 주시는 하나님의 말씀이다.

내가 믿음의 사람이라면 소망을 가지고 참자. 다윗은 사울 왕에게 쫓겨 다니기를 10여 년 동안 했다. 자신이 사울 왕을 죽일 수 있는 기회도 있었지만 하나님께서 기름 부어 세운 왕이기 때문에 죽일 수 없었다. 그는 참으면서 피하기만 했다.

그런데 그 문제를 하나님이 해결해 주셨다. 블레셋과의 길보아 전투에서 이스라엘은 패했고, 사울 왕은 자살로 생애를 마감했다. 그 뒤를 이어 다윗은 이스라엘의 왕이 되었다. 그는 인내로 생명을 얻고 영혼을 얻었다.

하나님을 가까이하라

 오늘 말씀

약 4:8

하나님을 가까이하라. 그리하면 너희를 가까이하시리라. 죄인들아, 손을 깨끗이하라. 두 마음을 품은 자들아, 마음을 성결하게 하라.

하나님은, 내가 거룩하니 너희도 거룩하라고 하신다. 거룩이란 구별된 삶을 사는 것이다.

어떻게 해야 거룩할 수 있는가. 사람은 영혼이 있고 마음이 있고 육신이 있다.

이 세 가지 요소가 모두 맑고 깨끗해야 거룩할 수 있다. 세속과 구별되고 죄악과 구별된 삶을 살아야 한다. 그러기 위하여 오늘 말씀은 먼저 하나님을 가까이하라고 한다.

죄와 가까이하면 죄의 길을 걷기 쉽다. 그러나 거룩한 분과 가까이하면 거룩함을 입는다. 하나님의 의와 거룩을 닮기 위하여 하나님과 가까이하는 삶을 살자. 성결한 삶의 사람이 되어갈 것이다.

손을 깨끗이 하라고 한다.

손은 모든 행위의 대표격이다. 그 손으로 죄를 짓는다. 행동을 바르게 하여야 거룩한 백성이 될 수 있음을 말씀하는 것이다.

마지막으로 두 마음을 품지 말고 마음을 성결하게 하라고 하신다.

두 마음이란 믿음과 의심 사이를 오가고, 세상과 신앙 사이를 오가며 자기 편리한 대로 옮겨 사는 마음을 말한다. 성경은 무릇 지킬 만한 것보다 마음을 지키라 한다. 생명이 마음을 어디에 두느냐에 달려 있기 때문이다.(잠 4:23)

아합 왕 시절에는 백성들이 하나님과 바알 사이에서 머뭇머뭇했다. 왕비 이세벨이 바알을 섬겼기 때문이다.

엘리야 선지자는 갈멜산에서 백성에게 외쳤다. 여호와가 하나님이면 하나님을 섬기고 바알이 하나님이면 바알을 섬기라고.

하나님께 가까이하려면 하나님께만 경배하고 하나님 한 분으로 만족하고 하나님께만 기쁘게 순종해야 한다.

시인은 "하나님께 가까이함이 내게 복이라."고 노래했다.(시 73:28)

신실한 신앙인의 길을 가고 싶은가.

늘 하나님을 가까이하여 거룩함을 배우자.

손을 깨끗이 하여 도덕적으로 청결한 삶을 살자.

마음을 굳게 하여 좌우로 치우치지 말고 성결하라.

그러면 신실한 신앙인의 길을 지금 걷고 있는 것이다.

회개는 용기다

눅 17:4

> 만일 하루에 일곱 번이라도 네게 죄를 짓고 일곱 번 네게 돌아와 내가 회개하노라 하거든 너는 용서하라 하시더라.

예수님은 형제가 내게 죄를 범하면 몇 번이나 용서하여 주리이까, 일곱 번까지 하오리이까, 하는 베드로의 질문에 일곱 번을 일흔 번까지라도 하라고 가르치셨다.(마 18:21-22) 이것은 하나님의 용서의 사랑을 받은 우리가 주님의 사랑에 힘입어 형제들을 사랑하라는 의미에서 하신 말씀이다.

그렇다. 일곱 번의 용서는 대단한 사랑이다. 그런데 일곱 번을 일흔 번씩이라도 하라 했으니 용서를 무한히 함으로 사랑을 무한히 베풀라는 뜻이다.

그런데 오늘 말씀은 어떤 사람이 하루에 일곱 번이나 내게 죄를 짓고 일곱 번 네게 돌아와 내가 회개하노라 하면 용서하라고 가르친다.

나는 여기서 일곱 번 잘못한 사람을 일곱 번 용서한 사람의 사랑을 보통 사람이 할 수 없는 대단한 것으로 평가한다.

그러나 나는 하루에 일곱 번 잘못을 하고 그때마다 찾아와서 용서를 비는 사람에 대해서 생각해 본다. 대단한 용기의 사람이다.

오늘날 사람들이 자기 잘못을 솔직히 고백하고 있는가. 뻔히 드러나는 거짓도 일단 아니라고 변명하고 속이려 든다. 범죄를 수사하는 사람들이 난관에 부딪히는 일들이 있다. 심증은 가지만 물증이 드러나지 않는 경우다. 증거를 감추고 속이려 드는, 양심을 도적맞은 사람이 우리 사회에 얼마나 많은가.

그럼에도 부끄러움을 무릅쓰고 내가 잘못했노라고 하루에 일곱 번이라도 찾아올 수 있는 사람은 양심이 살아 있는 사람이다. 그의 용기에 박수를 쳐 주어야 마땅하다.

알고 보면 이 세상은 비겁한 사람이 너무 많다. 양심을 속이고 잘못을 고백하지 않으려 한다. 자백하면 용서해 주시는 하나님 앞에서도(요일 1:9) 자존심을 내세우며 부끄럽다는 이유로 감추려 든다.

가인의 후손이 너무 많다. 네 아우 아벨이 어디 있느냐는 하나님의 물음에 동생을 죽여 놓고도 내가 내 아우를 지키는 자입니까, 하고 뻔뻔함을 보였다. 그런 사람이 어떻게 용서받을 수 있겠는가.

결국 용기 있는 사람이 용서를 받는다. 우리는 남을 속이기 전에 자신을 속이지 말아야 한다.

담을 뛰어넘나이다

시 18:29

내가 주를 의뢰하고 적군을 향해 달리며 내 하나님을 의지하고 담을 뛰어넘나이다.

다윗은 자기에게 원수와 대적하는 자와 악인이 왜 이렇게 많으냐고 자주 하나님께 호소했다. 그는 실로 수많은 세월을 원수와 악인과 대적하는 자들 때문에 쫓겨 다니며 고생을 했다.

그러나 낙심하거나 좌절을 토로한 일은 없다. 그런 생명이 위태로운 위험 속에서도 그렇게 담대할 수 있었던 이유는 어디에 있었는가. 하나님을 의지하고 의뢰했기 때문이었다. 그 전능하신 하나님이 그가 위험에 처할 때마다 피할 길을 준비해 주었던 것이다.

그렇다면 다윗을 죽이려 했던 원수나 대적하는 자들은 모두 간접적으로 다윗을 돕는 자들이었다고 볼 수 있다.

하나님은 무수한 대적들에게 잡히지 않도록 장치는 하면서도 위험한 환경까지 치워주시지는 않았다. 그렇다면 하나님은 그를 용기 있는 사람으로 만들기 위하여 훈련을 시키고 계셨다는 것을 알 수 있다.

다윗은 위험 앞에서 주를 의지하고 적군을 향하여 달리며 주를 의뢰하고 담을 뛰어넘는다고 했다. 그에게 적군을 향하여 달리는 용기는 어디서 나왔는가. 하나님을 의지하는 데서 나왔다. 앞에 있는 담을 뛰어넘을 용기는 어디서 나왔는가. 역시 하나님을 의뢰하는 데서 나왔다.

이제 우리들의 이야기로 돌아가자. 우리들은 내가 가고자 하고 성취하고자 하는 일에 지장이나 방해가 없는가. 있다. 수없이 많다.

우리는 그런 장애물 때문에 하고자 하는 일을 포기해야 하는가. 그렇다면 우리는 아무것도 할 수 없다.

담은 수없이 많다. 그러나 넘지 못할 담은 없다. 뛰어넘기가 어려울 뿐이다.

뛰어넘기가 어렵기 때문에 담이다. 이기기 어려우니까 적군이다. 그것들이 있기 때문에 용기가 필요하고 하나님을 의지하는 믿음이 필요하다.

우리 뒤에는 선한 우리의 의지를 지원하시는 하나님이 계시다. 우리가 선한 일을 하려고 한다면 담을 두려워하지 말아야 한다.

적군을 두려워하지 말아야 한다. 적군이 오히려 두려워하는 하나님이 내 뒤를 호위하고 내 앞에서 싸워주실 것이다.

여호와를 힘써 알자

그러므로 우리가 여호와를 알자. 힘써 여호와를 알자. 그의 나타나심은 새벽빛같이 어김없나니 비와 같이, 땅을 적시는 늦은 비와 같이 우리에게 임하시리라 하니라.

우리 신앙의 진보는 하나님을 알아가는 데 따른다. 평생을 알아봐도 다 알 수 없는 하나님에 대한 지식!

그렇지만 끊임없이 알아가고 끊임없이 안 바를 실천하고 내 삶에 적용할 때 우리는 그리스도 예수의 장성한 분량에 접근하여 가는 것이다.

그래서 신학자 칼빈은 그의 저서 기독교강요에서 하나님을 알면 자신을 알게 되고 자신을 알면 하나님을 알게 된다고 했다.

우리는 어떤 사람인가. 하나님을 내가 아는 만큼 내가 비참한 존재임을 알게 된다. 하나님의 은혜 없이는 살 수 없는 존재임을 알게 된다.

우리는 우리 자신이 이렇게 비참한 존재임을 알 때 하나님의 위대함을 안다. 그 위대한 은총 안에서 우리가 이런 대접을 받는 하나님의 자녀로 살게 된 것을 감사할 수 있다.

그래서 성경은 "내 백성이 지식이 없으므로 망한다."고 했다.(호 4:6)

그렇다. 하나님을 아는 지식이 없으면 우리는 망한다.

그런데 왜 우리는 하나님을 아는 지식은 빈약하면서 세상 지식을 아는 일에는 그렇게 몰두하는가.

하나님을 아는 지식을 터득하면서 세상을 보자. 지혜로운 사람들은 하나님을 경외하는 것이 모든 지식과 지혜의 근본이라고 했다.

하나님을 알자. 힘써 알자. 그러면 그는 하나님을 경외하는 사람이 될 것이며 하나님의 은혜 없이 내가 존재할 수 없음을 깨닫고 감사와 헌신의 삶을 살게 될 것이다.

우리는 하나님을 아는 만큼 주님을 찬양하고 경배한다. 모르면 모르는 만큼 하나님을 대적하고 불순종하는 삶을 산다. 어떤 길을 가느냐도 내가 하나님을 얼마만큼 아느냐에 달려 있다. 하나님 때문에 순교하는 사람은 그만큼 하나님을 많이 알기 때문에 헌신했고 급기야는 생명도 바칠 수 있었던 것이다.

하나님 없는 지식에 생명을 기꺼이 바칠 수 있었겠는가.

오늘도 기도하면서, 말씀을 들으면서 힘써 하나님 앞으로 가까이 가자. 하나님의 영이 우리를 심도 있게 하나님을 알도록 인도해 주실 것이다.

모든 좋은 것에 부족함이 없으리로다

시 34:10

젊은 사자는 궁핍하여 주릴지라도 여호와를 찾는 자는 모든 좋은 것에 부족함이 없으리로다.

욕심을 절제하며 모든 좋은 것에 부족함이 없는 삶을 살자. 메기가 입이 크다고 온 방죽 물을 다 마시는 것이 아니다. 배고플 때 먹어서 배부르면 만족한 것이고 더 먹을 필요가 없다. 부족함이 없으면 감사하자.

젊은 사자가 힘이 있다고 모든 먹잇감을 다 잡아먹으면서 항상 배부르게 사는 것은 아니다. 먹을 것이 풍부해도 배고플 때가 있다. 배고프면 불평이 나올 수도 있다. 그러면 불행한 것이다.

우리는 없어서 불평하는 것이 아니라 무지해서 원망하는 것이다. 주님은 공중에 나는 새를 보라고 했다. 들에 피는 백합을 보라고 했다. 그것들을 먹이고 입히시는 하나님이 어찌 사람을 굶기고 헐벗게 만들겠느냐고 말씀하셨다.

그리고 먼저 그 나라와 그의 의를 구하라고 했다. 그리하면 이 모든 것을 더하여 주신다고 했다. 사람은 부족해서가 아니라 무지해서 탈이다.

성경은 부족할 때 재물 찾으라 하지 않는다. 세상 명예나 권세를 구하라 하지 않는다. 여호와 하나님을 찾으라 한다. 하나님을 찾으면 모든 좋은 것에 부족함이 없다고 했다.

하나님을 찾는 사람은 하나님이 제시하는 길을 가며 그에게 모든 것을 의탁한다. 그 사람에게 하나님은 부족함이 없도록 하신다.

그래서 하나님을 사랑했던 다윗은 "여호와는 나의 목자시니 내게 부족함이 없으리라."고 고백했다.

부족할 때 재물을 찾지 말고 없을 때 세상에서 찾지 말라. 모든 재물과 온 세상을 주장하시는 하나님을 찾고 가까이 모시자. 그분 안에 모든 것이 있다.

성경은 "나의 하나님이 그리스도 예수 안에서 영광 가운데 그 풍성한 대로 너희 모든 쓸 것을 채우시리라."고 했다.(빌 4:19)

여호와를 찾는 자는 모든 좋은 것에 부족함이 없다. 만족함이 있다. 감사할 수밖에 없다.

어찌하여 낙심하는가

시 42:11

내 영혼아, 네가 어찌하여 낙심하며 어찌하여 내 속에서 불안해하는가. 너는 하나님께 소망을 두라. 나는 그가 나타나 도우심으로 말미암아 내 하나님을 여전히 찬송하리로다.

시인은 자기 영혼에게 묻는 형식으로 말한다.

내 영혼아, 네가 어찌하여 낙심하며 불안해하느냐?

그는 지금 대적의 박해와 비방 때문에 낙심이 된다. 그리고 낙심이 되니까 불안하기까지 한 것이다.

사람들은 왜 낙심하는가? 무슨 일이 자기 마음대로 되지 않기 때문이다. 자기 마음대로 다 이루어진다면 낙심할 이유가 없다. 실패했을 때, 억울한 일을 당했을 때, 자기 힘으로 어려운 난관에서 빠져나올 수 없다고 생각될 때 누구나 낙심이 찾아올 수 있다.

그러나 조금 깊이 생각해 보자.

내 뜻대로 이루어지지 않으면 반드시 낙심해야 하는가?

우리는 살아가면서 내 일이 내 마음대로 되지 않을 때를 자주 만나게 된다. 그러나 그 대부분은 낙심할 일이 아니라 내 생각을 고쳐야 할 일이다.

하나님의 안목에서 내 생각이 옳지 않은데 그것도 하나님은 들어주셔야 하는가. 그런 일은 낙심할 일이 아니라 감사할 일이다. 나중에 후회할 일을 하나님께서 미리 막아주신 것이기 때문이다.

또 하나 생각할 것은 소망을 하나님께 두고 사는 사람은 어떤 경우에도 낙심해서는 안 된다.

하나님은 당신의 백성이 실패하는 것을 원치 않으신다. 그러므로 하나님은 반드시 나를 낙심 가운데에 두지 않으실 것이다.

요셉은 낙심할 수밖에 없는 상황에서도 소망의 하나님만 의지했다. 결국 합력하여 선을 이루시는 하나님은 그를 애굽의 국무총리로 삼으시고 가족을 구원하게 했다.

마지막으로 생각할 것은, 하나님의 도우심을 믿는 사람은 낙심할 필요가 없다.

하나님은 우리를 도우시는 분이다. 위기에서 도우시고 고난에서 건지시고 슬픔에서 위로하시는 분이다.

다윗은 사울 박해에서 도움을 받았고 다니엘은 사자 굴 속에서 보호를 받았다. 바울은 빌립보 감옥에서 건짐을 받았고 이스라엘 백성들은 광야에서 도우심과 인도를 받았다. 우리도 여기까지 하나님의 도움으로 살아왔다.

낙심하지 말자. 불안해하지 말자. 언제 어디서나 우리를 돕기 위하여 준비하고 계시는 하나님을 바라보자.

소망이 넘치게 하시기를 원하노라

롬 15:13

소망의 하나님이 모든 기쁨과 평강을 믿음 안에서 너희에게 충만하게 하사 성령의 능력으로 소망이 넘치게 하시기를 원하노라.

하나님은 당신의 백성에게 소망을 주시고 그 소망을 이루어 주시는 분이시다. 우리가 믿음의 사람이라면 또한 소망의 사람이 되어야 한다.

만약에 누가 소망이 없다면 그는 모든 것을 포기한 사람이고, 그가 모든 것을 포기했다면 성공적인 사람에서 제외된 사람이다.

우리에게는 영원한 하나님나라의 소망이 있다. 그렇기 때문에 이 땅에서는 아무렇게 사는 것이 아니라 소망을 키우며 살아야 한다.

그래서 믿음은 바라는 것들의 실상이다.(히 11:1) 바라는 것이 있다면 그것이 소망이다. 그리고 그 소망이 이루어지는 것이 실상이다.

우리는 그 실상을 바라며 얼마나 참는가.

아브라함은 후손을 주시겠다는 약속을 믿고 25년을 참아서 100세에 성취를 보았다. 우리는 무조건 참는 것이 아니라 약속을 믿고 참으며, 우리는 무조건 소망하는 것이 아니라 믿음 안에서 소망하는 것이다.

오늘 말씀은 성령의 능력으로 소망이 넘치게 하시기를 원한다고 했다. 성경은 "힘으로도 되지 아니하며 능력으로 되지 아니하며 오직 나의 영으로 된다."고 했다.(슥 4:6)

성령의 능력이 우리의 소망을 넉넉히 이루게 하신다. 하나님을 의지하자. 믿음으로 소망을 굳게 붙들자. 성령의 능력으로 소망을 성취하자.

소망을 놓는 날, 우리는 낭패한다. 단테는 『신곡』 지옥편에 "이곳에 들어오는 모든 자는 소망을 포기하라."고 썼다. 소망이 끝나는 곳에서 지옥이 시작된다는 의미다.

그렇다. 소망이 없으면 좌절이고 절망이다. 자살하는 사람의 심리가 무엇이겠는가. 이제는 모든 것이 끝났다는 절망이다.

그러나 소망이 있는 사람은 하나님의 영이 도우신다. 낙심할 수밖에 없는 상황에서도 소망이 있다고 힘을 주신다. 소망의 하나님이 함께하신다고 격려해 주신다.

소망으로 승리하자. 소망으로 성취하자.

하나님이 계시는 곳에 소망이 있고 소망이 있는 곳에 하나님의 격려와 도움이 있다.

선택은 더 많은 것을 포기하는 것이다

출 20:3-5 상

> 너는 나 외에는 다른 신들을 네게 두지 말라. 너를 위하여 새긴 우상을 만들지 말고 또 위로 하늘에 있는 것이나 아래로 땅에 있는 것이나 땅 아래 물속에 있는 것의 어떤 형상도 만들지 말며 그것들에게 절하지 말며 그것들을 섬기지 말라.

백화점에 가서 넥타이 하나를 사는데도 우리는 아무것이나 선택하지 않는다. 색상이나 모양을 보고 마음에 드는 것을 골라서 산다. 그렇게 그 하나를 선택하는 순간 그 가게 안의 다른 넥타이는 포기하는 것이다.

그렇다. 우리는 하나를 선택하는 순간 자신도 모르게 많은 것을 포기하게 된다.

음식점에 들어가면 종원업이 메뉴판을 내민다. 거기에는 여러 종류의 음식이 소개되어 있다. 그 중에 한 가지를 지목하면 거기에 소개된 다른 음식은 포기하는 것이 된다.

누구든지 일생을 같이할 배우자를 선택하는 일이 쉽지 않다.

그러나 일단 어떤 사람을 배우자로 선택하는 순간 이 세상의 모든 사람을 배우자로서는 포기해야 한다.

그 후에 어떤 좋은 조건을 가진 사람이 나타난다 할지라도 자신의 배우자로 생각해서는 안 된다. 왜냐하면 그것은 곧 탐욕이요, 무질서요, 간음이기 때문이다.

그렇다면 선택은 가장 좋은 것을 얻고자 하는 지혜이며 더 많은 것을 포기하는 용단이다.

하나님은 여호와 외에 다른 신들을 네게 두지 말라는 계명을 우리에게 주셨다. 물론 우리가 하나님을 선택한 것은 아니지만 우리는 비인격적인 우상을 가까이하면 안 된다. 그것이 나를 선택해 주신 하나님께 대한 예절이다.

이스라엘 백성들은 이 계명을 어기고 하나님과 우상을 같이 섬기려 했다가 심판을 받았다. 우리는 바르게 하나님을 섬기기 위해서 포기할 것이 많다.

베드로는 주님이 부르실 때 그물을 버려두고 따랐고, 요한과 야고보는 배와 부친을 버려두고 주님을 따랐으며, 마태는 세관에 앉아 있다가 모든 것을 포기하고 따랐다. 주님을 얻기 위해서 재물과 직업과 가족을 포기했다.

오늘날 종교다원주의는 모든 종교에 구원이 있다고 주장한다. 여호와 하나님을 모독하는 행위다.

구원을 위해서는 모든 것을 버려야 한다. 여호수아는 "오직 나와 내 집은 여호와를 섬기겠노라."고 선언했다.

귀한 것을 포기할 줄 알아야 더 귀한 것을 얻는다. 우리는 모든 것을 다 가질 수 없다. 다 가져서도 안 된다. 먼저 버릴 줄을 알아야 좋은 것을 얻을 수 있다. 선택은 최선을 얻기 위해 더 많은 것을 포기하는 것이다.

봄이 오네

가만히 있어도
기다리지 않아도
향기 머금고 절로 오네
봄이 오네

잃어버리지 않고
잊어버리지 않고
길, 잘 찾아서 내게로 오네
봄이 오네

찬바람이 아직은 아니라고
오는 길 막아서도
화사한 웃음으로 덥혀가며
기필코 찾아오네
봄이 오네

그리움처럼
가슴으로 파고드네
외로움처럼
온몸으로 번져오네
영혼까지 스미는 사랑
봄이 오네

은혜가 너희와 함께 있을지어다

딤후 4:22

나는 주께서 네 심령에 함께 계시기를 바라노니 은혜가 너희와 함께 있을지어다.

4월이다. 1년의 4분의 1을 보내고 고난주간과 부활주일이 있는 4월을 맞는다.

시간은 변함없이 같은 속도로 흐르지만 사람의 느낌으로 빠르게도, 느리게도 느껴진다. 빠르게 느껴지는 나의 지금은 바쁘게 살고 있다는 증거다. 할 일 없는 사람은 느리게 느껴질 것이다. 그렇다면 세월이 빠르게 느껴지는 것 또한 감사한 일이 아닌가.

오늘 말씀은 사도 바울이 사랑하는 제자, 디모데에게 편지하면서 마무리 인사를 하는 내용이다.

그는 주께서 네 심령에 함께 계시기를 기원했다. 그리고 은혜가 또한 너희와 함께 있으라고 축복하고 있다.

결국 예수 그리스도와 은혜는 같다. 그리스도가 은혜고 은혜가 그리스도 안에 있다.

예수를 믿는 우리 모두는 예수 그리스도의 은혜 안에 있다. 가장 행복한 일이다. 그 은혜로 지금까지 살아왔고 앞으로도 그 은혜로 살아갈 것이다.

할렐루야! 찬양을 올려드리자.

주님의 부활도 은혜다. 그 부활은 장차 우리의 부활을 예비한 것이다. 그 부활은 그래서 인생 최고의 축복이요, 기쁨이다.

그러나 그 기쁨은 억지로 또는 우연히 오지 않았다. 예수님의 수난 곧 주님의 죽음이 있었기에 다가온 것이다.

그렇다면 예수님의 고난은 우리를 위로하기 위해서, 우리에게 생명을 주시기 위해서 자처하신 것이다.

가장 극한 슬픔이나 깊은 아픔을 겪어보지 않고 가장 큰 기쁨을 맛볼 수 없다. 환희는 고난을 이긴 자에게 주시는 하나님의 선물이다.

경건한 4월이기를 바란다. 주님의 위로와 축복이 함께하기를 바란다.

우리는 어떤 상황에도 주님 안에서 살고, 주님의 은총 안에서 산다.

감사와 찬송 속에 평안과 기쁨이 찾아드는 것을 몸소 체험하고 느끼자.

가자, 힘차게 가자!

주가 쓰시겠다 하라

눅 19:30-31

이르시되 너희는 맞은편 마을로 가라. 그리로 들어가면 아직 아무도 타 보지 않은 나귀 새끼가 매여 있는 것을 보리니 풀어 끌고 오라. 만일 누가 너희에게 어찌하여 푸느냐 묻거든 말하기를 주가 쓰시겠다 하라 하시매.

예수께서 마지막으로 예루살렘에 입성하는 날, 예수님은 구약성경의 예언을 이루기 위하여 나귀 새끼를 타야 했다.(슥 9:9)

주님은 제자 두 명에게 맞은편 마을로 가서 매여 있는 나귀를 풀어 끌고 오라고 분부했다. 그러면서 친절하게 만일 누가 너희에게 어찌하여 나귀를 푸느냐고 물으면 "주가 쓰시겠다."고 하라고 가르쳐 주었다.

두 제자는 예수님의 분부대로 맞은편 마을로 갔다. 과연 거기에는 나귀가 매여 있었다. 제자들은 다짜고짜 나귀를 풀었다. 주인이 가만히 있겠는가. 자기들의 나귀를 푸는 것을 보고 어찌하여 푸느냐고 했다. 제자들은 주님이 가르쳐주신 대로 "주가 쓰시겠다."고 했다. 그러자 나귀 주인들은 아무 이의도 제기하지 않고 내버려두었다.

여러분은 이 부분에서 어떤 생각이 드는가? 아무리 나귀가 천한 짐승이라 할지라도 주인의 허락도 없이 매여 있는 것을 풀고 어찌하여 푸느냐고 물을 때 주가 쓰시겠다고 당당히 말하는 사람들의 말을 듣고 아무 말 없이 나귀를 줄 수 있었을까.

나귀 주인은 분명히 거기에 있었다. 그는 얼마든지 자기 소유권을 주장할 수 있다. 그런데 어째서 주가 쓰시겠다는 말만 듣고 이의 없이 나귀를 내줄 수 있었는지, 이름도 밝혀놓지 않은 이 나귀 주인들의 태도가 이상해 보일 수도 있다. 그러나 주가 쓰시겠다는 말을 듣고 나귀를 내준 사람은 진정한 나귀 주인이 누군지를 안 것이 아닐까.

세상 만물은 모두 그것을 지으신 분의 것이다. 그분이 우리에게 이 세상을 사는 동안 쓰라고 모든 것을 맡겨주셨다. 그러므로 우리는 세상을 떠나는 날, 어떤 이의도 제기하지 말고 모두 반납해야 한다.

그럼에도 우리는 주님의 것을 영원히 내 것인 양 애착을 가지고 산다. 진정한 주인이신 하나님이 쓰시고자 할 때 거부하는 경우가 많다. 주님이 때때로 우리의 몸과 재산과 시간과 지혜와 재능을 요구할 때 순순히 그리고 기꺼이 드리고 있는가. 아마 그러지 못하는 사람이 대부분일 것이다. 마치 모든 것이 본래부터 제 것인 양 거절을 한다. 아깝다, 시간이 없다, 바쁘다는 핑계를 대며 참 주인의 기대에 부응하지 못한다.

지금부터라도 우리는 이름도 밝혀지지 않은 이 나귀 주인의 태도를 배워야 한다. 하나님의 일을 하면서 마치 자기 것으로 하는 양 인색하게 행하지 말자. 무엇으로든 하나님께 쓰임 받는 것을 감사하자. 그에 대한 하나님의 축복은 다양하고 반드시 착하고 충성 된 종이라는 칭찬이 따를 것이다.

세상 죄를 지고 가는 하나님의 어린양

요 1:29

이튿날 요한이 예수께서 자기에게 나아오심을 보고 이르되, 보라, 세상 죄를 지고 가는 하나님의 어린양이로다.

세례 요한은 예수님보다 6개월 먼저 태어났다.

그에 대하여 구약성경은 예언하기를 "외치는 자의 소리여, 이르되 너희는 광야에서 여호와의 길을 예비하라. 사막에서 우리 하나님의 대로를 평탄하게 하라."고 했다.(사 40:3, 마 3:3) 이는 세례 요한이 장차 오실 예수님의 길을 예비하는 일을 할 것이라는 예언이었다.

과연 세례 요한은 태어나서 예수 그리스도의 앞길을 예비하며 천국을 소개할 때 "회개하라, 천국이 가까이 왔느니라."고 했다.

오늘 말씀은 세례 요한이 예수께서 자기에게 나아오심을 보고 "보라, 세상 죄를 지고 가는 하나님의 어린양이로다." 하고 소개한 내용이다.

구약시대에 하나님은 이스라엘 백성들의 죄를 사하여 주실 때 양이나 염소 같은 짐승을 사용하도록 했다. 죄인이 자기 죄를 용서받으려면 흠 없는 어린양을 끌고 와서 그 머리에 손을 얹고 자기 죄를 대신 져 달라고 기도했다. 그러면 형식적으로 죄인의 죄가 양에게 전가되고 양은 죄인의 죄를 대신 졌기 때문에 죽임을 당해야 했다. 어린양에게는 억울한 일이지만 사람을 살리기 위하여 죽을 수밖에 없었다.

이 어린양이 장차 오셔서 죄인들의 죄를 대신 지고 십자가에서 죽임을 당하는 예수 그리스도의 예표였다.

그렇다. 예수님은 세상의 모든 죄인의 죄를 대신 짊어지고 돌아가셨다. 실로 억울한 죽음이다.

그러나 억지로 당하거나 우연히 당한 죽음이 아니기에 위대한 것이다. 죄인 구원이라는 사랑의 발로로 기꺼이 당한 죽음이기에 숭고하다. 이 죽음이 온 인류를 죄에서 구원한다.

그러나 회개하지 않는 영혼까지 구원하는 것은 아니다. 구원할 능력이 없는 것도 아니고 사랑이 부족한 것도 아니다. 자기가 죄인인 줄을 모르는데 어떻게 구원의 손길을 뻗치는가.

누구나 자신이 죄인임을 고백하고 예수님을 구주로 영접해야 한다. 예수님은 내 죄를 사하시기 위해서 죄 없는 몸으로 이 땅에 오신 하나님의 어린양이다. 이것을 믿는 당신과 나는 구원받은 천국 백성이다.

호산나

마 21:9

앞에서 가고 뒤에서 따르는 무리가 소리 높여 이르되 호산나 다윗
의 자손이여, 찬송하리로다. 주의 이름으로 오시는 이여, 가장 높은
곳에서 호산나 하더라.

나귀를 타고 예수께서 마지막으로 예루살렘에 입성하시는
날에 군중들의 환호가 물결쳤다.

제자들은 겉옷을 벗어 나귀 등 위에 얹어 예수님의 행차가
편안하도록 했고 무리들은 그들의 겉옷을 길에 펴기도 하고 다
른 이들은 종려나무 가지를 베어 길에 펴고 앞에서 가고 뒤에
서 따르며 호산나를 외쳤다.

그들은 "호산나, 다윗의 자손이여, 찬송하리로다. 주의 이름
으로 오시는 이여, 가장 높은 곳에서 호산나."라고 소리를 높여
외쳤다.

호산나라는 말은 "지금 구원하소서." 또는 "구원하소서, 간절
히 원합니다."의 뜻을 가지고 있다. 시편 118편 25절에 "여호
와여, 구하옵나니 이제 구원하소서. 여호와여 우리가 구하옵나
니 이제 형통하게 하소서." 하는 노래가 나오는데 여기서 온 것
으로 이해하고 있다. 기쁨과 승리, 구원의 소망 등을 나타내는
말이다.

아무튼 예수께서 예루살렘에 입성하는데 수많은 사람들이

연도에서 종려나무 가지를 길에 펴기도 하고 손에 들고 흔들며 호산나를 외치고 환영하였다는 것은 당시의 백성들에게 예수님의 인기가 어느 정도였으며 그들이 얼마나 이스라엘의 구원을 갈망했는가를 짐작할 수 있다.

그러나 유감스러운 것은 그들의 바라는 구원이 영적인 것이 아니라 로마를 물리치고 이스라엘을 독립시키기를 원하는 정치적인 부분에 더 큰 비중을 두었다는 데 있었다. 그러한 사실은 얼마 지나지 않아 그들이 예수님을 대적한 행위를 보면 알 수 있다.

이스라엘의 기득권자들이 예수를 시기하여 공회에서 신성모독죄를 덮어씌워 사형 판결을 내리고 당시 로마 총독이었던 빌라도를 압박할 때 동원되었던 사람들을 보라.

그토록 주님을 환영했던 사람들이 어떻게 열흘도 지나지 않아 돌변하여 예수님을 십자가에 못 박으라고 할 수 있었을까. 기득권자들의 선동에 넘어갔기 때문이기도 하지만, 주님의 구원이 이스라엘의 독립과 무관하다는 것에 대한 실망감도 있었을 것이다. 그러나 예수님은 자기들의 소원보다는 하나님의 뜻을 이루러 오신 분이었다.

하나님을 찬양하는 우리들이여, 왜 찬양하는가. 구원주를 위해선가, 나를 위해선가. 오직 하나님의 영광만을 위해서 찬양하자. 기쁘게 찬양하자. 변함없는 믿음으로 찬양하자.

"이스라엘의 찬송 중에 계시는 주여, 주는 거룩하시니이다."
(시 22:3)

205

예루살렘 성을 보며 우신 예수님

눅 19:41-42

가까이 오사 성을 보시고 우시며 이르시되 너도 오늘 평화에 관한 일을 알았더라면 좋을 뻔하였거니와 지금 네 눈에 숨겨졌도다.

예수께서 나귀를 타고 예루살렘으로 입성하실 때 군중들은 종려나무가지를 흔들며 호산나를 외쳤다. 실로 예수님은 군중들의 환호를 받으며 예루살렘 성으로 들어오신 것이다.

그러나 주님의 마음은 평안하지 못했다. 오늘 말씀을 보면, 예수님은 예루살렘 성을 바라보며 우셨다고 한다.

그리고 "너도 오늘 평화에 관한 일을 알았더라면 좋을 뻔하였거니와 지금 네 눈에 숨겨졌도다." 하고 말씀하셨다.

사람들은 성을 바라보며 고색창연한 아름다움을 느꼈는지 모르겠지만 예수님은 장차 이 성에 이루어질 일을 보고 계셨다. 결코 기뻐할 수 없는 일이 앞에 전개될 텐데도 사람들은 철없이 기뻐하고 있었던 것이다.

예수님은 우셨다. 성의 결말을 미리 바라보면서 우셨다. 구체적으로 그 눈물의 의미를 살피면 주후 70년에 이루어졌다.

당시 로마의 티투스 장군이 쳐들어와 예루살렘 성을 완벽하게 파괴시켰다. 그전에 이미 오랜 내전으로 황폐화된 곳이었건만, 엎친 데 덮친 격으로 막강한 로마 군대의 침략을 받아 수백만 명이 죽어야 했던 것이다. 이는 후에 예수 그리스도를 죽인 사람들에게 돌아온 심판이 아니었겠는가.

예수님은 탄식한 바 있다. "예루살렘아, 예루살렘아, 선지자들을 죽이고 네게 파송된 자들을 돌로 치는 자여, 암탉이 제 새끼를 날개 아래에 모음같이 내가 너희의 자녀를 모으려고 한 일이 몇 번이냐. 그러나 너희가 원하지 아니하였도다. 보라, 너희가 황폐하여 버린 바 되리라."(눅 13:34-35)

이 파괴된 예루살렘 성은 언제 복구되었는가. 1948년 이스라엘이 건국되기 전까지 유대인들은 나라 없는 삶을 살아야 했다. 그리고 건국 이후 1967년 3차 중동전쟁을 통하여 무려 1897년 만에 오늘처럼 회복이 되었다.

예수님의 눈에서 눈물을 흘리게 했던 유대인들뿐 아니라 우리 모두는 평화가 어떻게 지켜지는가를 알아야 한다. 잃어버리고 고통당하며 후회한들 무슨 소용이 있는가.

지금 우리는 하나님께 순종하고 있는가. 그렇지 않으면 지금도 예수님을 십자가에 못 박는 행위를 그치지 않고 있는가를 생각해 보아야 한다. 하나님은 사랑이 많으신 분이시며, 또한 두려우신 분이시다.

강도의 소굴

마 21:13

그들에게 이르시되 기록된 바 내 집은 기도하는 집이라 일컬음을
받으리라 하였거늘 너희는 강도의 소굴을 만드는도다 하시니라.

예수님이 겸손하여 나귀를 타고 예루살렘으로 입성하자, 연
도의 많은 무리가 종려나무 가지를 꺾어들고 호산나를 외쳤다.
무리들은 예수께서 이스라엘을 로마에서 구원해 줄 것을 기대
했다.

그러나 예수님은 세상나라에 속한 왕으로 오시지 않았다. 그
래서 말을 타고 입성하지 않았고 입성하여 헤롯 궁전으로 가지
않았다. 주님은 성전으로 향했다. 주님은 영적세계의 왕으로
오셨기에 당신의 집은 성전이었다.

주님이 성전 안으로 들어갔을 때에 차마 보아서는 안 될 일
이 벌어지고 있었다. 성전 안에 매매하는 자들이 있어서 버젓
이 장사를 하고 있었던 것이다. 돈 바꾸는 환전상도 있었다. 비
둘기를 파는 자들도 있었다.

어떻게 성전에서 세상의 시장과 같은 일들이 벌어질 수 있었
을까. 제사장들과 장사꾼들이 결탁하여 돈벌이를 하고 있었기
때문이다.

예수님은 분노하셨다. 채찍으로 장사꾼들을 내쫓으며 상을

둘러엎었다. 그리고 "내 집은 기도하는 집이라 일컬음을 받으리라 하였는데 강도의 소굴을 만들었다."고 일갈을 하셨다.

이것은 당시의 교회가 얼마나 타락했는가를 단적으로 보여주고 있다.

교회의 영적인 분위기는 사라지고 세속에 휩싸여 세속적 분위기만 만연했던 것이다. 교회는 물질을 추구하고 있었고 제사장들은 돈을 밝히고 있었다.

그런 성직자들에게 어떻게 영적 권위가 있었겠는가. 그런 사람들이 어떻게 일반 성도들로부터 존경을 받을 수 있었겠는가. 그런 분위기에서 어떻게 백성들이 예배를 소중히 여기며 참여할 수 있었겠는가.

오늘날도 이와 별반 다르지 않다. 우리는 지금 교회에게 주시는 하나님의 준엄한 메시지를 받아야 한다. 교회가 세속화되면 그 자체가 타락이다. 교회는 세상의 빛이 되고 소금이 되지 못하면 존재할 가치가 없다.

개인도 마찬가지다. 세속화되면 하나님을 경외하지 못한다. 하나님의 말씀으로 방향을 잡지 못한다. 그러면 결국 타락의 길을 걸을 수밖에 없다. 타락하면 부패하고 부패하면 하나님이 심판한다.

교회는 강도의 소굴이 아니다. 하나님께 예배드리고 기도하고 복음을 전파하는 사람들이 모이는 곳이다.

마지막 만찬

 오늘 말씀

막 14:22-24

그들이 먹을 때에 예수께서 떡을 가지사 축복하시고 떼어 제자들에게 주시며 이르시되 받으라, 이것은 내 몸이니라 하시고 또 잔을 가지사 감사기도하시고 그들에게 주시니 다 이를 마시매 이르시되 이것은 많은 사람을 위하여 흘리는 나의 피 곧 언약의 피니라.

예수님은 당신이 고난 받을 시간이 임박해오자 제자들과 함께 유월절 먹기를 원했다.(눅 22:15) 그래서 유월절을 준비한 다락방에 모였다.

이 자리에서 예수님은 떡을 가지사 축복하시고 제자들에게 주시면서 "받으라, 이것은 내 몸이니라."고 했다. 그다음에는 포도주잔을 들고 감사기도를 한 후 제자들에게 주셨다. 그리고 말씀하시기를 "이것은 많은 사람을 위하여 흘리는 나의 피 곧 언약의 피라."고 하셨다. 이렇게 해서 지금까지 유월절을 지키던 예식이 성만찬 예식으로 바뀌게 되었다.

이 예식을 진행하면서 예수님은 이것을 행하여 마실 때마다 나를 기념하라 하셨고 또한 바울 사도는 너희가 이 떡을 먹으며 이 잔을 마실 때마다 주의 죽으심을 그가 오실 때까지 전하는 것이라고 했다.(고전 11:25-26)

여기에서 유월절과 성만찬과의 관계를 생각해 보자. 유월절은 이스라엘이 애굽에서 나온 것을 기념하는 해방 기념예식이라면 성만찬은 그리스도의 은혜로 죄에서의 구원을 의미하는 예식이다. 주님이 주신 떡은 예수 그리스도의 몸을 상징하고 포도주는 예수께서 흘리신 피를 상징한다. 그러므로 떡과 포도주는 예수께서 당신의 몸을 버리고 피를 흘리심으로 죄인들을 구원하심을 기념하는 것이다.

예수님은 "내가 진실로 진실로 너희에게 이르노니 인자의 살을 먹지 아니하고 인자의 피를 마시지 아니하면 너희 속에 생명이 없느니라. 내 살을 먹고 내 피를 마시는 자는 영생을 가졌고 마지막 날에 내가 그를 다시 살리리니 내 살은 참된 양식이요, 내 피는 참된 음료로다."고 하신 바 있다.(요 6:53-55)

결국 유월절과 성만찬은 죄와 억압에서의 구원, 그리고 자유와 해방을 기념한다는 동질성을 가지고 있다. 그래서 예수님은 구약의 유월절을 성만찬으로 바꾸신 것이다.

우리는 주님 오실 때까지 성만찬 예식을 지키고 주님의 죽으심을 전해야 한다. 예수님의 죽으심의 전파. 여기에 어떤 의미가 있는가. 모든 사람이 태어나서 살다가 때가 되면 죽지만 우리의 죽음과 예수님의 죽음은 판이하다.

우리는 각자 자기 죄 때문에 죽지만 예수님은 죽을 이유가 없는 분이다. 죄가 없으시기 때문이다. 그러나 주님이 우리의 죄를 대신 짊어질 때 죽어야 한다. 그것이 대속의 죽음이다. 우리 죄를 사하시고 생명을 주시기 위하여 대신 죽으신 것이다. 우리가 예수를 믿으면 주님의 은혜로 사망에서 생명으로 옮겨진다. 이것을 전해야 한다. 그리고 항상 우리에게 생명을 주신 하나님께 감사하는 삶을 살아야 한다. 할렐루야!

아버지의 원대로 되기를 원합니다

오늘 말씀

눅 22:42

이르시되 아버지여, 만일 아버지의 뜻이거든 이 잔을 내게서 옮기시옵소서. 그러나 내 원대로 마시옵고 아버지의 원대로 되기를 원하나이다 하시니.

　예수님은 제자들과 함께 마지막으로 만찬을 드시고 감람산으로 가셨다. 가시면서 찬미를 불렀다.(마 26:30)

　주님은 습관을 따라 겟세마네 동산으로 가서 제자들에게 유혹에 빠지지 않도록 기도하라고 분부하셨다.

　그리고 제자들과 돌 던질 만큼의 거리를 두고 올라가서 무릎을 꿇었다.

　"아버지여, 만일 아버지의 뜻이거든 이 잔을 내게서 옮기시옵소서. 그러나 내 원대로 마시옵고 아버지의 원대로 되기를 원합니다."

　예수님은 기도하셨다. 천사가 그의 기도를 도왔다. 주님은 더욱 힘쓰고 애써 간절히 기도했다. 땀이 땅에 떨어졌다. 핏방울같이 되었다.

　예수님은 제자들에게 "내 마음이 매우 고민하여 죽게 되었다."고 했다.(마 26:38)

　십자가를 앞에 둔 주님은 그만큼 고통스러웠다. 그것이 얼마나 힘든 일인가를 알고 있기 때문이었다.

오죽했으면 땀에 피가 섞이고, 오죽했으면 만일 아버지의 뜻이거든 이 잔을 내게서 옮기시옵소서 하고 기도했겠는가.

그러나 주님은 하나님께 순종할 수밖에 없었다. 그래서 내 원대로 마시고 아버지의 원대로 되기를 원했다. 내가 당할 아픔을 완화시키는 것보다 하나님의 뜻에 의하여 받을 만큼의 고통을 받기 원했다.

이것이 예수님의 순종이다. 주님은 그 많은 고통 중에서도 당신의 뜻을 접고 아버지의 뜻이 이루어지기를 원했다.

오늘도 성경은 여전히 우리에게 예수의 정신을 깨우쳐주고 있다. 누구든지 나를 따라오려거든 자기를 부인하고 자기 십자가를 지고 나를 따를 것이니라고 요구하신다.(마 16:24)

우리는 지금 예수님을 따르는 제자들인가? 우리는 지금 예수님을 주로 섬기는 종들인가?

그렇다면 자기를 부인해야 한다. 자기 십자가를 져야 한다. 그래야 신실한 주님의 종이요, 제자가 된다.

바라바냐, 예수냐?

 오늘 말씀

마 27:17-18

그들이 모였을 때에 빌라도가 물어 이르되 너희는 내가 누구를 너희에게 놓아주기를 원하느냐? 바라바냐, 그리스도라 하는 예수냐하니 이는 그가 그들의 시기로 예수를 넘겨준 줄 앎이더라.

겟세마네 동산에서 기도를 마친 예수님과 제자들 앞에 가룟유다가 나타났다. 그는 자기의 스승이었던 예수님을 체포하는데 인도자로 와서 예수님과 입맞춤으로 그임을 확인해 주었다.

그 밤에 예수님은 대제사장이 보낸 자들에 의해 체포되어 가야바의 법정에서 재판을 받았다. 여러 사람이 예수님을 죄인으로 몰기 위하여 증거를 들었지만 채택되지 못했고, 예수님 자신을 하나님의 아들 그리스도라 일컬었다며 신성모독죄를 적용하여 사형 판결을 내렸다.

당시 이스라엘은 로마의 식민지였기 때문에 로마법을 적용받아야 했다. 예수님은 결박을 받고 로마 총독 빌라도에게 넘겨졌다.

빌라도는 고발당한 예수를 심문했다. 그러나 그는 예수에게서 아무 죄도 찾아낼 수가 없었다. 그래서 여러 번, 나는 그에게서 아무 죄도 찾지 못했다고 공식적으로 선언했다.(요 18:38) 그러면 양심과 법에 의해서 무죄방면을 해야 했다. 그럼에도 빌라도 총독은 유대인들의 민란이 두려워 그리하지 못하고 타협점을 찾으려 애썼다. 그는 우유부단했고 자신의 정치생명이 끝나는 것을 두려워했다. 그는 매를 조금 때려서 내보내자고 했다. 빌라도는 유대인들이 예수를 시기하여 고발한 줄을 알았기 때문에 고발자들의 체면을 적당히 세워주는 정도에서 해결을 보려 했던 것이다. 그러나 그런 타협안이 성사될 리 없었다.

빌라도는 마지막 카드로 유월절 절기에 죄인 한 명을 특별 사면하는 전례를 사용했다. 그것이 바라바냐 예수냐다. 둘 중의 하나를 사면하겠다고 했다. 바라바는 민란을 꾸미다 잡힌 자요, 살인자다. 그에 비하면 예수는 죄가 없다.

빌라도는 당연히 군중들이 예수를 사면하라고 할 줄 알았다. 그러나 기득권자들에게 선동당한 백성들은 바라바의 사면을 요구했다. 빌라도는 험악해지는 사태에 굴복하여 내가 예수를 어떻게 하면 되겠느냐고 군중에게 물었다. 판결권까지 포기한 것이다. 군중들은 십자가에 못 박으라고 외쳤다. 결국 빌라도는 악한 군중심리에 굴복하여 예수에게 십자가형을 판결했다.

문제는 본디오 빌라도다. 예수에게 죄가 없다는 것을 알면서 소신껏 판결하지 못했다. 민란을 두려워하여, 정치생명 연장을 위하여 양심도 법도 버렸다. 그래서 역사상 가장 잘못된 재판을 한 사람으로 오명을 남기게 되었다.

오늘 우리 사회의 재판은 어떻게 시행되고 있는가? 우리가 처한 곳에서 시비를 가려야 할 때 우리는 어떻게 판결하는가. 아무리 사소한 일이라도 잘못 판단하면 반드시 억울한 사람이 나온다는 것을 명심하자.

그가 찔림은 우리의 허물 때문

오늘 말씀

사 53:5-6

그가 찔림은 우리의 허물 때문이요, 그가 상함은 우리의 죄악 때문이라. 그가 징계를 받음으로 우리는 평화를 누리고 그가 채찍에 맞으므로 우리는 나음을 받았도다. 우리는 다 양 같아서 그릇 행하여 각기 제 길을 갔거늘 여호와께서는 우리 모두의 죄악을 그에게 담당시키셨도다.

아무 죄 없는 예수께서 인류의 모든 죄를 사해 주시기 위해 인간의 몸으로 이 세상에 오셔서 온갖 고초를 당하시고, 결국 죽임에 이르셨음으로 그로 인해 우리가 평화를 누리고 고침을 받았다고 하는 내용을 성경은 위와 같은 말씀처럼 적나라하게 표현하고 있다.

이 예언은 예수님이 고난당하기 600년도 더 전에 이사야 선지자를 통하여 기록된 것이다.

이사야서에는 이외에도 세상에 오실 예수님에 대한 수많은 예언이 기록되어 있으므로 흔히 "제5 복음서" 또는 "신약의 복음서"라는 말로 불린다.

우리는 이로써 예수님의 수난과 죽음이 순간적으로 결정된 것이 아니라 영원 전부터 하나님께서 죄인을 구원하시기 위하여 예정하신 것을 예수께서 오셔서 성취하셨다는 사실을 알 수 있다. 그러므로 주님의 사랑은 실로 크고 깊다고 아니할 수가 없다.

주님은 우리의 허물 때문에 대신 온몸을 찔렸다. 우리의 죄악 때문에 대신 온몸에 상함을 입었다. 십자가에 못 박혀 물과 피를 다 쏟았다.

우리는 염치없이 우리의 잘못을 그분에게 모두 전가시키고 잘못된 길로 갔다. 그럼에도 하나님은 우리의 죄를 그에게 담당시키고 그를 그 죗값으로 죽게 만들었다.

결과적으로 주님이 당한 징계 때문에 우리가 평화를 누리고 주님이 맞은 채찍 때문에 우리가 구원을 받고 질병과 가난과 눌림에서 자유를 얻었다.

부끄럽다. 주님의 지고의 사랑과 자랑스러운 행동 때문에 우리는 더욱 부끄럽다. 참으로 부끄럽다.

이제 우리는 어떻게 살아야 하는가. 주님께 이토록 큰 은혜를 입은 우리는 과연 어떻게 살아야 마땅한가.

성경은 바울 사도를 통하여 우리가 살아도 주를 위하여 살고, 죽어도 주를 위하여 죽어야 할 것이라고 했다. 적어도 영원한 천국의 소망을 가진 사람은 그래야 맞다.

내 겉옷을 나누며 속옷을 제비 뽑나이다

오늘 말씀

시 22:18

내 겉옷을 나누며 속옷을 제비 뽑나이다.

십자가형은 죄인을 가장 수치스럽고 가장 고통스럽게 죽이고자 고안한 사형법이다.

예수님은 오전 9시에 십자가에 못 박히고 오후 3시에 운명하셨다. 그러므로 예수께서 십자가에 못 박혀 살아 있는 동안 고통을 당한 것은 6시간이었다.

그때에 주님은 벌거벗겨진 채로 십자가에 달려 온갖 수난과 모욕을 당했다.

여기서 우리는 인간이라면 차마 저럴 수 있을까 하는 비정한 장면을 목도할 수 있다.

예수님을 십자가에 못 박은 사람들은 그 밑에서 사형수인 예수님의 옷을 하나라도 더 갖기 위하여 제비를 뽑았다. 구약성경은 그런 행동까지도 예언하고 있다.

"내 겉옷을 나누며 속옷을 제비 뽑나이다."(시 22:18)

이 사실을 비교적 자세하게 기록한 것이 요한복음이다.

"군인들이 예수를 십자가에 못 박고 그의 옷을 취하여 네 깃에 나눠 각각 한 깃씩 얻고 속옷도 취하니 이 속옷은 호지 아니하고 위에서부터 통으로 짠 것이라. 군인들이 서로 말하되 이 것을 찢지 말고 누가 얻나 제비 뽑자 하니 이는 성경에 그들이 내 옷을 나누고 내 옷을 제비 뽑나이다, 한 것을 응하게 하려 함이러라."(요 19:23-24)

군인들은 당시 1개 조에 네 명으로 구성되어 있었다. 예수님 의 겉옷은 네 깃으로 되어 있어 각자 하나씩 나누어 가지면 되 었다. 그러나 속옷은 호지 아니하고 통으로 짠 것이었다. 그러 므로 네 사람이 똑같이 나누려면 네 쪽으로 찢어야 했다. 그래 서 의논한 것이 옷을 찢어 나누지 말고 제비를 뽑아 한 사람이 다 가지자는 것이었다. 이 내용이 구약성경에 예언되어 있었다 는 것이다.

인간이란 얼마나 비정하고 사악한가. 십자가에 못 박힌 사람 은 말할 수 없는 고통을 당하고 있다. 그런데 그 밑에서는 사형 수가 벗어놓은 옷을 더 가지려고 제비를 뽑고 있다니. 이것을 비정이라고 해야 하는가, 아니면 탐욕이라고 해야 하는가.

이런 저질스런 인간들을 위하여 십자가에 못 박힌 예수님의 사랑을 우리가 어떻게 헤아릴 수 있겠는가.

따지고 보면 우리도 이런 비열하고 수치스런 인간군이다. 주 님의 사랑 앞에서 나를 추슬러 보자.

저들을 사하여 주옵소서

 오늘 말씀

눅 23:34 상

이에 예수께서 이르시되 아버지, 저들을 사하여 주옵소서. 자기들이 하는 것을 알지 못함이니이다 하시더라.

예수님은 골고다 언덕에서 십자가 형틀에 못 박혔다. 오전 9시부터 오후 3시까지 여섯 시간 동안 고통을 당하다가 운명하셨다.

주님은 그 고통 중에서도 일곱 마디 말씀을 남기셨다. 그 중에 맨 먼저 하신 말씀이 당신에게 모욕과 고통을 주는 원수 같은 사람들, 아니 원수들을 위한 기도였다.

기도 내용은 "아버지, 저들을 사하여 주옵소서. 자기들이 하는 것을 알지 못함이니이다."였다.

주님은 평생을 기도하며 사셨다. 산에서도, 들에서도, 밤에도, 새벽에도 기도했다. 울면서 기도하고 금식하면서도 기도했다. 십자가의 고통 속에서도 기도하셨다.

기도하는 사람들은 어떤 상황에서도 기도한다. 다윗은 사울왕에게 쫓겨 다니며 목숨을 위협받을 때에도 기도했다.

욥은 순식간에 열 남매와 전 재산을 잃고, 주신 자도 하나님이요, 거두어 가신 자도 하나님이시니 하나님은 찬양을 받으셔야 한다고 기도했다.

요나는 캄캄한 물고기 뱃속에 갇혀 있을 때에도 기도했다.

예수님의 기도는 원수들의 죄를 사하여 달라는 기도였다. 이는 주님이 제자들에게 가르치셨던 말씀을 실천한 것이다.

주님은 산상수훈에서 "너희 원수를 사랑하고 너희를 박해하는 자를 위하여 기도하라."고 가르쳤다.(마 5:44)

주님은 남을 가르치기만 하신 것이 아니라 몸소 그 가르침을 실천했다. 실천하지 못하는 가르침이나 이론은 모두 허구다.

얼마나 많은 사람들이 서로 사랑하라고 가르치는가. 그러나 이를 실천하는 사람은 드물다. 사랑하다가도 위기에 몰리면 증오로 바뀌어 서로에게 악을 행하기도 한다.

예수님은 고통 중에서 제발 나 좀 살려달라고 자기를 위해서 애원하지 않았고 너희는 망할 것이다, 하고 저주하지 않았다. 자기들이 지금 무엇을 하고 있는지조차 모르는 저들을 용서해 달라고 하신 것이다.

평생 기도하며 살고 평생 사랑을 가르치고 실천하셨던 주님은 생애를 마치는 순간에도 기도하며 사랑의 마음을 전했다. 그것이 예수 그리스도의 승리다.

네가 나와 함께 낙원에 있으리라

이르되 예수여, 당신의 나라에 임하실 때에 나를 기억하소서 하니 예수께서 이르시되 내가 진실로 네게 이르노니 오늘 네가 나와 함께 낙원에 있으리라 하시니라.

예수께서 십자가에 못 박히셨을 때 그 좌우 양편에는 행악자들도 같이 십자가에 못 박혀 있었다. 이는 우연이 아니라 이사야서에 "범죄자 중 하나로 헤아림을 받았음이니라."(사 53:12) 하는 예언을 성취시키기 위함이었다. 예수님이 우리의 죄를 대신 졌을 때 우리가 당할 고통과 수모를 위해 범죄자의 자리에 서야 했기 때문이다.

예수님의 양편에 못 박힌 두 사람은 모두 강도인데, 한 사람은 예수님을 비난했고 다른 한 사람은 예수님을 비난하는 강도를 꾸짖었다.

이렇듯 어떤 사람은 죽어가면서 더욱 강퍅해지는가 하면 어떤 사람은 회개하고 구원에 이르기도 한다. 두 강도는 세상에 존재하는 두 종류의 사람을 대표하고 있는 것이다.

여기에서 성경은 우리에게 깨달음을 준다.

첫째는 우리도 구원받았지만 십자가에 못 박힌 강도와 같은 존재라는 인식을 가져야 한다는 것이다. 왜냐하면 아담 이후의 모든 사람은 죄인이기 때문이다.

둘째로 우리는 스스로 구원받을 수 없는 존재라는 사실을 인식하는 것이다. 많은 사람이 스스로 구원받을 길을 찾지만 어림없는 일이다. 우리는 그 누구도 스스로 구원받지 못하고 주님의 은혜에 의해서만 구원받을 수 있다.

참으로 놀라운 것은 회개한 강도에게 있는 신앙이다. 그는 공의로우신 하나님의 심판이 있을 것이라는 것과 내세가 존재한다는 것을 믿었다. 그는 자기 자신이 죄인이라는 사실도 인식했다. 예수님에게 죄가 없다는 것도 증거했다. 그리고 무엇보다 예수님이 구주 되심을 믿었다. 그러므로 그는 구원을 약속 받았다.

그가 "당신의 나라에 임하실 때에 나를 기억하소서." 하고 부탁할 때에 주님은 "내가 진실로 네게 이르노니 오늘 네가 나와 함께 낙원에 있으리라."고 하셨다. 극적이면서 놀라운 축복이다. 주님은 그에게 즉시 낙원에 가게 된다는 것을 알려주시면서 그곳에서 당신과 함께 있을 것이라고 했다.

그렇다. 우리는 세상을 떠나는 즉시 낙원에 간다. 그리고 그곳이 아름다운 것은 예수님과 함께 있기 때문이다.

그 나라를 소망하는가? 확신 속에서 신앙생활을 하자. 주님의 사랑은 죽어가는 순간에도 회개하면 용서하시고 낙원을 주신다.

엘리 엘리 라마 사박다니

오늘 말씀

마 27:46

제 구시쯤에 예수께서 크게 소리 질러 이르시되 엘리 엘리 라마 사박다니 하시니 이는 곧 나의 하나님 나의 하나님 어찌하여 나를 버리셨나이까 하는 뜻이라.

예수님은 십자가에 달려서 엘리 엘리 라마 사박다니 하고 크게 소리를 질렀다. 이는 나의 하나님, 나의 하나님 어찌하여 나를 버리십니까, 라는 뜻이다. 그렇다면 예수님이 성부 하나님으로부터 버림을 받았구나 하는 것을 쉽게 알 수 있다.

여러분은 누구로부터 버림 받아본 일이 있는가. 사랑하는 사람으로부터 버림 받았을 때 어떤 마음이었는가. 가슴이 아프고 괴롭고 슬프고 미칠 지경이고 심하면 죽고 싶다는 생각도 했을 것이다. 실제로 버림 받은 충격으로 자살하는 사람도 있지 않은가. 그런데 예수께서는 십자가에 달린 데다 하나님으로부터 버림까지 받았으니 그 고통이 얼마나 컸을까.

그렇다면 예수님은 왜 하나님으로부터 버림을 받는가. 죄 때문이다. 죄는 하나님과의 관계를 끊는 것이다. 아담이 선악과를 먹었을 때 그는 하나님의 음성을 두려워했고 결국 에덴동산에서 쫓겨났다.

예수님은 본래 죄가 없다. 죄가 없기 때문에 죄인들의 죄를 대신 짊어질 수 있었다. 그러나 죄인들의 죄를 대신 지는 순간 그는 죄인이 되었다. 죄인은 거룩하신 분하고 함께할 수가 없다. 그래서 버림을 받은 것이다.

주님은 우리 죄 때문에 하나님으로부터 버림을 받았다. 그 고통이 너무 커서 엘리 엘리 라마 사박다니 하고 외칠 수밖에 없었다.

하나님의 공의는 엄정하다. 예수께서 죄인들의 죄를 대신 짊어졌을 때 하나님의 공의가 가만히 둘 리 없었다. 하나님의 공의는 누구에게나 공평하게 적용된다. 그래서 예수님도 버림 받은 것이다.

우리는 하나님의 거룩과 공의의 두려움을 알아야 한다. 그러나 예수님의 엘리 엘리 라마 사박다니는 하나님과의 관계를 포기한다는 뜻은 아니다. 하나님으로부터 버림을 받았을지라도 끝까지 하나님을 의지하겠다는 각오가 담겨 있는 외침이다.

그렇다. 하나님으로부터 징계를 받았다고 그 관계를 포기하는 것은 어리석다. 다시 붙들어야 한다. 욥은 고난 중에 고백하기를 "그가 나를 죽이실지라도 나는 그를 의뢰한다."고 했다.(욥 13:15)

사실 하나님으로부터 버림 받으면 갈 곳이 없다. 그러므로 더욱 그를 붙들어야 한다. 주님은 우리를 사랑하셨기 때문에 자신이 버림받을지라도 우리의 죄를 담당하셨다. 이 큰 은혜를 안다면 죽을지라도 주님을 붙드는 우리가 되어야 할 것이다.

내가 목마르다

요 19:28

> 그 후에 예수께서 모든 일이 이미 이루어진 줄 아시고 성경을 응하
> 게 하려 하사 이르시되 내가 목마르다 하시니.

예수께서 십자가상에서 목마르다고 외쳤다는 것은 그가 사람으로서 물과 피를 쏟았다는 사실을 알게 한다. 인간의 죄를 사해 주시기 위하여 주님은 사람으로 오셨고 그렇기 때문에 땀이나 피를 많이 흘리면 갈증을 느낄 수밖에 없었을 것이다.

하나님은 목마르지 않다. 그러나 사람이 되면 목마르다. 예수님은 사람으로 오셨다. 천국에 가면 목마름이 없다. 성경은 말씀한다. "그들이 다시는 주리지도 아니하며 목마르지도 아니하고 해나 아무 뜨거운 기운에 상하지도 아니하리니."(계 7:16)

우리는 이 땅에 사는 동안 정말 목말라해야 할 것이 무엇인지를 알아야 한다. 세상은 사람이 살면서 무엇이든지 채우고자 하는 것이 있으면 그것을 목말라한다고 표현한다. 그것이 어떤 것들인가. 돈, 명예, 권세, 쾌락, 지식, 이런 것들을 얼마나 갖고 싶어 하는가.

그러나 세상 것들로 채운다고 해서 우리 마음이 만족하고 목마름이 사라지겠는가. 예수님은 사마리아 수가성에서 만난 여인에게 "이 물을 먹는 자마다 다시 목마를 것이라."고 했다.(요

4:13) 이 여인은 남편을 다섯 번이나 바꾸었다. 어떤 연유로 남편을 바꾸어야 했는지는 알 수 없지만 그때마다 남편에게서 만족을 얻을 수 없었던 것이다. 그렇다. 세상의 그 무엇으로도 목마름을 완전히 해소할 수는 없다.

주님은 여인에게 말씀했다. "내가 주는 물을 마시는 자는 영원히 목마르지 아니하리니 내가 주는 물은 그 속에서 영생하도록 솟아나는 샘물이 되리라."(요 4:14)

영생하도록 솟아나는 샘물은 무엇일까. 주님 안에 있는 구원이다. 이 구원을 얻으면 평화가 찾아온다. 하늘나라의 소망으로 세상 갈증이 사라진다. 그래서 성경은 목마른 자들을 부른다. "오호라, 너희 모든 목마른 자들아 물로 나아오라. 돈 없는 자도 오라. 너희는 와서 사먹되 돈 없이, 값 없이 와서 포도주와 젖을 사라."(사 55:1)

예수님은 우리의 목마름을 해소시키기 위해 당신이 목말라 하셨다. 우리는 이 땅에 사는 동안 주님이 주시는 은혜의 샘물을 마셔야 한다. 그러면 영원히 목마르지 않을 것이다.

생전에 호화롭게 살던 부자가 죽어 지옥에 갔는데 그곳은 항상 목마른 곳이었다. 오죽 목이 마르면 생전에 자기 집 대문 앞에서 구걸하여 먹고 살던 거지 나사로에게 손가락에 물 한 방울만 찍어 자기 혀를 서늘하게 해달라고 했겠는가.

"내가 목마르다." 주님은 우리를 위해서 목말라하셨다. 주님이 주시는 생수로 목마름 없는 삶을 살아야 우리는 영원히 목마르지 않다.

227

다 이루었다

요 19:30

예수께서 신 포도주를 받으신 후에 이르시되 다 이루었다, 하시고 머리를 숙이니 영혼이 떠나가시니라.

십자가에 달리신 예수께서 돌아가시기 전에 "다 이루었다." 고 선언했다. 이 한마디 말씀은 다른 누구의 수천, 수만 마디의 말보다 위대하다.

이 땅에 태어날 때 모든 사람은 사명을 가지고 온다. 뭔가 할 일이 있다.

그런데 떠날 때가 가까워오면 누구나 아쉬워한다. 다 이루기를 원했지만 뜻대로 되지 않았기 때문이요, 잘못 산 인생에 대한 후회가 밀물처럼 밀려오기 때문이다.

그런데 예수님은 세상을 떠나기 전에 다 이루었다고 했다. 이보다 위대한 선언은 없다. 주님의 이 선언 안에는 세 가지 의미가 있다.

하나는 성경에서 이미 당신이 오셔서 하실 일을 예언해 놓았는데 그 예언을 모두 성취했다는 의미다.

예를 들면 동정녀 탄생을 예언했는데 주님은 동정녀 마리아를 통해서 태어났다. 아브라함과 다윗의 씨에서 태어난다고 했는데 그대로 이루어졌다. 유대 땅 베들레헴에서 태어날 것이라는 예언도 이루어졌다. 병자를 치료하고 귀신을 쫓아낼 것을 예언했는데 그대로 실천했고 유대인들로부터 미움을 받고 죽을 것이라는 예언도 지금 십자가 위에서 성취하고 있다.

둘째로 세상에 오셔서 당할 고통도 다 마쳤다는 뜻이다. 주님은 섬김을 받으러 오신 것이 아니라 섬기려 오셨고 당신의 몸을 대속물로 주시려 오셨다. 모두를 섬기면서 주님은 육체적으로, 정신적으로, 영적으로 고통을 당했다. 사람들이 고통을 주고 마귀가 시험하고 하나님까지도 이들의 시험과 고난을 허락하셨다. 그런데 이제 그 모든 고통을 다 받으시고 떠나게 되었다.

마지막으로 주께서 궁극적으로 하시고자 하신 일을 마치게 되었다. 죄인 구원이다. 율법으로 구원할 수 없는 것을 사랑의 법으로 자신을 드려서 하나님의 공의를 만족시키고 이제 십자가에서 죽게 되었다. 구원의 성취다. 누구든지 예수 그리스도의 생명의 구원을 믿으면 구원받는다.

실로 이 땅에 오셔서 하실 일, 하나님께서 맡겨주신 모든 일을 성취하셨다. 그러므로 "다 이루었다."는 성취의 개가다.

내 영혼을 아버지 손에

눅 23:46

예수께서 큰 소리로 불러 이르시되 아버지, 내 영혼을 아버지 손에 부탁하나이다 하고 이 말씀을 하신 후 숨지시니라.

예수님은 당신이 이 땅에 오셔서 하실 일을 모두 감당하시고 "다 이루었다."는 승리의 개가를 부른 다음 마지막으로 당신의 영혼을 하나님 아버지 손에 부탁하셨다. 주님은 당신의 육체를 부탁하지 않고 영혼을 부탁했다.

사람은 육신과 영혼으로 구성되어 있다. 그중에 영혼이 있다고 하는 것은 매우 중요하다. 첫째는 영혼이 있으므로 모든 짐승과 구별된다. 둘째는 영혼이 있으므로 하나님과 교제를 할 수 있다. 그러므로 육신이 죽는다는 것은 영혼이 하나님께로 간다는 뜻이 된다. 성경은 "흙은 여전히 땅으로 돌아가고 영은 그것을 주신 하나님께로 돌아가기 전에 기억하라."고 했다.(전 12:7)

이제 예수님은 당신의 영혼을 하나님께 부탁했다. 주님은 불멸하는 영혼으로 하나님과 끊어졌던 관계를 다시 잇게 된 것이다. 나의 하나님, 나의 하나님, 어찌하여 나를 버리십니까 하고 절규했던 주님이 이제 내 영혼을 하나님의 손에 맡긴다고 결론을 내리고 있다.

예수님은 당신의 영혼을 아버지 손에 부탁했다. 여기서 아버지 손은 강력한 힘을 상징한다. 그 누구에게도 빼앗기지 않고 보호하며 지킬 수 있는 힘이다.

성경은 우리에게 두려워하지 말라고 하시면서 하나님, 당신의 의로운 오른손으로 붙들리라고 했다.(사 41:10) 예수님은 "내가 그들에게 영생을 주노니 영원히 멸망하지 아니할 것이요, 또 그들을 내 손에서 빼앗을 자가 없느니라. 그들을 주신 내 아버지는 만물보다 크시매 아무도 아버지 손에서 빼앗을 수 없느니라."고 했다.(요 10:28-29) 그러므로 우리는 안심할 수 있다. 하나님의 보호하시는 손 안에 있기 때문이다.

스데반 집사는 돌에 맞아 죽으면서도 두려워하지 않았다. 그는 "주 예수여, 내 영혼을 받으시옵소서." 하고 죽었다.(행 7:59) 성경은 그의 죽음을 잠자는 것으로 묘사했다.(행 7:60) 잔다는 것은 다시 깨어남을 나타낸다.

우리도 언제인지는 모르지만 세상을 떠나게 될 때에 하나님께 영혼을 부탁하면 된다. 하나님의 손에 보호받는 영혼은 후에 새로운 육신과 결합하여 흠 없고 온전한 내가 될 것이다.

그가 살아나셨다

막 16:6

청년이 이르되 놀라지 말라. 너희가 십자가에 못 박히신 나사렛 예수를 찾는구나. 그가 살아나셨고 여기 계시지 아니하니라. 보라, 그를 두었던 곳이니라.

막달라 마리아와 다른 마리아와 살로매가 예수님의 시신에 바르려고 향품을 사 두었다가 안식 후 첫날 새벽에 예수님이 묻힌 무덤을 향하여 갔다.

그들은 그곳으로 가면서 무덤을 닫고 있는 육중한 돌을 어떻게 굴려서 치울까 하는 걱정을 했다. 그런데 가서 보니 큰 돌이 굴려져 입구에서 치워져 있었다. 그 돌문은 인봉이 되어 있어서 당국의 허락 없이는 아무도 열지 못하는 것이었다. 더구나 그 앞에는 경비병이 지키고 있어야 하는데 아무도 없었다.

그들이 무덤 안에 들어갔을 때 흰 옷 입은 청년이 우편에 앉아 있었다. 자기들이 생각했던 것과는 전혀 다른 현장을 보고 그들은 놀랄 수밖에 없었다.

그 청년이 말했다. "놀라지 말라. 너희가 십자가에 못 박히신 나사렛 예수를 찾는구나. 그가 살아나셨고 여기 계시지 아니하니라. 보라, 그를 두었던 곳이니라."

막달라 마리아 일행은 어쩌면 예수님의 죽음을 가장 슬퍼하며 그 사랑을 가장 사모했던 사람들이다. 그렇기 때문에 예수님이 부활하셨다는 기쁜 소식을 맨 먼저 들을 수 있었다. 그들은 예수님의 시신을 지키는 경비병의 수고도, 그 누구도 허락 없이 열 수 없다는 강력한 세력의 봉인된 돌문도 예수님의 부활 능력 앞에서 아무 소용이 없다는 것을 목도했다.

무덤 문은 열려서 개방되어 있었다. 그리고 예수님의 시신이 누워 있어야 할 곳은 텅 비어 있었다.

천사가 말했다. "그가 살아나셨고 여기 계시지 아니하니라. 보라, 그를 두었던 곳이니라."

예수님의 부활을 빈 무덤이 증거하고 천사가 증언하고 그것을 마리아 일행이 확인했다. 예수님은 죽은 자 가운데서 살아나신 것이다.

호화찬란한 무덤을 남긴 세력가들과 명망가들처럼 예수님도 무덤을 남겼다면 얼마나 허망할까. 우리는 시체가 없는 빈 무덤에서 소망을 얻는다.

주님은 당신이 생전에 미리 말씀하신 대로 죽었다가 다시 사셨다.(마 16:21) "나는 부활이요, 생명이니 나를 믿는 자는 죽어도 살겠고 무릇 살아서 나를 믿는 자는 영원히 죽지 아니하리니 이것을 네가 믿느냐."고 하셨지 않은가.(요 11:25-26)

그렇다. 주님은 부활하셨다. 장사한 지 3일 만에 부활하셨다. 죽어도 다시 사는 예수님의 부활신앙으로 승리하자.

믿는 자가 되라

요 20:27

도마에게 이르시되 네 손가락을 이리 내밀어 내 손을 보고 네 손을 내밀어 내 옆구리에 넣어보라. 그리하여 믿음 없는 자가 되지 말고 믿는 자가 되라.

도마는 직접 봐서 확인하지 않고는 믿지 못하는 실증주의자였을 것이다.

부활하신 예수께서 제자들을 찾아오셨을 때 마침 도마는 그 자리에 없었다. 다른 제자들이 우리가 부활하신 주님을 뵈었다고 그에게 말했으나 그는 내가 그의 손의 못 자국을 보며 내 손가락을 그 못 자국에 넣으며 내 손을 그 옆구리에 넣어보지 않고는 믿지 않겠다고 했다. 이를 어쩌랴!

여드레가 지나서 다시 주님이 제자들을 찾아오셨다. 이때에는 도마도 같이 있었다.

문이 닫혔는데 주님이 나타나셔서 "너희에게 평강이 있을지어다!" 하고 축복해주셨다. 그리고 도마에게 네 손가락과 네 손으로 나를 확인하라고 하셨다.

비로소 도마는 예수님의 부활을 확인하고 "나의 주님이시요, 나의 하나님이시니이다." 하고 신앙을 고백하였다.

이에 예수님은 "너는 나를 본고로 믿느냐. 보지 못하고 믿는 자들은 복되도다."고 말씀하셨다.(요 20:29)

아, 불신의 세상이요, 보지 않고는 믿을 수 없다고 하는 완악한 세상이여!

위대한 신앙인들은 보지 않고도 말씀만으로 믿었다. 그래서 성경은 "믿음은 보이지 않는 것들의 증거니 선진들이 이로써 증거를 얻었다"고 했다.

"믿음으로 모든 세계가 하나님의 말씀으로 지어진 줄을 우리가 아나니 보이는 것은 나타난 것으로 말미암아 된 것이 아니니라."고 했다.(히 11:1-3)

하나님의 창조를 어떻게 보고 믿을 것인가. 예수님의 부활을 어떻게 과학적으로 증명하려 드는가.

말씀을 믿자. 보지 않고도 믿는 자들은 복되다. 천국도 육신의 눈으로 확인하고 믿으려는가. 그 눈으로 볼 수 있었을 때는 이미 늦었다.

보고 믿으려 하지 말라. 그건 불신이다. 먼저 말씀대로 믿고 이해하라.

예수님은 부활하셨다. 지금은 승천하셨고 하늘 보좌 우편에서 재림을 준비하고 계신다.

잠자는 자들의 첫 열매

고전 15:20

그러나 이제 그리스도께서 죽은 자 가운데서 다시 살아나사 잠자는
자들의 첫 열매가 되셨도다.

첫 열매는 언제나 소중하다. 그래서 사람이나 짐승이나 곡
식이나 실과나 첫 열매는 하나님의 것으로 하나님께 바쳤다.
그래서 장자는 속전을 드려서 찾아오는 형식을 취했다.

부활의 첫 열매도 있다. 그리스도께서 죽은 자 가운데서 다
시 살아나셔서 잠자는 자들의 첫 열매가 되셨다.

성경은 죽은 사람을 잠자는 자로 자주 묘사한다. 언젠가 다
시 부활할 것이기 때문이다. 그런 관점에서 보면 결국 죽음은
긴 잠이고 잠은 짧은 죽음이다.

어느 누구도 죽은 자 가운데서 살아난 사람은 없었다. 죽으
면 끝이라 생각했다. 그런데 놀라운 일이 지금부터 2000여 년
전에 유대 땅에서 일어났다.

하나님의 아들 예수 그리스도가 당시 제사장들과 서기관들
과 장로들의 시기에 의하여 고발을 당하고 죽임을 당하였다.
그 주님이 죽은 지 3일 만에 살아나신 것이다.

예수님은 살아계실 때 자신은 죽었다가 다시 부활할 것임을
수차례나 공개적으로 말씀하셨었다.

236

그러나 그런 일은 한 번도 일어난 적이 없었기 때문에 경험으로도, 역사적으로도, 과학적으로나 이성적으로도 이해되지 않았다.

아무튼 주님의 시신은 아리마대 사람 요셉에 의해서 장사까지 지내졌다.

그런데 안식 후 첫날에 부활하신 것이다. 잠자는 자들의 첫 열매가 탄생한 것이다.

첫 열매란 말은 다음 열매가 또 있다는 것을 뜻한다. 성경은 우리들이 다음 열매로 부활할 것이라고 말씀한다. 우리가 죽으면 육신은 흙으로 돌아가지만 영혼은 불멸하고 그 흙으로 돌아간 육신이 다시 일어날 때가 있다는 것이다.

그때가 바로 주님이 재림할 때이다. 주님이 재림할 당시 우리가 죽었으면 부활할 것이고 살아 있으면 변화될 것이다. 그리고 즉시 하나님의 심판에 의하여 천국과 지옥으로 나뉘어 가서 영생할 것이다.

예수 안에만 생명과 부활이 있다.

그리스도의 부활을 부정하려는가

고전 15:12

그리스도께서 죽은 자 가운데서 다시 살아나셨다 전파되었거늘 너희 중에서 어떤 사람들은 어찌하여 죽은 자 가운데서 부활이 없다 하느냐.

부활신앙은 어느 종교나 사상에서 찾아보기 어려운 기독교만의 독특한 신앙이다. 이는 예수 그리스도의 부활에서 비롯되었다.

예나 지금이나 그리스도의 부활을 부정하는 사람이 더 많다. 하지만 예수께서 죽은 지 3일 만에 부활을 했던 당시에는 이 부활을 부정하는 문서가 하나도 없다. 당시에는 예수 그리스도의 부활을 사실로 믿었다는 방증이다.

그러나 세월이 흐르면서 죽은 자의 부활 사상은 많은 도전에 직면하게 되었다. 많은 사람들이 경험해 본 바 죽은 자가 살아난다는 것은 믿을 수 없으며 사람의 이성이 그것을 용납하려 들지 않는다. 오로지 신앙에 호소할 수밖에 없는 것이다.

예수님의 부활을 부정하는 설이 여럿 있지만 여기서는 대표적인 세 가지만 생각해 보자.

먼저 도적설이 있다. 이는 제자들이 예수님의 시체를 훔쳐가 놓고는 부활했다고 유포했다는 것이다. 이 설은 성경에도 언급되고 있다.(마 28:11-15 참고)

그러나 당시 예수님의 무덤은 경비병들이 지키고 있었고 제자들은 두려워 떨고 있었다. 예수님의 시신을 훔쳐갈 만한 용기가 없었다. 더구나 자기들이 주님의 시체를 훔친 다음 부활했다고 말했다면 어떻게 그 거짓 사실 때문에 순교까지 할 수 있겠는가. 거짓말 때문에 순교할 수는 없는 것이다.

두 번째로 기절설이 있다. 예수께서 죽은 것이 아니라 잠시 기절했다가 깨어났다는 것이다.

그러나 당시 로마의 사형제도는 그렇게 허술하지 않았다. 창으로 시신을 찔러 죽은 것을 확인까지 했고 아리마대 요셉이 장례를 위하여 시신을 요구했을 때 역시 죽은 것을 확인한 다음 내주었다. 더구나 기절하여 무덤 안에 들어간 사람이 무슨 힘으로 돌문을 밀고 도망쳤겠으며 경비병들은 무얼 하고 있었단 말인가.

세 번째로 환상설이 있다. 이는 주님을 사모하다 보니 환상을 보았다는 것이다.

그러나 똑같은 환상을 여럿이 같이 볼 수는 없다. 성경은 500여 형제가 같은 자리에서 주님을 목도했고 개인적으로 만났다고 전한다.(고전 15:3-8 참고)

예수님의 부활을 억지로 부정하지 말자. 보지 않고도 말씀대로 믿는 자는 복이 있다.

예수 그리스도의 부활은 승리다

오늘 말씀

고전 15:57

우리 주 예수 그리스도로 말미암아 우리에게 승리를 주시는 하나님
께 감사하노니.

예수 그리스도의 부활은 승리다. 예수님의 죽음은 사람들에
게 패배로 비쳐졌지만 죽은 자 가운데서 부활하심으로 승리자
임을 확실하게 증거해 주었으며 우리에게 이기기 위해서는 어
떻게 살아야 하는가를 가르쳐 주고 있다.

예수님의 승리가 곧 우리의 승리가 되어야 한다. 예수님은
"세상에서는 너희가 환난을 당하나 담대하라, 내가 세상을 이
기었노라."고 격려하고 있다.(요 16:33)

그렇다면 예수 그리스도의 승리를 구체적으로 살펴보자.

첫째, 생명으로 죽음을 이겼다. 죽음 앞에서는 누구나 두려
워하기 마련이다. 죽기를 무서워하므로 한평생 매여 종 노릇
하고 산다.(히 2:15) 죽음을 이길 수도 없고 피할 수도 없으니 포
기하기도 한다. 그러나 예수님은 스스로 죽음에서 부활하심으
로 사망권세를 이겼다. "사망아, 너희 승리가 어디 있느냐. 사
망아, 네가 쏘는 것이 어디 있느냐."고 비웃는다.(고전 15:55) 예
수 그리스도는 생명으로 사망을 이겼다. 그러므로 우리도 이기
려면 예수생명을 붙들어야 한다.

둘째, 사랑으로 미움을 이겼다. 대제사장들을 비롯한 당시의 기득권자들은 예수를 미워하고 시기하여 공의회에서 신성모독 죄로 사형 판결을 하고 로마 법정에 고발하고 백성을 선동하여 사형 판결을 받아냈다. 그들은 끝까지 예수님을 증오하고 시기했다. 그러나 예수님은 그들을 끝까지 사랑했고 십자가에 달려 돌아가시면서까지 저들을 사해 달라고 하나님께 기도했다. 누가 이겼는가. 예수님의 부활은 사랑이 결국 미움을 이긴다는 것을 보여주었다. 이기고 싶은가. 사랑하라.

셋째, 진리로 거짓(비진리)을 이겼다. 세상에는 얼마나 많은 이단사설이 있어 사람들을 현혹시키고, 거짓은 진실을 덮으려고 하는가. 예수님 당시에도 기득권자들은 거짓으로 진리 되시는 예수님을 억누르고 결국은 죽이기까지 했다. 그러나 예수님의 부활은 복음과 진리의 승리를 만방에 선포했다. 이기고 싶은가. 진리를 붙들고 진리와 진실 편에 서라. 진리가 자유하게 한다. 진실은 반드시 드러난다.

마지막으로 정의로 불의를 이겼다. 기득권자들은 원칙과 양심으로 예수의 정의를 이길 수 없다는 것을 알기 때문에 불의와 불법을 사용했다. 일단 어떻게 하든지 죽이면 승리한다고 생각했다. 죽은 사람이 무슨 말을 하겠느냐고 생각했을 것이다. 그리고 억울하게 죽였다. 그들은 승리의 개가를 불렀을 것이다. 그러나 그 승리는 3일을 넘기지 못했다. 예수님의 부활 앞에서 그들은 얼마나 떨며 불안했겠는가. 이기고 싶은가. 양심과 정의를 붙들고 정의 편에서 싸우라. 하나님이 도우신다.

하늘로 가심을 본 그대로 오시리라

행 1:11

이르되 갈릴리 사람들아, 어찌하여 서서 하늘을 쳐다보느냐. 너희 가운데서 하늘로 올려지신 이 예수는 하늘로 가심을 본 그대로 오시리라 하였느니라.

하나님의 약속은 사람의 이성으로 이해가 되든지, 되지 않든지 모두 반드시 이루어진다. 지금까지 그랬다.

사실 메시아의 동정녀 탄생이나 부활 같은 예언의 성취는 상식적으로는 이해하기가 어려웠다. 그러나 역사적으로 모두 이루어졌다. 이제 남은 것은 예수님의 재림이다.

성경은 예수님의 재림에 대해서 줄기차게 예언하고 있고 예수님 자신도 약속했다. 그러므로 우리는 그 약속을 믿고 기다려야 한다. 그러면서도 궁금한 것이 하나둘이 아니다. 그중에서도 언제 오시느냐 하는 것과 어떻게 오실 것이냐 하는 것은 매우 궁금하다.

성경은 재림 전에 일어날 징조에 대해서는 말씀하고 있지만 재림의 날짜는 철저히 비밀에 붙이고 있다. 그날과 그때는 아무도 모르나니 하늘의 천사들도, 아들도 모르고 오직 아버지만 아신다고 했다.(마 24:36) 이것을 억지로 알아맞히려 하는 시도는 어리석은 일이다. 과거에 시한부종말론자들이 이를 아는 체했다가 얼마나 망신을 당했던가.

그러나 주님이 어떻게 오시는가에 대한 답은 오늘 말씀에서 찾을 수 있다. 주님은 부활하신 이후 40일 동안을 이 땅에 계셨는데, 예루살렘을 떠나지 말고 약속하신 성령을 받은 다음에 복음 전파 사역을 감당하라는 분부를 하셨다. 그다음에 주님은 곧 승천을 하셨는데 그 곁에서 천사가 한 말이 힌트가 된다.

갑자기 일어난 일이라 제자들이 올리워 가시는 예수님을 바라보고만 있을 때 천사의 음성을 통하여 "너희 가운데서 하늘로 올려지신 이 예수는 하늘로 가심을 본 그대로 오시리라."는 말을 주었으니 어떻게 승천하셨는가를 알면 어떻게 오실 것인가를 알 수 있지 않겠는가.

1) 예수님 자신이 그대로 오신다. 남을 대신 보낸다든지 변모한 모습이 아니다. 2) 육신을 가진 채로 오신다. 성령처럼 영적 강림이 아니다. 3) 모든 사람이 보는 가운데 공개적으로 오신다. 소위 자기가 재림 예수라 하는 자들은 속임수를 쓰고 있는 것이다. 4) 갑자기 오신다. 갑자기 떠났기 때문에 갑자기 오신다. 평안하다 할 때에 도적같이 오실 것이다. 5) 영광스럽게 승리적으로 오신다. 초림은 초라하게 마구간으로 오셨지만 재림은 왕자적 위엄을 가지고 영광스럽게 오신다. 6) 모든 것을 완성시키기 위하여 종말론적으로 오신다. 주님의 재림은 곧 현 세상의 종말이다.

초림은 죄인 구원을 위함이었지만 재림은 심판을 위함이다. 모든 사람을 천국과 지옥으로 구분시켜 놓을 것이다. 그러므로 주님의 재림을 기다리며 경건한 삶을 살아야 할 것이다.

예수님 재림의 징조

오늘 말씀

마 24:32-33

> 무화과나무의 비유를 배우라. 그 가지가 연하여지고 잎사귀를 내면 여름이 가까운 줄을 아나니 이와 같이 너희도 이 모든 일을 보거든 인자가 가까이 곧 문 앞에 이른 줄 알라.

예수님은 비록 당신의 재림 날짜와 때는 비밀로 하셨지만(마 24:36) 재림이 임박해지면 어떠한 조짐이 있을 것이라는 사실은 알려주셨다.

마치 무화과나무의 가지가 연하여지고 잎사귀를 내면 여름이 가까운 줄을 아는 것처럼 주님의 재림의 시기가 가까워지면 이러이러한 징조들이 나타날 것인데 경계하며 깨어 있는 삶을 살아야 한다고 가르치신 것이다.

그렇다. 주님의 재림은 곧 세상의 심판이다. 그러므로 우리는 영적으로 잠들어 있어서는 안 된다. 현명한 신앙인은 성경이 말씀하는 징조를 신중하게 받아들여 준비하고 대비하는 삶을 살아야 한다.

성경에는 예수님의 재림이 임박하면 일어날 징조에 대해 많이 말씀하고 있다. 여기서는 그중에 몇 가지만 언급하여 우리가 지금 어느 시대를 살고 있는가를 깨어 있는 시각으로 보도록 도움을 주려고 한다.

첫째는 영계의 혼탁이다. 자신이 재림주라고 하는 사람들이

나올 것이라 했다. 거짓 선지자, 거짓 선생 등 잘못된 지도자들
이 출현하여 현혹시킬 것이니 조심하라고 했다.

둘째, 난리의 소문이 있고 전쟁이 빈번하게 일어날 것이라
했다. 세계 도처에서 평화와 자유를 부르짖지만 오히려 갈등이
많아질 것이며 나라와 나라, 민족과 민족의 싸움이 그치지 않
을 것이라 하였다.

셋째는 천재지변이다. 지진, 화산폭발, 폭우, 폭설, 홍수, 가
뭄, 태풍 등과 같은 천재지변은 각종 사고, 전염병, 기근 등을
유발할 것이다.

넷째는 사랑이 식어지고 불법이 성하여져 윤리와 도덕이 무
너지고 문란해지며 해이되어 부도덕한 사회가 되어 갈 것이라
하였다.

다섯째, 말세는 고통하는 때가 될 것이며 무엇보다 자기사
랑, 돈사랑, 쾌락사랑이 심대할 것이라 했다.(딤후 3:1-5)

이러한 때에 우리는 시험에 들지 않도록 기도하며 경건한 삶
을 살아야 할 것이다.

성경은 등과 기름을 준비한 슬기로운 다섯 처녀와 같은 깨어
있는 삶을 원하신다.(마 25:1-13)

천국은 어떤 곳인가

계 21:3-4

내가 들으니 보좌에서 큰 음성이 나서 이르되 보라, 하나님의 장막이 사람들과 함께 있으매 하나님이 그들과 함께 계시리니 그들은 하나님의 백성이 되고 하나님은 친히 그들과 함께 계셔서 모든 눈물을 그 눈에서 닦아주시니 다시는 사망이 없고 애통하는 것이나 곡하는 것이나 아픈 것이 다시 있지 아니하리니 처음 것들이 다 지나갔음이라.

우리는 천국에 대한 소망을 가진 사람들이다. 그러므로 천국은 어떤 곳인가에 대하여 많이 궁금하다. 참 좋은 곳이다. 하지만, 우리의 궁금증은 그런 대답으로 만족하지 못한다. 어떻게 좋은지 구체적으로 알고 싶은 것이다.

성경이 말씀하는 상식선에서 생각한다면 그곳은 하나님의 영광이 넘치기에 하나님을 경외하는 모든 피조물이 하나님께 경배하며 찬송하는 곳일 것이다. 그곳은 안식이 있고 평화가 있고 사랑이 있고 부족함이 없는 곳일 것이다.

그러나 무엇보다 이 세상에서 당하는 모든 어려움, 예를 들면 불의, 부정, 불법, 거짓. 위선, 교만, 질병, 시험, 불만, 불편, 공포, 고난과 고통, 외로움과 슬픔 같은 것들이 없는 곳일 것이다.

그 밖에도 성경에 기록된 천국의 모습을 모두 설명할 수는 없다. 성경의 기록을 다 알 수도 없지만 다 안다 할지라도 그것은 계시의 전부가 아니다. 정확한 계시인 것은 분명하지만 모든 것은 아니란 뜻이다. 그러나 그 말씀만으로 구원에 이르는

데 지장 없고 구원받은 백성으로 사는 데도 지장이 없다. 그래서 무슨 말씀을 들어도 전부가 아니라 어떤 지극히 적은 일부분일 뿐이다. 그만큼 하나님나라는 방대하다.

그러므로 천국이 어떤 곳이냐에 대하여는 오늘 주신 말씀 안에서만 생각해보려 한다.

첫째로 천국은 하나님과 함께 하는 곳이다. 다시 말하면 하나님과 하나님의 백성이 따로 있지 않다는 것이다. 우리는 누구와 함께 있고 싶은가. 자비로우신 하나님과 함께 하는 곳이 천국이다. 예수님은 세상을 떠날 때 거처를 예비하러 가신다고 하면서 거처를 예비하면 다시 와서 너희를 내게로 영접하여 나 있는 곳에 너희도 있게 할 것이라고 했다.(요 14:3) 또한 십자가에 달려 돌아가시기 직전 회개하는 강도에게 오늘 네가 나와 함께 낙원에 있을 것이라 하셨다.(눅 23:43)

다음으로 천국은 이 세상의 모든 고통과 아픔이 제거된 곳이다. 눈물이 없고 사망이 없고 아프고 애통하는 일들이 없다. 이 얼마나 아름다운 곳이겠는가.

그곳을 소망하는 우리는 주님의 뜻에 합당한 삶을 살아야 한다. 성경은 말씀한다. "우리가 소망으로 구원을 얻었으매 보이는 소망이 소망이 아니니 보는 것을 누가 바라리요. 만일 우리가 보지 못하는 것을 바라면 참음으로 기다릴지니라."(롬 8:24-25)

자다가 깰 때

롬 13:11-12

> 또한 너희가 이 시기를 알거니와 자다가 깰 때가 벌써 되었으니 이는 이제 우리의 구원이 처음 믿을 때보다 가까웠음이라. 밤이 깊고 낮이 가까웠으니 그러므로 우리가 어둠의 일을 벗고 빛의 갑옷을 입자.

지금이 어느 때인가? 잠들어 있는 사람은 몰라도 깨어 있는 사람은 안다. 깨어 있다는 것은 각성했다는 뜻이다. 정신을 차리고 현실을 보며 세상이 지금 어디를 향하여 가고 있는가를 영적인 관점에서 볼 줄 아는 사람을 가리킨다.

각성하지 못한 사람들의 이야기를 할 때 성경은 노아의 홍수 때의 사람들을 예로 들기도 한다. 홍수 전에 노아가 방주에 들어가던 날까지 사람들이 먹고 마시고 장가들고 시집가고 있으면서 홍수가 나서 그들을 다 멸하기까지 깨닫지 못하였으니 인자의 임함도 이와 같으리라고 했다.(마 24:38-39)

노아가 방주를 예비하고 있을 때 세상에는 무슨 징조가 있었는가. 노아는 하나님의 말씀에 순종하여 맑은 날씨에 방주를 만들고 있었지만 당시의 사람들은 홍수의 징조를 전혀 느끼지 못했을 것이다. 그러니 먹고 마시고 즐기는 삶을 살면서 그것이 가장 행복한 삶이라고 여겼을 것이다.

그런데 어느 날, 갑자기 비가 내리기 시작했다. 그리고 홍수가 나서 노아의 가족 외에는 살아남은 사람이 없게 되었다. 그들의 쾌락적 삶이, 그들의 육신적 즐거움이 자신들에게 무슨 유익을 주었는가. 깨어 있지 않으면 그런 경우를 당하게 될 것이라고 성경은 경고하고 있다.

오늘의 말씀은 성 어거스틴이 방탕하던 시절에 심령에 변화를 일으켜주신 말씀으로 유명하다.

어느 봄날 어거스틴은 혼자 방에 있었다. 밖에서는 아이들이 뛰놀고 있었다. 그런데 아이들이 "책을 펴서 읽어라, 책을 펴서 읽어라." 하고 노래하는 것이었다. 그의 책상에는 성경이 놓여 있었다. 어거스틴은 아이들의 노랫말을 들으며 무심코 책장을 폈다. 그리고 읽었다. 그가 읽은 부분이 바로 여기였다.

자다가 깰 때가 되었다. 우리의 구원이 처음 믿을 때보다 가까워졌다. 밤이 깊고 낮이 가까웠으니 어둠의 일을 벗고 빛의 갑옷을 입자.

이 말씀이 그의 뇌리와 가슴을 쳤다. 그는 회개했다. 그리고 주님께 돌아왔다. 이 말씀이 오직 어거스틴만을 위해서 기록되어졌겠는가.

깨어 있는 삶을 살자. 지금 세상은 어디로 가고 있는가. 나는 지금 어디로 가고 있는가. 세상에 편승하여 어둠의 길을 가고 있는가. 그렇다면 되돌아서야 한다. 깨닫고 각성한 사람만 구원에 이른다. 하나님은 영적으로 각성한 사람을 어둠의 세력에서 건져 빛의 세계로 인도해 주신다.

복된 죽음

계 14:13

또 내가 들으니 하늘에서 음성이 나서 이르되 기록하라, 지금 이후로 주 안에서 죽는 자들은 복이 있도다 하시매 성령이 이르시되 그러하다 그들이 수고를 그치고 쉬리니 이는 그들의 행한 일이 따름이라 하시더라.

죽음을 유쾌하게 받아들일 사람은 없다. 모두들 나와는 상관이 없었으면 좋겠다고 생각할 것이다.

그러나 죽음은 남의 얘기만은 아니다. 나와도 깊은 관계를 맺고 있는 친구다. 서양에 "원수 같은 죽음이 친구처럼 찾아온다."라는 속담이 있다. 정말 원수 같은 것이 친구처럼 찾아오는 게 죽음이다.

죽음은 본래 아담이 하나님께 범죄한 징계로 내려진 것이기 때문에 유쾌한 것이 될 수는 없다. 그러나 너나없이 누구나 맞이해야 할 일이기 때문에 외면할 수가 없다. 외면한다고 떨쳐 버릴 수 있는 것도 아니지 않는가.

오늘 말씀을 읽어 보면 그 원수 같은 죽음에도 복이 있는 죽음이 있다고 한다. 그렇다면 복이 되지 않는 죽음도 있다는 뜻이 된다.

어떤 죽음이 복이 되는가. 주 안에서 죽는 죽음이라 했다. 이는 예수 믿고 죽는 사람을 가리킨다. 그렇다. 예수 안에만 구원이 있으니 예수 안에서 죽으면 은혜다. 왜 그런가. 이 세상에서의 삶보다 낫기 때문이다.

형편이 어려운 곳에서 좋은 곳으로 옮기는 것은 행복한 일이다. 남의 집에 세들어 살다가 내 집을 마련해서 이사를 하게 되면 얼마나 기분이 좋을 것인가.

예수 안에서 죽음을 맞이하고 천국으로 간다고 생각해 보라. 기분 좋은 일이다. 이 어지러운 세상보다 더 나쁜 곳으로 이사를 하지 않는 것이 얼마나 다행인가.

예수 믿고 죽어서 가는 그곳은 쉼이 있는 곳이다. 안식이 있다. 평안과 사랑이 있는 곳이다.

죽음을 두려워하지 말자. 마음에 근심하지 말라시며 우리의 거처를 예비하러 가신 주님. 그 주님과 함께하는 곳.(요 14:1-3) 이 땅에서 예수 믿었다고 하는 그 사실 하나로 가는 곳이 천국이다.

누구나 맞이하는 죽음이지만 하나님의 백성만 특별히 가는 곳이 천국이다. 우리에게는 영원한 소망이 있다.

지상명령

마 28:19-20

그러므로 너희는 가서 모든 민족을 제자로 삼아 아버지와 아들과 성령의 이름으로 세례를 베풀고 내가 너희에게 분부한 모든 것을 가르쳐 지키게 하라. 볼지어다, 내가 세상 끝 날까지 너희와 항상 함께 있으리라 하시니라.

오늘 말씀을 흔히 예수님의 지상명령至上命令 또는 유언명령이라 한다.

예수께서 수난을 당하고 죽었다가 부활하시고 승천하시기 전에 지상 사역을 마치며 마지막으로 제자들에게 분부한 중요한 말씀이기 때문이다. 예수님은 지상명령으로 복음전파와 교육을 지시하셨다.

먼저 복음전파를 위한 지시 내용을 보면 "가서 모든 민족을 제자로 삼으라."는 것이다. 여기서 가라는 지시는 적극적인 활동을 의미한다.

전도는 적극적이어야 한다. 소극적으로 예수 믿기를 기다리는 것이 아니라 능동적으로 믿게 만들어야 한다. 생명보다 귀한 것은 없고 전도는 생명을 살리는 일이기 때문이다. 그래서 성경은 "때를 얻든지 못 얻든지 전하라." 했고(딤후 4:2) "그들이 듣든지 아니 듣든지 전하라." 했다.(겔 2:5)

또한 모든 민족을 제자 삼으라는 지시는 전도는 적극적일 뿐 아니라 차별이나 구별을 두지 말아야 한다는 의미가 된다. 민족이나 인종이나 남녀노소, 빈부귀천 가리지 말고 전도의 대상으로 삼으라는 뜻이다. 실로 구원에서 제외되어야 할 사람은 없다. 그래서 지역적으로는 "땅 끝까지 이르러 내 증인이 되리라."고 했다.(행 1:8)

교육에 대한 지시 내용은 "너희에게 분부한 모든 것을 가르쳐 지키게 하라."는 것이다.

우리는 전도한 사람을 주님의 제자로 양육해야 한다. 성경은 하나님의 백성으로 사는 방법을 가르쳐주고 있다. 먼저는 하나님을 섬기는 도리, 다음으로는 이웃과의 바른 관계를 가르친다. 사랑하고 충성하고 섬기고 헌신하고 배려하는 모든 일을 하나님의 말씀대로 실천하도록 하는 것이다. 실천하지 않는 것은 죽은 교육이다.

우리는 지금 주님의 지상명령을 잘 받들고 있는가. 모든 생명은 귀하다. 그러나 진정으로 귀한 생명이 되려면 구원을 받고 거룩한 백성으로 살아야 한다. 주님은 이 일을 나에게 맡기셨다. 우리는 지금 어디로 가고 있는가. 성경은 복음을 들고 가는 발이 아름답다고 한다.(롬 10:15)

하나님의 일

요 6:29

예수께서 대답하여 이르시되 하나님께서 보내신 이를 믿는 것이 하나님의 일이니라.

예수께서 보리떡 다섯 개와 물고기 두 마리로 모여든 군중 5천 명 이상을 먹이자 백성들은 흥분했다. 억지로 예수님을 임금 삼으려는 사람들도 있었다. 그리고 많은 사람이 주님을 따랐다. 주님을 따르면 먹고사는 문제는 해결되지 않겠느냐는 속셈도 있었을 것이다.

이에 예수님은 "썩을 양식을 위하여 일하지 말고 영생하도록 있는 양식을 위하여 하라."고 가르쳤다.(요 6:27)

그러자 저들은 "우리가 어떻게 하여야 하나님의 일을 하오리이까?" 하고 물었고, 예수님은 "하나님께서 보내신 이를 믿는 것이 하나님의 일."이라고 대답하셨다.

우리는 흔히 하나님의 일이라 하면 교회에서 하는 어떤 노동이나 여러 종류의 봉사라고 생각하기 쉽다. 그런 생각을 가진 사람들에게 하나님께서 보내신 이, 즉 예수 그리스도를 믿는 것이 하나님의 일이라고 하면 조금 이상하게 들릴 수 있을 것이다.

그러나 교회 안에서뿐 아니라 교회 밖에서도 하나님을 의식

하고 행한다면 그 모든 일이 하나님의 일이 아니겠는가. 우리
는 오히려 교회 밖에서 세상의 소금이 되고 빛이 되어야 한다.
교회 안에서는 충성스럽게 봉사하면서 교회를 벗어나서는 전
혀 다른 삶을 사는 것은 올바른 신앙이라 할 수 없다.

우리는 믿어야 한다. 예수 그리스도가 하나님이 보내신 하나
님의 아들임을 믿어야 한다. 그리고 그가 우리를 구속하신 분
임을 믿어야 한다.

이 믿음이 하나님의 큰 일이고 모든 하나님의 일의 기초가
된다. 이 믿음을 따라서 하면 그것이 다 하나님의 일이다. 성경
은 믿음을 따라 하지 아니하는 것은 다 죄라고 했다.(롬 14:23)

세상에는 믿음 없이 하는 일이 많다. 그 일은 아무리 많이 해
도 하나님의 영광을 위한 일이 아니다.

먹든지 마시든지 무슨 일을 하든지 믿음 안에서 하자. 우리
는 믿음으로 구원받았으니 하나님의 일을 하는 사람이다. 하
나님의 일을 더 많이 해야 할 사람이다. 그러나 믿는 그 자체가
하나님의 일이다.

착각

욥 1:21

> 이르되 내가 모태에서 알몸으로 나왔사온즉 또한 알몸이 그리로 돌아가올지라. 주신 이도 여호와시요, 거두신 이도 여호와시오니 여호와 이름이 찬송을 받으실지니이다.

나는 오늘 내 학생시절에 있었던 부끄러운 일을 하나 고백하려 한다. 물론 이 이야기는 개인 안에서 일어난 일이기 때문에 법에는 저촉되지 않지만 양심에 걸리는 치부를 드러낸 것이다.

당시에는 책이 귀해서 책 읽기에 허기진 우리는 친구가 처음 보는 책을 가지고 있으면 무슨 내용이든 가리지 않고 빌려 읽곤 했다.

어느 날 나는 한 친구로부터 책을 빌려 읽기 시작했다. 분량이 꽤 많아서 여러 날을 내 것처럼 곁에 두고 읽었다. 그러는 동안 책에 정이 들기 시작했다. 다 읽었는데 돌려주기가 싫었다. 결국 돌려줄 수밖에 없었지만 잠깐 동안이라도 부끄러운 생각을 했던 것이다.

나는 지금 내가 소유하고 있거나 내가 활용하고 있는 것을 누구의 것이라고 여기는가. 내 것이라고 생각한다. 얼마 되지 않지만 내 재산은 내가 땀 흘려 벌어 모았으니 내 것이고, 내가 가지고 있는 기술이나 지식도 내가 힘들게 노력하여 습득했으니 내 것이고, 내게 주어진 시간이나 재능도 내 마음대로 활용할 수 있으니 내 것 아닌가. 그런데 과연 그것이 내 것인가?

욥의 이야기를 잠깐 빌려보자. 그는 하루아침에 열 자녀와 그 많던 재산을 잃었다. 기가 막힐 노릇이고 억울한 일을 당한 것이다. 그는 그 상황에서 이렇게 고백했다. "주신 이도 여호와 시요, 거두어 가신 이도 여호와시니 여호와 이름이 찬송을 받으실지니이다."

이런 사람을 우리는 바보라 해야 하는가, 아니면 신앙이 좋다고 해야 하는가. 나는 이런 사람 앞에서 부끄럽다. 그러면서 그 믿음이 부럽다.

나는 벌거숭이로 태어났다. 실오라기 하나 가지고 오지 않았다. 그러므로 순수하게 내 것이라 할 수 있는 것은 죄밖에 없다. 내가 가진 모두를 태어나서 얻었고 아쉬운 대로 큰 지장 없이 살고 있다. 그러면서 내 소유는 내 것이라고 고집한다.

그러나 어째서 그것들이 내 것이란 말인가. 떠날 때 가지고 갈 수 없는 것이 내 것인가. 그때는 내 몸 하나도 주체하지 못한다.

그렇다. 욥의 고백이 맞다. 우리는 이 세상에서 사는 동안 하나님의 것을 사용하는 청지기에 불과하다. 주인이 맡겨주신 것을 주인의 뜻대로 관리해야 한다. 나는 지금 축적하고 있는가, 아니면 활용하고 있는가? 활용하고 있다면 주님을 위해서인가, 나를 위해서인가?

여왕의 행차

여왕이 오시는 달에는
하늘도 땅도 바쁘다

아지랑이 아른거리는 푸른 하늘은
종달새로 노래하게 하고
여왕이 걷기에 불편하지 않도록
땅은 온갖 꽃을 피어내
마음부터 기쁘게 해 드린다
사람들은 가정의 달을 만들어
어린이들이 뛰놀게 하고
어버이와 스승의 은혜를 기린다

여왕이여, 이제 오시라
화사한 왕관을 쓰고 오시라
발에 끌리는 연분홍 드레스를 입고 오시라
사뿐사뿐 오시라
대문 활짝 열어놓고 환영하는 집집마다
행복의 미소를 머금고 오시라
당신의 행차에 세상은 따스해지고
만나는 사람마다 서로 손잡고
얼굴을 부비며
끝내는 가슴을 열어 품고 싶으리라

여왕이 찾아오시는 푸른 오월은
착한 사람들의 가슴, 가슴마다
사랑이 넘실거리는 계절

POEM

May

나의 동산에 향기를 날리라

오늘 말씀

아 4:16

> 북풍아, 일어나라. 남풍아, 오라. 나의 동산에 불어서 향기를 날리
> 라. 나의 사랑하는 자가 그 동산에 들어가서 그 아름다운 열매 먹기
> 를 원하노라.

푸른 5월이다. 계절의 여왕 5월이다. 날씨가 청명하여 생활
하기가 연중 가장 적합하다 하여 '계절의 여왕'이란 이름을 붙
인 푸른 5월이다.

아름다운 꽃들이 수줍음을 모르고 활짝 피어 향기를 퍼뜨리
면 사랑하는 사람과 꽃길을 걷고 싶고 푸른 숲이나 졸졸졸 흐
르는 시냇가에 앉아 도란도란 이야기를 나누고 싶은 계절이기
도 하다.

5월은 가정의 달이다. 어린이날, 어버이날, 스승의 날, 부부
의 날 등이 있어 포근하고 행복하다.

하나님은 인류의 행복을 위하여 나라나 교회보다 앞서 가정
을 주셨다. 가정을 통하여 행복하기를 원하셨던 것이다. 그러
므로 행복을 원한다면 먼저 복의 근원이 되시는 하나님을 잘
섬기며 그 안에서 가정을 바르게 세워야 한다. 가정 구성원들
이 질서와 도리를 지키며 화목해야 한다. 화목하고 단란해야
형통하다.

명심보감明心寶鑑 치가편治家篇에 자효쌍친락子孝雙親樂이요

가화만사성家和萬事成이란 말이 있다. 자식이 효도하면 양친이 즐겁고 가정이 화목하면 만사가 이루어진다는 뜻이다. 여러분도 가정 안에서 위계질서를 지키며 화목을 도모하며 행복하기를 바란다.

오늘날은 행복을 추구하면서도 어떻게 해야 행복이 오는지는 잘 모르는 것 같다. 행복이 무엇인지조차 모르는 것 같다. 행복을 멀리서 찾으려 들고 뭔가 대단한 데서 얻고자 하는 것 같다.

소박하고 단순한 마음 안에 행복이 있다는 걸 왜 모를까. 가정이 해체된다면 어디서 행복을 찾을 수 있을까. 그러므로 가족은 서로 도와야 한다. 서로 배려하고 헌신해야 한다.

부부가 사랑의 모범을 보이며 부모에게 순종하고 자녀들을 바르게 양육한다면 그 자체가 행복 아닌가. 하나님은 그 가정에 하나님나라를 세워주시고 복을 주실 것이다.

화목하고 다복한 5월이 되기 바란다. 가정이란 동산에 향기가 넘치고 아름다운 열매가 풍성하기 바란다. 당신이 하시는 일과 계획하는 일들이 주 안에서 형통하기 바란다.

어린이를 영접하라

마 18:5-6

또 누구든지 내 이름으로 이런 어린아이 하나를 영접하면 곧 나를 영접함이니 누구든지 나를 믿는 이 작은 자 중 하나를 실족하게 하면 차라리 연자 맷돌이 그 목에 달려서 깊은 바다에 빠뜨려지는 것이 나으니라.

어떤 사람이 크게 되느냐 하는 것은 사람이라면 그 누구에게 나 관심거리일 것이다. 예수님의 제자들도 그 점이 궁금했다.

어느 날 제자들이 천국에서는 누가 크냐고 주님께 물었다.

예수님은 그들을 가르치기 위하여 어린아이 하나를 불러 세우고 이 어린아이와 같이 되지 않으면 천국에 들어갈 수도 없고 누구든지 이 어린아이와 같이 자신을 낮추는 사람이 천국에서 크다고 하셨다.

그리고 덧붙여 말씀하시기를 이 어린아이 하나를 주님의 이름으로 영접하면 곧 주님을 영접하는 것이고 누구든지 예수 믿는 작은 자 중 하나를 실족하게 하면 차라리 연자 맷돌이 그 목에 달려서 깊은 바다에 빠뜨려지는 것이 낫다고 했다.

천국에서는 어린아이같이 자기를 낮추는 자가 크고 이 어린아이와 같이 되어야 천국에 들어갈 수 있다는 것이다.

예수님은 어린아이를 통해서 겸손해야 할 것과 어린아이를 사랑해야 할 것과 어린아이를 실족시키지 말 것을 교훈하셨다. 이 말씀으로 예수님이 얼마나 많이 어린아이를 사랑하고 계시

며, 모든 사람이 어린아이와 같이 진실하고 겸손하기를 바랐는
가를 알 수 있다.

그렇다. 어른들은 어린아이를 귀하게 여기고 어린아이가 가
진 성품을 배우기 위해 노력해야 한다.

또한 행여라도 어린아이를 실족시킨다면 그를 죽이는 것과
같다 하였으니 힘없는 어린아이라 해서 그들을 노엽게 하거나
그들이 바르게 성장하는 데 지장을 주어서는 안 될 것이다.

어린아이뿐이랴. 사회적 약자라고 시험에 들게 하고 실족시
킨다면 이 역시 그들을 죽이는 것과 같다.

어린아이나 어린아이 같은 사람의 순수함을 배우고 그들도
안심하고 살 수 있는 환경과 여건을 갖추어 주어야 하는 것이
우리가 해야 할 일이다.

어린 예수의 성장

오늘 말씀

눅 2:52

예수는 지혜와 키가 자라가며 하나님과 사람에게 더욱 사랑스러워 가시더라.

예수님은 어린 시절에 어떻게 성장했는가에 대해서는 자세하게 소개되고 있지 않다. 그러나 예수님도 아기로 태어나서 성장했기 때문에 일반 사람과 똑같이 성장했을 것이다.

오늘 말씀을 보면 예수님의 성장을 네 가지로 표현하면서 아주 건강하게 자랐다는 것을 알게 한다.

예수님은 지혜가 자라갔다. 여기서 지혜는 인간의 정신 영역을 대표하는 것이다. 사람은 육신과 영혼으로 구성되어 있고, 영혼에 지, 정, 의라는 인격이 있기 때문에 정신적인 성장이 있어야 정상이다.

예수님은 처음부터 완벽한 지식과 지혜가 있었던 것이 아니라 보통 사람과 일반으로 지적 능력이 조금씩 자랐을 것이다. 그것을 지혜가 자랐다고 표현하고 있다. 지혜가 자라지 않으면 건강하고 온전한 사람이 될 수 없다.

또한 예수님은 키가 자라갔다. 여기서 키는 예수님의 육신적 영역을 대표하는 말이다. 사람이 정신은 자라는데 육신은 자라지 않고 그대로 있으면 기형적인 것이다. 예수님은 육신도 건강하게 자랐다는 것을 알 수 있다.

셋째로 예수님은 하나님에게 더욱 사랑스러워 갔다고 했다. 하나님과의 관계가 좋았다는 뜻이다. 예수님은 무엇보다 영적 영역에서 더 크고 강하게 성장해 나갔을 것이다. 사람에게는 영혼이 있어 하나님과 영적 교제를 할 수 있다. 그러면서 신앙이 성숙해 나가는 것이다.

마지막으로 예수님은 사람에게도 더욱 사랑스러워 갔다고 했다. 사람과의 관계가 좋았다는 뜻이다. 이는 예수님의 사회적인 성장을 말한다.

특별히 예수님은 인류의 죄를 사하시고 용서하시기 위하여 오신 분이시다. 그런 그가 사람과의 관계를 무시했다면 어떻게 전도할 수 있으며 당신이 가진 뜻을 이루실 수 있었을까.

예수님은 어려서부터 사람들에게 좋은 인상을 남기고 더욱 사랑스러워 갔다는 것은 장차 그의 생애와 사역을 감당하는 데 적합하게 작용했을 것이다.

우리도 건강해야 한다. 육신도, 정신도 건강해야 한다. 그리고 무엇보다 영적으로 건강해야 한다. 영적인 건강보다 귀한 것은 없다. 예수님은 모든 면에서 건강하게 성장했다. 우리도 건강하자.

자식들은 여호와의 기업

시 127:3

보라, 자식들은 여호와의 기업이요, 태의 열매는 그의 상급이로다.

하나님은 사람에게 가정을 세울 때 남자와 여자가 결혼하는 것으로부터 시작하게 했다. 그리고 그 안에서 태어나는 자식들을 통하여 종족을 번성케 했다.

자손의 번성은 하나님께서 인간에게 주신 축복이지만 가정에 자식이 생긴다는 것이 자손 번성의 의미밖에 없다면 사람도 다른 동물과 다름이 없게 된다.

동물들을 보자. 본능적이지만 그들도 얼마나 자기 새끼들을 사랑하는가. 젖을 주고 먹이를 구해다가 제공하고 잃어버리거나 다른 동물들에게 잡혀 먹히지 않도록 보호한다. 이 또한 궁극적으로는 자손의 번성을 위해서다.

그러나 사람이 가정을 이루는 이유는 생물학적으로 자손 번성의 목적도 있지만 무엇보다도 가정 안에서 행복을 누리도록 하는 데 더 큰 의미가 있다. 그래서 자식이 귀하다.

성경에서 얘기하는 자식의 의미는 무엇인지 살펴보자.

첫째로 여호와의 기업이라 했다. 기업이란 바탕이라는 의미도 있고 선물이라는 의미도 있다. 대대로 물려 내려오는 재산이란 뜻이다. 이스라엘 백성들에게 가나안을 기업으로 주셨듯이 가정을 이어나갈 하나님의 선물로 자식을 주신 것이다.

자식이 바르게 자라면 그 가문의 영광이 되고 진정한 축복이 된다. 자식으로 인해 가정에 행복을 가져다주는 것이므로 자식은 하나님의 선물 중에 가장 귀한 선물이요, 재산 중에 최고의 가치가 있는 재산이다.

또한 자식은 저절로 얻어진 것이 아니라 하나님이 상급으로 주신 것이다. 본래 상급이란 하나님이 사람에게 베푸시는 은혜의 무엇이라는 뜻이다. 하나님은 우리에게 축복의 선물로 자식을 주신 것이다.

그러므로 자식을 귀하게 여겨야 한다. 하나님이 허락하고 주셨기 때문이다. 가장 가치 있고 존귀한 기업이요, 선물이기 때문이다. 가정의 행복과 기쁨이 상당 부분 자식에게 달려 있기 때문이다.

자식을 귀하게 여기고 사랑할 수 있는 방법은 먼저 하나님의 말씀으로 바르게 양육하는 것이고, 다음으로는 늘 격려하고 용기를 주어야 하고, 필요한 것을 채워주며 장차 가정과 사회와 교회의 일원으로 보람 있게 살 수 있는 길을 열어주어야 한다.

그러나 잘못된 길로 가는 성싶으면 징계를 통하여 교정해주어야 할 것이다.(잠 29:15, 17)

마땅히 행할 길을 아이에게 가르치라

잠 22:6

마땅히 행할 길을 아이에게 가르치라. 그리하면 늙어도 그것을 떠나지 아니하리라.

우리 속담에 세 살 버릇 여든까지 간다는 말이 있다. 어렸을 적의 습관이나 교육이 얼마나 중요한가를 깨우쳐주는 말이다.

성경에서도 어려서의 교육이 얼마나 중요한가를 일깨워주고 있다. 어렸을 때에 바르게 가르쳐 놓으면 늙어서도 그 가르침에서 벗어나지 않는다는 것이다.

사회에서의 교육 장소는 많다. 학교가 대표적이고 학원도 발달되어 있다. 그러나 가장 중요한 것은 어렸을 때부터 가정에서 배운다. 부모 밑에서 배운 모든 것이 일생 동안 가장 큰 영향을 끼친다. 또 그 시기에 인격이 형성되기 때문에 가정에서의 정서적 안정이 매우 중요하다.

고통을 주는 환경에서 아이들은 정서의 불안을 느낀다. 그 불안이 아이들의 인격 형성에 부정적 영향을 끼치게 됨은 자명하다. 그러므로 가정이 평안해야 한다. 그리고 사람이 마땅히 행할 것을 가르쳐야 한다.

아이들에게 가르칠 마땅히 행할 길이란 무엇인가? 질서요, 예절이다.

가정교육의 기본은 질서를 지키며, 예절을 실천하는 것이다. 이 두 가지를 제대로 배우지 못하면 본인은 물론, 다른 사람이나 사회에 큰 해악을 끼칠 수도 있다.

질서 없는 행동은 사회에 혼란을 일으키며, 예절을 모르는 사람이라면 도덕적인 생활을 할 수 없다.

하나님을 경배하는 것도 가정에서부터 배워야 한다. 부모에게 효도하고 형제와 우애를 쌓으며 이웃과 친밀하게 지내는 것도 모두 어렸을 때부터 가정에서 배워야 한다.

내 자식이 위대한 인물이 되기를 원하는가. 그렇다면 어렸을 적부터 질서와 예절을 가르치라. 도덕적인 사람이 될 것이다. 그는 세상의 모든 사람을 사랑하는 사람이 될 것이고 그래서 세상을 이끌어가는 지도적인 사람이 될 것이다.

사람은 영적으로는 거듭나서 새 사람이 되어야 하고 정신적으로는 이웃을 사랑하는 사람이 되어야 한다. 그 교육의 기초는 가정이고 때는 어려서부터이다.

어린아이가 내게 오는 것을 금하지 말라

오늘 말씀

눅 18:16

> 예수께서 그 어린아이들을 불러 가까이하시고 이르시되 어린아이들이 내게 오는 것을 용납하고 금하지 말라. 하나님의 나라가 이런 자의 것이니라.

사람들이 예수님께 나아올 때 자기들만 오는 것이 아니라 어린아이들까지 데리고 왔다. 예나 지금이나 부모가 자기 자식을 귀하게 여기고 잘 되기를 바라는 마음은 같지 않겠는가.

그런데 예수님의 제자들은 그런 행위를 못 마땅하게 여기고 꾸짖었다. 사람이 많은데 왜 어린아이까지 데리고 오느냐는 뜻이었을 것이다.

적어도 예전에는 그랬다. 내가 어렸을 적만 해도 어른들의 행사에 아이들이 끼면 "애들은 가라."고 타박하는 사람들이 있었다. 이렇듯 어린아이는 때로는 귀찮은 존재로 취급되기도 했다.

성경에 보면 유대 나라에서도 그런 흔적이 보인다. 예를 들면 주님께서 어느 날 벳새다 광야에서 보리떡 다섯 개와 물고기 두 마리로 많은 군중을 먹였다.

그런데 그 수효를 파악할 때 여자와 어린이를 제외하고 5천 명이라고 했다.(마14:21) 여자와 어린아이는 사람이 아닌가. 당시에는 여자와 어린아이에 대한 편견이 있었던 것 같다.

그런데 오늘 말씀에서는 어린아이와 같이 온 사람을 다른 사람도 아닌 주님의 제자들이 꾸짖고 있다.

그러나 예수님은 오히려 어린아이들을 불러 가까이하고 어린아이들이 내게 오는 것을 용납하고 금하지 말라고 하시면서 하나님의 나라가 이런 자의 것이라고 했다.

그리고 덧붙여서 하나님의 나라를 어린아이와 같이 받아들이지 않는 자는 결단코 거기 들어가지 못한다고 했다.

예수님은 어린아이에 대해 편견을 갖지 말며 그들을 차별하지 말라고 했다. 그들도 구원받아야 할 사람이고, 치료받아야 할 사람이고, 축복받아야 할 똑같은 사람으로 본 것이다. 오히려 어린아이와 같은 순박하고 진실한 성품이 하늘나라에 합당하다고 했다.

오늘날은 많이 개선되어 도리어 어린아이를 어떤 면에서 지나치게 우대하는 경우도 있지만 어쨌든 어린아이는 앞으로 자라서 나라의 기둥이 되어야 할 사람들이다. 그러므로 인격적인 대우를 하고, 올바른 가치관을 세울 수 있도록 도와주고, 정서적으로 안정되게 양육해야 한다.

그들을 올바로 키워야 장차 가정과 교회와 나라의 큰 재산이 되는 것이다.

은총 받는 아이 사무엘

삼상 2:26

아이 사무엘이 점점 자라매 여호와와 사람들에게 은총을 더욱 받더라.

사무엘은 그의 어머니 한나가 성전을 찾아가 "주의 여종에게 아들을 주시면 내가 그의 평생에 그를 여호와께 드리겠다."라고 통곡하며 서원 기도하여 얻은 자식이다.

하나님은 한나의 기도를 들어주셨고, 한나는 사무엘이 젖을 떼자 약속대로 사무엘을 하나님께 바쳤다.

한나는 제사장 엘리를 찾아가 사무엘을 바치며 이렇게 말했다. "이 아이를 위하여 내가 기도하였더니 내가 구하여 기도한 바를 여호와께서 내게 허락하신지라. 그러므로 나도 그를 여호와께 드리되 그의 평생을 여호와께 드리나이다."(삼상 1:27-28)

하나님은 아기가 없었던 한나에게 사무엘을 주셨을 뿐 아니라 그 후에도 세 아들과 두 딸을 더 낳게 하셨다.(삼상 2:21)

성전에 바쳐진 사무엘은 하나님 앞에서 곱게 자랐다. 그 자라는 모습이 오늘의 말씀이다.

당시는 엘리 제사장이 하나님으로부터 "너희는 어찌하여 내가 내 처소에서 명령한 내 제물과 예물을 밟으며 네 아들들을 나보다 더 중히 여겨 내 백성 이스라엘이 드리는 가장 좋은 것

으로 너희들을 살지게 하느냐." 하고 책망을 받던 시기였다.(삼상 2:29)

이처럼 엘리의 아들들이 하나님께 드리는 제물을 먼저 취하고 회막문에서 수종을 드는 여인들과 동침하면서 여호와의 제사를 멸시하던 때, 사무엘은 여호와와 사람들의 은총을 받으며 자라났다.

그들의 거처는 거룩한 성전이었다. 이 거룩한 성전 한편에선 제사장의 아들들이 하나님께 범죄하여 책망을 받는데 하나님께 바쳐진 한나의 아들, 사무엘은 곱게 자라고 있었다.

어느 시대건 악한 사람이 있는 반면, 의롭고 선한 사람도 있었다. 지금 이 시대도 그렇다.

하나님께 범죄하여 하나님으로부터 책망받는 사람들이 있다는 사실에 아픔을 느끼지만, 하나님께 칭찬받는 거룩한 백성이 있다는 데서 소망도 얻는다.

사무엘이 점점 자랐다. 바르게 성장했다는 뜻이다. 살아 있다면 성장해야 한다. 육신이 자라는 만큼 정신도 자라야 한다. 사무엘은 여호와에게 은총을 받으니 영혼이 성숙했고 사람들로부터 은총을 입었으니 사회성과 도덕성이 있었다는 뜻이다.

그가 이렇게 자랄 수 있었던 데에는 어머니인 한나의 기도가 큰 역할을 했다. 한나는 그가 태어나기 전부터 기도를 했고 성전에 바친 후에도 자식을 위하여 쉬지 않고 기도했을 것이다.

자식은 하나님이 가정에 주신 최고의 선물이다. 부모는 하나님께 받은 상급을 훌륭하게 키워낼 의무가 있다.

네 부모를 공경하라

오늘 말씀

출 20:12

네 부모를 공경하라. 그리하면 네 하나님 여호와가 네게 준 땅에서 네 생명이 길리라.

십계명은 하나님을 향한 사람의 도리와, 사람과 사람 사이에서 지켜야 할 도리로 나누어지는데, 그 근본은 결국 사랑하라는 것이다. 즉 하나님을 사랑하고 이웃을 네 자신같이 사랑하라는 것이다. 이 계명은 온 율법과 선지자의 강령이다.(마 22:37-40)

이 십계명 중의 제5계명은 네 부모를 공경하라는 것이다. 이는 사람이 상호 간에 지켜야 할 도리 중의 첫 번째 계명이고, 이 계명 안에는 다른 계명 안에는 없는 부모를 공경하는 사람에게 주어지는 약속이 있다. 즉, 네 하나님 여호와가 네게 준 땅에서 네 생명이 길 것이라는 축복이다. 그래서 네 부모를 공경하라는 계명은 약속이 있는 첫 계명이 된다.(엡 6:2)

우리는 왜 부모를 공경해야 하는가?

첫째는 부모를 통해서 우리가 태어났기 때문이다. 내가 태어나지 않았다면 내 존재 자체가 없다. 존재가 없는 사람에게 부모가 있을 수 없다. 내가 존재하는 것은 부모라는 나를 존재케 하시는 분이 있었기 때문이다. 내가 존재한다는 것은 참으로 신기한 일이다. 그 신기함을 태동케 하신 분이 부모님일진대 어찌 부모님을 공경하지 않을 수 있으랴.

둘째로 부모님은 이 세상에서 그 누구보다 나를 사랑하는 분이기 때문이다. 우리는 세상에 사는 동안 서로 사랑을 나누고 산다. 그런데 부모님보다 더 큰 사랑을 내게 주시는 분은 없다. 부모님은 나를 낳아 기르실 때 최선을 다하셨다. 그야말로 헌신과 희생을 다하여서 나를 양육해 주셨다. 그래서 사람들은 부모님의 은혜는 하늘보다 높고 바다보다 깊다고 노래하지 않는가. 당신들은 헐벗고 굶주려도 자식에게는 가장 귀하고 좋은 것을 주려고 하셨던 부모님을 우리는 공경하지 않을 수 없다.

셋째로 우리가 부모님을 공경해야 하는 까닭은 그것이 결국 나 자신을 위한 것이기 때문이다. 하나님은 내가 내 부모를 공경하면 나에게 상을 주시겠다고 약속하셨다. 즉 부모를 공경하면 하나님이 주신 땅에서 생명을 길게 해주시겠다고 하셨다.

신약에서는 이 부분을 "이로써 네가 잘되고 땅에서 장수하리라."고 해석해 놓고 있다.(엡 6:3) 여기서 잘된다는 것은 형통하다는 의미이고 장수는 하늘나라의 영생까지 확장되는 개념이다.

부모님을 공경하는 것은 자식으로서 마땅히 행해야 하는 도리이다.

네 부모를 경히 여기지 말라

잠 23:22

너를 낳은 아비에게 청종하고 네 늙은 어미를 경히 여기지 말지니라.

옛날 중국에 왕상王祥이라는 사람이 있었는데 효성이 지극했다. 어느 추운 겨울날, 앓아 누워계신 모친이 잉어가 먹고 싶다고 하자 그는 강가로 나아갔다. 강물은 이미 꽁꽁 얼어 있었다.

그러나 왕상은 어머니의 소원을 이루어드려야 했기에 얼음을 깨고 옷을 벗었다. 그리고 물로 막 뛰어들려고 하는데 느닷없이 잉어 두 마리가 팔짝 얼음 위로 뛰어 올라왔다.

중국 삼국시대, 오吳나라의 맹종孟宗은 늙은 어머니께서 한겨울에 죽순竹筍이 먹고 싶다고 하시자 그 길로 대숲으로 나아갔다.

그러나 그 엄동설한에 죽순이 어떻게 있을 수 있겠는가. 맹종이 그곳에서 자신의 불효를 탄식하고 있는데 언 땅을 뚫고 죽순이 솟아 나왔다는 고사故事도 있다.

중국 초楚나라의 노래자老來子는 칠순의 나이에도 때때옷을 입고 춤추고 재롱을 부리면서 늙은 어버이 마음을 즐겁게 해드렸다고 한다.

증자曾子는 중국 춘추전국시대, 노魯나라 사람으로 공자孔子

276

의 유능한 제자였으며 효도를 역설한 사상가였다. 그는 실제로
효성이 지극하기로 유명했다.

노계蘆溪 박인로朴仁老는 위의 네 사람의 고사故事를 인용하여
다음과 같은 시조 한 수를 지었다.

왕상의 잉어 잡고 맹종의 죽순 꺾어
검던 머리 희도록 노래자의 옷을 입고
일생에 양지성효養志誠孝를 증자같이 하리라

효도란 무엇인가? 부모의 은덕을 조금이라도 갚아드리고자
하는 마음일 것이다.

그것은 여러 가지 방법으로 나타나겠지만 가장 기초적이면
서 큰 효도는 부모님의 말씀에 순종하며 걱정을 끼쳐드리지 않
는 것이다.

부모님 살아계실 때 이를 행하여 부모님 돌아가셨을 때 후회
하는 자식이 되지 말아야 한다.

송강松江 정철鄭澈은 이렇게 노래했다.

어버이 살아신제 섬길 일란 다 하여라
지나간 후이면 애닯다 어이하리
평생에 고쳐 못할 일 이뿐인가 하노라

네 부모를 즐겁게 하라

잠 23:25

네 부모를 즐겁게 하며 너를 낳은 어미를 기쁘게 하라.

효도가 인륜의 근본이라는 것은 누구나 알고 있는 사실이다. 그래서 누구나 부모에게 효도하며 살기를 원한다.

그런데 어떻게 하는 것이 효도인가를 잘 모르는 사람이 있는 것 같다. 효도란 부모에게 좋은 것을 사드리며 공궤하면 되는 것 아니냐고 하는 사람도 있을 것이다. 그렇다. 부모님에게 좋은 것 사드리며 최선의 공궤를 하라. 그것도 분명히 효도다.

오늘 말씀은 부모를 즐겁게 하고 기쁘게 해드리라고 한다. 이것이야말로 또 다른 효도의 방법이 아닌가. 한 차원 높은 효도의 방법일 것이다.

그러면 어떻게 부모님의 마음을 기쁘고 즐겁게 해드릴 수 있을까. 자식인 내가 훌륭하게 되고 바르게 사는 것이 아닐까 하고 생각해 본다. 부모는 자식들이 잘되는 것을 당신이 잘되는 것보다 더 좋아하신다. 남들로부터 자식들이 칭찬을 받으면 기뻐하시고 자식이 훌륭하게 된 것을 자랑하고 싶어 하신다. 자식을 향한 이런 부모의 마음을 아프게 하거나 슬프게 하면 되겠는가. 그게 불효다. 기쁘게 해드려야 효도하는 것이다.

어떤 아이가 학교에서 공부를 잘하여 우등상을 타 가지고 왔다. 이걸 보고 부모님은 뛸 듯이 기뻐하였다. 기뻐하시는 부모님의 모습을 보고 아이는 생각했다. 다음에는 더 좋은 성적을 받아서 부모님을 기쁘게 해드려야 하겠다고. 이후부터 아이는 공부를 하든지 무엇을 하든지 부모님을 기쁘게 해드리자는 목적으로 열심히 노력했다. 훗날 이 아이는 어떻게 되었을까. 부모님을 기쁘게 해드리기 위해 했던 노력이 결국 자기 발전을 가져와 성공의 길을 걷게 되었다.

그렇다. 부모님을 기쁘게 해드릴 목적으로 노력하고 열심을 내라. 그것이 효도고 나의 성공이고 하나님의 말씀에 순종하는 자에게 주시는 축복이 된다.

어떤 목사님은 외식을 하다가 맛이 있으면 다음에 부모님을 모시고 그 음식점에 가서 꼭 대접을 해드린다고 한다. 그러면 틀림없이 부모님도 맛이 있다고 하신다는 것이다. 그 목사님의 지론은 자신이 어려서부터 어머니께서 만들어주신 음식을 먹고 자라서 부모님의 입맛과 자기의 입맛이 같다는 것이다. 그러므로 자기가 맛이 있으면 부모님도 틀림없이 맛이 있을 수밖에 없다는 것이다.

부모님을 기쁘시게 하는 일도 창조적이어야 할 것 같다. 사치스럽고 호화로운 것보다는 소박하더라도 마음속에서 우러나오는 기쁨을 누릴 수 있도록 해드려야 하는 것이다.

어머니의 마음

 오늘 말씀

마 15:22

가나안 여자 하나가 그 지경에서 나와서 소리 질러 이르되 주 다윗의 자손이여, 나를 불쌍히 여기소서. 내 딸이 흉악하게 귀신 들렸나이다 하되.

예수님은 수많은 환자들을 치료했고 또한 귀신 들린 사람에게서 귀신을 쫓아내주었다.

그날도 두로와 시돈 지역에 들어갔는데 가나안 여자 하나가 주님을 찾아와 소리를 지르며 호소했다. "주 다윗의 자손이여, 나를 불쌍히 여기소서. 내 딸이 흉악하게 귀신 들렸나이다."

그런데 그 애절한 호소를 듣고도 예수님은 아무 반응을 보이지 않았다. 그 냉담함은 예수님이 지금까지 보여주신 행동과 달랐다. 오죽했으면 제자들이 "그 여자가 우리 뒤에서 소리를 지르오니 그를 보내소서." 하고 딱한 사정을 알려드렸을까.

예수님의 반응은 전혀 뜻밖이었다. "나는 이스라엘 집의 잃어버린 양 외에는 다른 데로 보내심을 받지 아니하였노라."는 것이다. 이는 유대인과 이방인을 차별하는 반응이 아닌가.

그럼에도 여인은 물러서지 않고 더욱 매달렸다. 더 가까이 주님께 나와서 절하며 "주여, 저를 도우소서." 하고 애소했다. 그런데 이번에는 한 걸음 더 나가는 발언을 하셨다. "자녀의 떡을 취하여 개들에게 던짐이 마땅하지 아니하니라."

이런 멸시가 어디 있는가. 숫제 개 취급을 하고 있지 않은가. 웬만한 자존심만 있어도 그 자리를 떠났을 것이다. 그런데 여인은 물러서지 않았다. "주여, 옳소이다만 개들도 제 주인의 상에서 떨어지는 부스러기를 먹나이다."고 받았다. 당신의 은혜가 없으면 귀신을 쫓아낼 수 없습니다. 개로 취급해도 좋으니 부스러기 은혜라도 주옵소서 하는 간절한 호소가 아닌가.

예수님은 비로소 "여자여, 네 믿음이 크도다. 네 소원대로 되리라."고 하셨고 곧 그 여인의 딸에게서 귀신이 떠났다.(마 15:21-28)

이 말씀에서 우리는 예수님의 태도가 가나안 여인의 믿음을 시험하신 것이었고 그 여인의 확실한 믿음을 보시고 치료의 은택을 베풀어 주셨음을 알 수 있다,

그리고 이 말씀이 우리에게 주는 또 하나의 깨달음이 있다. 바로 귀신 들린 딸을 둔 어머니의 마음이다. 어머니는 딸의 고통을 자기의 고통으로 여기고 있다.

우리들의 어머니는 어떤가? 자식이 고통을 당할 때 너는 너고, 나는 나다는 식으로 생각하는 어머니가 있을까. 어머니는 자식의 아픔과 슬픔과 외로움을 모두 자신의 것으로 받아들이고 함께 고통을 당한다.

이 가나안 여인 또한 딸을 고치기 위하여, 예수님의 무관심과 멸시를 받아들였다. 오직 딸을 위해서였다. 이것이 바로 우리 어머니들의 마음이다. 이런 은혜와 사랑을 어찌 잊을 수 있겠는가.

아버지의 마음

눅 15:24

이 내 아들은 죽었다가 다시 살아났으며 내가 잃었다가 다시 얻었
노라 하니 그들이 즐거워하더라.

탕자의 비유(눅 15:11-24)는 신앙인은 말할 것도 없고 신앙이
없는 사람도 웬만하면 다 아는 이야기다. 하나님의 사랑을 아
버지의 사랑으로 빗대어 이해시키는 말씀이다.

어떤 사람에게 두 아들이 있었는데 한 아들이 아버지의 재산
중에서 자기에게 돌아올 분깃을 달라고 하여 그것을 가지고 먼
나라로 갔다. 거기서 허랑방탕하며 재산을 낭비했다.

어느덧 돈이 다 떨어진 데다 흉년까지 들었다. 먹고살기 위
하여 아들은 돼지를 쳤다. 돼지나 먹는 쥐엄 열매로 배고픔을
면하려 했지만 그것도 없어 허기진 삶을 살아야 했다. 비로소
아들은 아버지를 생각했다. 아버지 집에는 양식이 풍족한 품꾼
이 얼마나 많은가.

'내가 하늘과 아버지께 죄를 지었으니 지금부터는 아버지의
아들이라 일컬음을 감당하지 못하겠으니 품꾼의 하나로 보아
달라고 해야 하겠다.' 아들은 이런 생각으로 아버지께 돌아왔
다.

한편 아버지는 아들이 나타나자 달려가서 목을 안고 입을 맞

추고 좋은 옷을 입히고 손에 가락지를 끼우고 발에 신을 신겼다. 그리고 살진 송아지를 잡아서 잔치를 벌였다.

"이 내 아들은 죽었다가 다시 살아났으며 내가 잃었다가 다시 얻었노라." 아버지는 재산을 모두 잃고 거지꼴이 되어 돌아온 자식을 책망하지 않고 오히려 측은히 여겼다.

이것이 아버지의 마음이다. 아들은 아버지께 몹쓸 짓을 했다. 아버지가 아직 살아계시는데 자기 몫의 유산을 달라고 졸랐고, 이를 허랑방탕하며 허비했다.

하지만 아버지는 날마다 아들이 무사히 돌아오기만을 기다렸다. 그리고 아들이 거지꼴이 되어 돌아왔을 때 한 마디의 책망도 하지 않았다. 죽은 자식이 살아온 것으로 여기고 잃어버린 자식을 찾은 것으로 여겼다.

이것이 하나님의 마음이고 우리 아버지의 마음이다. 우리 자식들은 아버지로부터 이런 사랑을 받으며 살아왔다. 아버지의 관대함과 용서함! 자식의 모든 아픔을 껴안으며 일구월심 잘되기만 바라는 아버지! 그 은혜를 어떻게 잊을 수 있으며 보답할 수 있겠는가.

효도는 호화롭게 하는 것이 아니라 순박한 마음을 드리는 것이다. 기쁘게 해드리자. 성경은 "네 부모를 즐겁게 하며 너를 낳은 어미를 기쁘게 하라."고 가르친다.(잠 23:25)

네 부모에게 순종하라

오늘 말씀

엡 6:1

자녀들아, 주 안에서 너희 부모에게 순종하라. 이것이 옳으니라.

성경은 부모에게 순종하는 것이 옳다고 가르친다. 성경에서 옳다고 하는 일이나 하나님의 뜻이라고 하는 일은 순종하며 지켜야 한다. 그러면 반드시 축복이 찾아온다.

어떤 사람들은 요즈음은 잘못된 부모도 많은데 그 잘못된 가르침에 순종하면 되겠느냐고 이의를 제기하기도 한다. 그러나 성경은 일반적인 것을 말한다.

잘못된 것까지 순종할 수는 없다. 그래서 주 안에서 순종하라고 한다. 순종하되 지혜롭게 해야 할 것이다. 정상적인 부모라면 자식에게 잘못을 가르치지 않는다. 그 가르침을 따르는 것이 효도다. 성경은 "네 아버지의 훈계를 들으며 네 어미의 법을 떠나지 말라."고 가르친다.(잠 1:8)

부모님에게 어떻게 순종할 것인가를 생각해 보자.

첫째는 부모님의 말씀을 잘 들어드려야 한다. 고루하다고 무시하거나 멸시하는 태도는 부모님을 소외시키고 그 마음을 상하게 한다.

나이가 들어도 부모는 가정사에 관심이 많다. 물론 부모 입장에서도 조심할 수 있어야 하지만 "아버지는 몰라도 돼요." 하는 식으로 소외시키는 것은 바른 태도가 아니다. 아버지의 교훈 속에는 살아오면서 겪은 경험이 번득일 수 있다.

부모님의 마음을 기쁘게 해드려야 한다. 아무리 작은 일이라 할지라도 부모는 자식이 자신의 말에 순종하며 이를 행하면 보람을 느낀다.

밖에 나가는 자식에게 차 조심하라고 하면 뻔히 아는 일에 간섭한다고 생각하지 말라. 그것이 부모가 자식에게 주는 애정 표현이다. 그런 간섭(?)이 끝나는 날 우리는 통곡하고 외로움을 느끼게 될 것이다.

마지막으로 부모님에게 자주 소식을 전해드려야 한다. 목소리 한 번이라도 더 듣고 싶어 하는 부모의 마음을 헤아려드리는 것이 효도다. 자주 찾아뵙는 것이 도리지만 여의치 않을 때는 전화로라도 안부를 묻고 전해주면 얼마나 기뻐하시는가. 그것이 인륜이다.

부모님이 살아계신다는 것은 축복이다. 효도할 기회가 남아 있기 때문이다. 지나고 나면 후회스런 것이 효도 못한 일이다. 부모님이 살아계시는 가정에 축복을 드린다.

부모님을 떠나보낸 가정에 위로를 드린다. 효도할 특권을 잃었기 때문이다.

부모님 생각

잠 4:3

나도 내 아버지에게 아들이었으며 내 어머니 보기에 유약한 외아들이었노라.

옛날 중국 오나라의 육적陸績이 여섯 살 때 원술袁術의 집에서 접대로 내놓은 유자를 보고 먼저 세 개를 집어 품속에 넣었다.

왜 그러느냐고 묻자 그는 어머니께 갖다 드리려 한다고 대답했다. 그의 지극한 효성을 보고 모두가 감동했다는 육적회귤陸績懷橘이라는 고사故事이다.

시인詩人 박인로朴仁老가 한음漢陰 이덕형李德馨의 집에 갔을 때 한음이 그를 대접하기 위해 잘 익은 감을 내놓았다.

박인로는 그 감을 보는 순간 옛날 육적의 고사와 더불어 돌아가신 어머니가 생각났다. 그는 그 감동으로 조홍시가早紅詩歌를 썼다.

반중盤中 조홍감이 고아도 보이나다
유자柚子 아니라도 품음직도 하다마는
품어가 반길 이 없을 새 글로 설워하나이다

부모님이 지금 살아계신다면 그 자체만으로 그는 행복한 사람이다. 형편이 좀 나아지면 그때 가서 부모님을 잘 모시겠다고 아직 미루고 있다면 그는 지금 후회를 쌓고 있는 사람이다. 효도할 기회는 나중이 아니라 바로 지금이기 때문이다.

예수님은 십자가에 못 박혀 돌아가시기 전에 그 고통 중에도 어머니를 생각했다. 십자가 밑에 오신 어머니에게 이제는 제자인 요한이 아들 노릇을 할 것이라고 하며 요한에게 이제부터 네가 어머니로 모시라고 부탁을 했다.(요 19:26-27)

아무리 형편이 어렵다 해도 십자가에 못 박힌 예수님만 못하겠는가.

옛 시인이 노래했다.

수욕정이풍부지樹欲靜而風不止
자욕양이친부대子慾養而親不待

나무가 고요하고자 하나 바람이 멈추지 아니하고
자식이 봉양하고자 하나 어버이가 기다려주지 않는다

내 멍에를 메고 내게 배우라

마 11:29-30

나는 마음이 온유하고 겸손하니 나의 멍에를 메고 내게 배우라. 그리하면 너희 마음이 쉼을 얻으리니 이는 내 멍에는 쉽고 내 짐은 가벼움이라 하시니라.

예수님이 인류의 위대한 스승이라는 사실을 부정하는 사람은 없다. 있다면 그는 어둠의 세력이다.

그 예수께서 우리에게 당신의 멍에를 메고 당신에게 배우라고 권한다. 여기서 멍에는 사명을 가리킨다. 그 사명을 짊어지고 주님께 배우면 쉼을 얻는다고 했다. 이 어려운 세상에서 안식을 누리며 살 수 있다는 것은 얼마나 행복한 일인가!

주님은 왜 위대한 선생님이신가?

첫째는 그의 성품 때문이다. 온유하고 겸손하시다. 그러한 까닭에 누구나 수용할 수 있고 누구나 접근하기 쉬운 것이다. 만약 선생님이 까다롭고 교만하다면 누가 그의 제자가 되기를 원하겠는가.

둘째는 주님이 가르치신 것이 진리이기 때문이다. 주님은 생명을 가르치셨다. 영생과 영원한 천국을 가르치셨다. 생명보다 더 귀한 것이 무엇이며 천국보다 더 아름다운 곳이 어딘가.

셋째로 예수님의 교육 방법 때문이다. 주님은 섬기는 자세로 사랑과 헌신과 희생을 가르치셨으며 언제나 모범적인 실천을 통해 이를 따르도록 하셨다. 제자들의 발을 씻겨주시고 자신의 몸을 우리의 죗값으로 십자가에 내놓으셨다. 십자가에 달려서 평소 원수를 위해서 기도하라 하신 가르침을 실천하셨다. 고통 속에서도 저들이 알지 못함이니 용서해 달라고 기도하셨다.

마지막으로 열정적으로 사역을 감당하셨기 때문이다. 주님은 때로는 식사할 겨를도 없이 바쁘게 가르치시고 치유하시고 전파하셨다.

주님의 제자인 우리의 목표가 언제나 주님의 장성한 분량에 이르기까지여야 한다.(엡 4:13)

제자는 스승의 가르침과 인격을 닮아야 한다. 내가 스승의 가르침에 순종하고 따르면 내 모범된 생활이 다른 사람에게 좋은 영향을 끼치게 될 것이다. 결국 가정에서 가족에게, 직장에서 동료들에게, 사회에서 나를 아는 모든 사람들에게 예수 그리스도를 전하게 될 것이다.

우리의 영원하시고 탁월하신 스승인 예수 그리스도와 동행하며 늘 배우자. 그리고 실천하자. 우리의 짐이 가벼우리라.

선생이 많이 되지 말라

약 3:1

내 형제들아, 너희는 선생 된 우리가 더 큰 심판을 받을 줄 알고 선생이 많이 되지 말라.

선생이 많이 되지 말라는 말씀은 선생이 많이 되라는 역설적 진리다. 선생답지 않은 선생은 되지 말고 선생다운 선생은 많이 되라는 교훈이다.

예전에는 스승의 그림자도 밟지 말라고 했다. 그만큼 선생님은 존경을 받았다. 인격적으로, 도덕적으로 존경의 대상이었다. 그러나 지금은 돈을 받고 자기가 배운 지식을 후진들에게 파는 장사꾼으로 전락한 사람도 있다.

예수님 당시에도 많은 지식인이 있었다. 제사장이나 서기관이나 바리새파 사람들은 아는 것이 많아 일반 백성들에게 존경을 받으며 그들을 가르쳤다.

그러나 그 사람들만큼 주님으로부터 책망을 많이 받은 부류들도 없다. 그들은 외식하는 사람들이었다. 오죽했으면 예수님은 그들에게 독사의 자식이라 하고 회칠한 무덤이라고까지 했을까.

그들은 남을 가르치면서 자기들은 행하지 않았다. 말과 행동이 달랐다. 말은 그럴 듯하게 하면서 실천은 하지 않았다. 그러므로 주님은 무엇이든지 그들이 말하는 바는 행하고 지키되 그들이 하는 행위는 본받지 말라고 하셨다.

그들은 무거운 짐을 묶어 사람의 어깨에 지우되 자기는 이것을 한 손가락으로도 움직이려 하지 않았다.(마 23:3-4) 선생이 되어서는 안 될 사람들이었다.

게으른 사람도 선생이 되어서는 아니 될 사람이다. 맡은 일에 불성실하거나 신실하지 않은 사람도 마찬가지다.

그들보다 더 악한 사람은 남에게 가르쳐서는 안 되는 것을 가르치는 사람이다. 죄를 가르치고 악행을 가르치고 진리를 어지럽혀 이단사설을 가르치는 사람들이다. 그들은 악한 세상을 만드는 데 열심인 사람들로, 선생의 자리에 앉아 백성을 현혹시키고 사욕을 채우며 자기들보다 열 배나 악한 지옥 백성을 만들어 간다.

우리는 신실하고 인격적이고 실력을 갖춘 선생님이 되자. 주님은 세상 끝 날까지 우리와 함께해 주실 것을 약속하시고 가서 모든 족속으로 제자를 삼아 그들에게 주님이 분부한 모든 것을 가르쳐 지키게 하라고 명하셨다.(마 28:19-20) 어설픈 선생은 되지 말자.

인도하시는 하나님

시 23:2-3

그가 나를 푸른 풀밭에 누이시며 쉴 만한 물가로 인도하시는도다.
내 영혼을 소생시키고 자기 이름을 위하여 의의 길로 인도하시는
도다.

푸른 초원에서 양떼가 풀을 뜯고 있는 그림이나 사진을 보면
참으로 평화로워 보인다. 그 양들이 평화롭게 풀을 뜯을 수 있
는 것은 그 옆에 책임감 있는 목자가 있기 때문이다. 목자가 길
을 잃어버리지 않도록 양들을 인도하고 맹수에게 잡혀 먹히지
않도록 보호해 주기 때문이다.

하나님은 우리의 목자시다. 목자가 양을 보호하고 인도하듯
이 우리를 인도하시는 분은 예수 그리스도 우리 주님이시다.

주님은 우리의 육신적 삶이 곤비하지 않도록 우리를 푸른 풀
밭에 누이시며 쉴 만한 물가로 인도하신다. 그리고 지키신다.

다윗은 목동으로 있을 적에 양을 움키러 오는 곰이나 사자
같은 맹수에게 달려들어 양들을 지켰고, 그것들이 공격해 오면
목숨을 걸고 달려들어 승리했다.

양들은 언제나 맹수들 앞에 노출되어 있다. 그러나 육신만
보호받고 배만 곯지 않으면 되는가.

우리는 지금 어둠의 세력들의 공격에 노출되어 있다. 이런
위험 속에서도 정신적으로 건강하고 영적으로 바른 길을 가야

한다.

세상에는 유혹이 많아 어떤 길은 옳은 길 같아 보지만 실은 사망으로 연결되어 있을 수도 있다. 그러므로 세상이 혼탁할수록 더욱 영적 지도를 잘 받아야 한다.

그 지도자가 예수 그리스도 우리 주님이시다. 그분은 자기 이름을 위하여 우리를 의의 길로 인도하신다. 당신의 명예를 걸고 우리를 의의 길, 곧 생명의 길로 인도하신다. 퇴폐한 세상 풍조에 넘어지지 않고 거짓된 이단사설에 현혹되지 않도록 진리 가운데로 인도하신다.

그러나 아무리 위대하고 훌륭한 인도자가 있다 해도 내가 그 인도를 거절하고 순종하지 않으면 무슨 의미가 있는가. 예수님만이 길이요, 진리요, 생명이시다. 주님은 말씀하셨다.

"내 양은 내 음성을 들으며 나는 그들을 알며 그들은 나를 따르느니라."(요 10:27)

그 속에 간사함이 없도다

요 1:47

예수께서 나다나엘이 자기에게 오는 것을 보시고 그를 가리켜 이르시되 보라, 이는 참으로 이스라엘 사람이라. 그 속에 간사한 것이 없도다.

빌립은 예수님의 부름을 받은 직후 친구인 나다나엘을 찾아 갔다. 그는 무화과나무 아래에서 기도하며 성경에서 오시기로 약속된 메시아를 기다리는 나다나엘에게 전도를 했다.

모세가 율법에 기록하고 여러 선지자가 기록한 그이를 우리 가 만났으니 요셉의 아들 나사렛 예수니라.

그러나 나다나엘은 거절했다. 나사렛에서 무슨 선한 것이 날 수 있느냐는 것이었다. 그는 성경을 아는 사람이었다. 나사렛 에서는 메시아가 나올 리 없다는 것이다.

하지만 빌립은 자신이 확신하는 바 예수가 그리스도이기에 "와서 보라."고 강요했다. 선입견이나 다른 어떤 이유로 거절하 지 말고 직접 와서 확인하라는 것이다.

우리가 다 아는 바와 같이 사실 예수님은 나사렛에서 태어나 지 않았다. 당시 로마 황제가 모든 사람은 각자 자기 고향에 가 서 호적정리를 하라는 명령을 내려서 요셉과 만삭이 된 마리아 는 자기들 고향인 베들레헴으로 갔고 거기서 예수를 낳은 것이 다. 하나님은 로마 황제를 이용하여 나사렛에 살고 있던 마리

아가 베들레헴에서 아기를 낳을 수 있도록 유도했고 이는 메시
아가 베들레헴으로 오실 것이라는 성경의 예언에 응하게 된 것
이다.(미 5:2, 마 2:6)

빌립의 권고를 받은 나다나엘이 예수님께 나아갈 때 예수님
은 그를 보고 "보라, 이는 참으로 이스라엘 사람이라. 그 속에
간사한 것이 없도다."고 하셨다.

예수님은 나다나엘을 만나기 전에 이미 그의 인품을 알고 있
었다. 그가 진리 앞에서 흔들리거나 사욕에 의해서 마음을 바
꾸는 사람이 아닌 신실한 사람이라는 뜻이다.

나다나엘은 자신을 알아주는 예수님께 "당신은 하나님의 아
들이시요, 당신은 이스라엘의 임금이로소이다." 하고 주님에
대한 신앙을 고백하고 그때부터 주님의 제자의 길을 걸었다.

그렇다. 하나님은 신실한 사람을 찾으신다. 그의 외모와 형
편을 고려하는 것이 아니라 진리 앞에서 흔들리지 않는 사람을
찾으시는 것이다.

우리는 진리 앞에서 사욕에 흔들리지 않고 간사함이 없는 신
실한 사람인가 한 번쯤 생각해 볼 때이다.

네가 좌하면 나는 우하고

오늘 말씀

창 13:8-9

아브람이 롯에게 이르되 우리는 한 친족이라. 나나 너나, 내 목자나 네 목자나 서로 다투게 하지 말자. 네 앞에 온 땅이 있지 아니하냐. 나를 떠나가라. 네가 좌하면 나는 우하고 네가 우하면 나는 좌하리라.

아브람과 롯은 숙질 간이다. 롯은 아브람이 75세 때 하나님의 명령을 받고 고향 갈대아 우르를 떠나면서 자기 부인 사래와 함께 가나안으로 데리고 들어온 조카이다.

롯은 일찍 부모를 여의었고 그때까지 아브람에게는 자식이 없었다. 부모 없는 조카와 자식 없는 삼촌. 그러니 고향과 친척을 떠나 아무 연고도 없는 지역으로 떠나왔을 때 서로 얼마나 의지와 위로가 되었겠는가.

그들은 행동을 같이 했다. 가나안에 흉년이 들어 애굽으로 내려갔다 돌아올 때도 동행했다. 애굽을 다녀온 이후 그들은 지난날의 가난에서 벗어났다. 아브람과 롯이 각자 목자를 두고 양을 칠 수 있게 되었다. 그러다 보니 두 가족이 한 곳에서 살기에는 비좁았다. 더구나 목자들 간의 다툼도 종종 일어났다. 서로 자기 주인에게 잘하려다 보니까 그런 현상이 일어나는 것이었으리라. 아브람은 이를 간과할 수가 없었다. 내버려 두었다가는 종들의 다툼이 자칫 숙질 간의 다툼으로 번질 수도 있다고 생각될 때 아브람은 결단을 했다.

아브람은 롯을 불러 놓고 불가불 떨어져 살아야 할 것을 말했다. 결단의 내용은 이렇다. 우리는 친족이다. 서로 다투어서는 안 된다. 떠나가라. 네가 좌하면 나는 우하고 네가 우하면 나는 좌하리라.

여기서 아브람의 결단이 우리에게 주는 교훈을 보자.

첫째는 어떤 경우에도 친족끼리 싸워서는 안 된다는 것이다. 이방인들 앞에서 싸우는 것은 부끄러운 일이다. 둘째는 싸우는 것보다는 차라리 떨어져 사는 게 낫다는 것이다. 가까이 살면서 서로 싸우는 건 좋은 일이 아니다. 마지막으로 양보해야 한다는 것이다. 헤어지는 마당에 서로 좋은 것을 차지하려 하면 상처만 남는다. 아브람은 자신이 윗사람이지만 선택권을 조카에게 양보했다. 네가 좌측 차지하려고 가면 나는 우측을 차지할 것이고 네가 우측을 차지하면 나는 좌측을 차지하겠다고 했다. 이 제안을 받은 롯은 여호와의 동산 같고 애굽의 땅과 같은 곳으로 떠났다.

이후 어떻게 되었는가. 사람에게 양보하면 하나님이 돕는 법이다. 롯이 찾아간 곳은 장차 유황불로 멸망당하게 되는 소돔이다.

그러나 아브람이 거한 곳은 헤브론이다. 아브람은 어디에서든지 하나님을 잘 섬겼다. 믿음으로 양보하며 싸우는 것을 피하는 평화주의자 아브람을 하나님이 축복하셨다.

이는 다 나를 해롭게 함인가

오늘말씀

창 42:36

> 그들의 아버지 야곱이 그들에게 이르되 너희가 나에게 내 자식들을
> 잃게 하도다. 요셉도 없어졌고 시므온도 없어졌거늘 베냐민을 또
> 빼앗아 가고자 하니 이는 다 나를 해롭게 함이로다.

　사람은 한 치 앞을 모른다. 당장 일어나는 일이 좋게 느껴지
면 좋은 일로, 나쁜 일로 느껴지면 나쁜 일로 치부하고 만다.
하지만 좋을 듯한 일이 나쁜 쪽으로 바뀔 수도 있다. 나쁜 일이
장차 좋은 일로 바뀔지도 모른다.

　오늘 말씀이 그렇다. 식량이 떨어지자 야곱은 양식을 구하기
위해 베냐민을 제외하고 열 명의 자식을 애굽으로 보냈다. 그
때 그들은 13년 전에 자기들이 애굽 상인에게 팔아먹은 동생
요셉이 애굽의 국무총리로 있는 줄을 알지 못했다.

　그러나 요셉은 한눈에 그들이 자기를 애굽 상인에게 팔아먹
은 형들임을 알아보았다. 애굽으로 팔려갈 때는 울면서 떠나왔
지만 세월이 흐르고 형들을 보니 요셉은 감회가 새로웠다.

　요셉은 형들을 아는 체하지 않고 그들을 정탐꾼으로 몰아 시
므온을 인질로 잡아 두었다. 그리고 집으로 돌아가서 베냐민을
데리고 오라 했다. 그러면 정탐꾼이 아니라는 것을 인정하겠으
며 앞으로 무역도 하겠노라고 말했다.

　이를 어떻게 하랴. 요셉의 형들은 어쩔 수 없이 시므온을 애

굽에 두고 집으로 돌아왔다. 그리고 아버지 야곱에게 자초지종을 이야기하고 베냐민을 애굽으로 데리고 가서 인질로 잡혀 있는 시므온과 함께 돌아오겠다고 했다. 하지만 야곱이 그 말을 어떻게 믿겠는가. 그는 한탄하듯 말했다.

"너희가 나에게 내 자식들을 잃게 하도다. 요셉도 없어졌고 시므온도 없어졌거늘 베냐민을 또 빼앗아 가고자 하니 이는 다 나를 해롭게 함이로다."

이런 상황이라면 누구라도 야곱과 같은 생각이 들 것이다. 그러나 지금 전개되는 일이 야곱을 해롭게 하는 일인가. 아니다. 조금만 지나면 야곱은 지금까지 죽은 줄만 알았던 요셉을 만나게 된다. 그것도 애굽의 국무총리가 되어 있는 아들을 만나게 되는 것이다. 인질로 잡혀 있었던 시므온도 신상에 아무 일 없는 채로 만나게 된다. 이게 야곱을 해롭게 하는 일들인가.

내 앞의 일을 두고 미리 슬퍼하거나 걱정하지 말자. 예수 안에서는 지금 괴롭고 슬픈 일이 얼마든지 기쁘고 즐거운 일로 바뀔 수 있다.

성경은 "우리가 알거니와 하나님을 사랑하는 자, 곧 그의 뜻대로 부르심을 입은 자들에게는 모든 것이 합력하여 선을 이루느니라."고 했다.(롬 8:28)

뼈 중의 뼈, 살 중의 살

오늘 말씀

창 2:23

아담이 이르되 이는 내 뼈 중의 뼈요, 살 중의 살이라. 이것을 남자에게서 취하였은즉 여자라 부르리라 하니라.

하나님께서 사람을 지으실 때의 기사를 보면 "땅의 흙으로 사람을 지으시되 생기를 그 코에 불어넣으시니 사람이 생령이 되었다."고 했다.(창 2:7)

이는 사람의 구성 요소가 흙과 생기, 즉 육신과 영혼으로 되어 있다는 의미다. 흙으로 육신을 만들고 생기로 영혼이 되게 하셔서 결국 사람은 생령이 되었다는 것이다. 그가 최초의 인간 아담이다.

그리고 그 사람이 살 곳을 창설하셨는데 그곳이 동방의 에덴동산이다.(창 2:8) 여호와 하나님은 그 땅에 보기에 아름답고 먹기에 좋은 나무가 나게 하시니 동산 가운데에는 생명나무와 선악을 알게 하는 나무도 있었다.(창 2:9)

하나님은 그 사람을 이끌어 에덴동산에 두어 그것을 경작하며 지키게 하고 동산 각종 나무의 열매는 임의로 먹되 선악을 알게 하는 나무의 열매는 먹지 말라고 했다. 여기서 선악을 알게 하는 나무의 열매는 하나님의 권위를 상징하는 것이었다. 사람이 모든 것을 제 마음대로 해도 되지만 하나님의 권위에는 도전하지 말고 복종해야 한다는 의미였다.

처음 하나님이 지은 사람은 아담 하나였다. 아무리 좋은 환경이라도 혼자 있는 아담이 하나님이 보시기에 좋지 않았다. 그리하여 그를 돕는 배필로 여자를 만드셨다.

하나님이 아담을 깊이 잠들게 한 후에 그의 갈빗대 하나를 취하여 여자를 만들었다. 이 여자를 하나님이 아담에게 이끌어 오자 아담이 기뻐서 "이는 내 뼈 중의 뼈요, 살 중의 살이라."고 했다.

하나님은 이 두 사람을 묶어 가정을 이루게 하셨다. 그러므로 이 최초의 혼인 주례는 하나님이 맡으셨고 그 주례사는 "이러므로 남자가 부모를 떠나 그의 아내와 합하여 둘이 한몸을 이룰지로다."는 말씀이라 할 만하다.(창 2:24)

부부들이여, 이것을 알라. 이런 하나님의 뜻 안에서 가정이 생기고 그 가정은 모든 사회의 기초이며. 하나님은 당신이 계획하신 그 가정을 통하여 모든 사람이 행복하기를 원했다는 사실을 말이다.

행복하기를 원하는가? 그렇다면 타락하는 세상에 유혹당하지 말고 철저하게 가정을 지켜야 한다.

돕는 배필

창 2:18

여호와 하나님이 이르시되 사람이 혼자 사는 것이 좋지 아니하니 내가 그를 위하여 돕는 배필을 지으리라 하시니라.

　하나님은 첫사람 아담을 위하여 동방에 에덴동산을 창설하시고 모든 환경을 아름답게 조성해 주셨다. 그가 혼자 사는 것이 보기 좋지 아니하여 그를 위하여 돕는 배필 또한 지어주셨다. 그러므로 비로소 부부관계가 이루어지고 가정이 탄생했다. 그곳에서는 남편과 아내가 인격적으로 평등했다.

　우리 사회에는 한때 남존여비 사상이 존재했었다. 그러나 그 것은 성경적인 사상이 아니다.

　하지만 성경의 기록을 보면 오해할 소지가 약간 있기도 하다. 딤전 2:11-12에 "여자는 일체 순종함으로 조용히 배우라. 여자가 가르치는 것과 남자를 주관하는 것을 허락하지 아니하노니 오직 조용할지니라."고 말씀한다.

　그리고 그 이유를 두 가지로 들고 있다. 하나는 아담이 먼저 지음을 받고 하와가 그 후라는 창조 순서에 있다는 것이고, 다음은 아담이 속은 것이 아니고 여자가 속아 죄에 빠졌기 때문이라는 것이다.(딤전 2:13-14) 즉 하와가 뱀의 꾐에 먼저 넘어져 범죄한 사건을 가리킨다.

그러나 이것은 남자와 여자를 인격적으로 차별한 것이 아니라 질서를 위한 것이었다. 어느 사회에나 대표가 필요한 것처럼 가정에도 대표가 있어야 하는데 예전에는 대체적으로 이를 남편이 맡았다. 지금은 많이 바뀌었지만 그래도 남편이 가정을 대표하는 경우가 많다.

여기서 중요한 것은 가정이란 주도권 싸움을 하는 곳이 아니라 서로 섬기면서 화목하게 지내며 행복을 추구하는 사회라는 점이다.

결국 부부는 서로 돕는 관계라고 할 수 있다. 하나님은 여자를 만들어 아담에게 이끌어올 때 돕는 배필이라는 기능 또는 사명을 주었다. 이는 여자는 가정 안에서 남자를 돕는 역할을 하도록 주신 것이라는 의미다.

그렇다면 남자는 어떤 사람이란 뜻이 되는가. 여자의 도움이 필요한 존재라는 것이다. 하와가 아담을 도와야 한다면 아담은 하와의 도움이 필요한 존재가 되는 것이다.

모든 사회적 기능이 그렇지만 가정도 마찬가지다. 서로 돕고 도움을 받지 않으면 안 되는 사회다. 서로 도움을 주고받고, 사랑을 주고받고, 위로하고, 아끼고, 배려하고, 섬기고, 존경하며 기쁨도 슬픔도 나누는 공동체가 가정이다.

이런 기능이 사랑으로 지켜진다면 그것이 가정이 세워진 목적이요, 그곳이 행복의 보금자리가 될 것이다.

내 사랑하는 자는 내게 속하였고

아 2:16

내 사랑하는 자는 내게 속하였고 나는 그에게 속하였도다. 그가 백합화 가운데에서 양 떼를 먹이는구나.

가정윤리는 가정의 행복을 위하여 반드시 지켜져야 한다. 그러나 세월이 흐르면서 사람들이 변질시킨 부분이 많기 때문에 하나님의 창조원리로 돌아가서 생각해 보는 것이 필요하다.

결혼제도가 중요한 까닭은 이것이 아담의 범죄 이전에 주어진 제도라는 데 있다. 결혼제도는 아담이 범죄한 이후에 주어지지 않았다.

결혼의 원리를 성경은 남자가 부모를 떠나 그의 아내와 합하여 둘이 한몸을 이루는 것이라고 했다. 그래서 한몸 된 부부는 벌거벗었어도 부끄럽지 않은 관계였다.(창 2:24-25)

후에 예수님은 이 부분을 인용하여 이렇게 말씀하셨다. "사람을 지으신 이가 본래 그들을 남자와 여자로 지으시고 말씀하시기를 그러므로 사람이 그 부모를 떠나서 아내에게 합하여 그 둘이 한몸이 될지니라, 하신 것을 읽지 못하였느냐. 그런즉 이제 둘이 아니요 한몸이니 그러므로 하나님이 짝지어 주신 것을 사람이 나누지 못할지니라."(마 19:4-6)

여기에 결혼의 원리가 나온다. 결혼은 사람이 부모를 떠나

성별이 다른 사람과 한몸을 이루는 것이다.

여기서 사람이 부모를 떠난다는 것은 부모와의 결별을 의미하는 것이 아니다. 육체적으로나 정신적으로 더 이상 부모에게 의존하지 않고 스스로 설 수 있으며 경제적으로나 사회적으로 독립하는 것을 의미한다. 그러므로 결혼을 하여 가정을 이루면 이전의 부모와의 관계가 더욱 성숙되어야 한다.

부부 사이는 인위적인 어떤 목적으로 갈라지는 일이 있어서는 안 된다. 하나님이 짝지어 주셨기 때문이다. 가령 육신적 쾌락이나 물질적인 어떤 이득을 위하여 헤어지는 것을 하나님은 허락지 아니하신다.

부부는 서로 신뢰를 주며 상대방에게 소속되어 있다는 사실을 유념해야 한다. 남편은 아내에게 속하고 아내는 남편에게 소속되어 있다. 서로 묶여 있고 결합되어 있는 것이다. 그러므로 결코 자기 마음대로만 행동할 수 없다. 이것이 가정윤리다. 상대방에게 책임 있는 존재인 것이다.

나아가 온 가족을 위하여 정신적, 육신적, 경제적, 감정적인 모든 영역에서 책임감을 가질 때 가정의 행복이 더욱 굳건히 지켜질 수 있다.

행복한 부부

엡 5:33

그러나 너희도 각각 자기 아내 사랑하기를 자신같이 하고 아내도 자기 남편을 존경하라.

남편과 아내가 상대방에게 해야 할 도리를 권리와 의무로 완벽하게 규정하기는 어렵지만 자기주장보다 의무를 도리라고 생각하여 먼저 실행하면 큰 문제는 없으리라고 본다.

성경에서 말씀하는 내용을 먼저 보자. "아내들이여, 자기 남편에게 복종하기를 주께 하듯 하라. 이는 남편이 아내의 머리 됨이 그리스도께서 교회의 머리 됨과 같음이니 그가 바로 몸의 구주시니라."(엡 5:22-23) "남편들아, 아내 사랑하기를 그리스도께서 교회를 사랑하시고 그 교회를 위하여 자신을 주심과 같이 하라."(엡 5:25)

이런 말씀들을 들으면서 남편들이 아내가 복종하기를 기다리기보다 먼저 주님이 교회를 사랑하여 자신을 주심같이 사랑하고 아내가 남편의 사랑을 기다리기보다 먼저 복종하면 어떨까. 그래서 무엇보다 부부가 화목하고 사랑이 넘쳐야 가정을 평안하고 행복하게 이끌 수 있다.

사랑은 받기도 해야 하지만 희생과 헌신이 먼저 상대방에게 주어져야 한다. 부부의 사랑이 원만하지 않으면 부모에 대한 효도도 소홀할 수밖에 없고, 형제 사이의 우애도 어렵고, 자녀에 대한 관심도 줄어들기 마련이다.

또한 가정이란 사회를 이루는 기초가 되기 때문에 어느 한 가정이 무너지는 것을 가볍게 보아 넘겨서는 안 된다. 그 영향이 이웃에게도 미치기 때문이다.

보라, 오늘의 우리 사회가 얼마나 어지러운가. 이혼, 미혼, 자살, 출산 저조 등 하나님의 뜻과 점점 더 멀어져가고 있다. 이는 가정들이 평안하지 않다는 증거다.

가정의 회복은 부부관계가 바르게 서는 데서부터 시작해야 한다. 부부가 먼저 하나님의 은혜 안에 있어야 한다. 거기에 사랑이라는 기둥을 세우고 서로 존경하며 신뢰하고 도리를 다한다면 하나님이 도우실 것이다.

당신은 아내 사랑하기를 주님이 교회를 위하여 자신을 주심과 같이 하는가. 당신은 남편에게 복종하기를 교회가 주님께 하듯 하는가.

"아내들아, 남편에게 복종하라. 이는 주 안에서 마땅하니라. 남편들아, 아내를 사랑하며 괴롭게 하지 말라."(골 3:18-19)

네가 복되고 형통하리라

오늘 말씀

시 128:1-2

여호와를 경외하며 그의 길을 걷는 자마다 복이 있도다. 네가 네 손이 수고한 대로 먹을 것이라. 네가 복되고 형통하리로다.

복을 싫어할 사람은 없다. 그러나 어떻게 하여야 복을 받고 무엇을 복이라 하는가에 대해서는 여러 가지 의견이 나올 수 있다.

오늘 말씀은 하나님을 경외하며 그의 길을 걷는 자마다 복이 있다고 했다. 이것은 진리이다. 복의 수여자가 여호와임을 안다면 그분을 경외하고 그분이 제시하는 길을 가야 한다. 엄밀히 따지면 복은 복을 받고자 해서 받는 게 아니라 주시는 분이 주셔야 받는 것이다.

하나님이 복이시며 복을 주시는 분이시다. 그분이 주셔야 우리는 받는다. 그렇다면 그분을 경외하고 순종하며 그분이 원하는 길을 가야 한다. 복 받을 일을 하자. 그것이 하나님을 경외하며 순종하는 것이다.

그렇다면 하나님은 오늘 어떤 복을 주신다고 했는가. 무엇이 복이라 했는가. 네가 네 손이 수고한 대로 먹는 것이라 했다.

지금 이 세상에 사는 사람들은 모두 자기가 수고한 대로 먹고 사는가. 반드시 그렇다고 할 수는 없다. 많이 수고했는데도 불구하고 소득이 적게 들어오는 경우도 있기 때문이다.

땀 흘려 농사를 지었는데 수확이 없고 장사를 했는데 소득이 없으면 그 수고는 헛수고가 된다. 그것이 수고한 대로 먹지 못하는 경우이다.

농사를 지었는데 황충과 메뚜기가 먹고 일기가 불순하여 가뭄이나 홍수나 태풍으로 기근에 시달리는 경우를 성경은 자주 묘사한다. 그것이 하나님의 징계로 인해 자기 손으로 수고한 대로 먹지 못하는 경우이다. 농사를 지었는데 도적을 맞는 경우도 마찬가지다.

그러므로 자기 손으로 수고한 대로 먹을 수 있다는 것은 큰 복이다. 하나님은 복을 주실 사람에게 적당한 일기와 적당한 환경을 제공하여 많은 결실을 맺어 거두게 한다.

복 받기를 원하는가. 하나님을 두려운 마음으로 섬기라. 그리고 그분의 가르침에 순종하라. 복되고 형통할 것이다.

사랑하시는 자에게 주시는 잠

시 127:2

너희가 일찍이 일어나고 늦게 누우며 수고의 떡을 먹음이 헛되도다. 그러므로 여호와께서 그의 사랑하시는 자에게는 잠을 주시는도다.

사람이 행복하기 위해서는 평안해야 한다. 평안을 싫어할 사람이 누구며 평안을 구하지 않는 사람이 또 누군가. 문제는 그 소중한 평안을 어디서 찾으려 하는가이다.

많은 사람들은 일찍 일어나고 늦게 누우며 수고의 떡을 먹는다. 모으기 위해서다. 부지런히 뛰어서 많이 모으려는 것이다.

그런데 오늘 말씀은 그게 헛되다고 한다. 이는 부지런하지 말라는 뜻인가? 아니다. 많이 모으지 말라는 뜻인가? 아니다. 부지런히 일해서 넉넉히 모은다는데 거기에 무슨 잘못이 있겠는가. 없다. 할 수 있으면 부지런히 일하고 소득도 많이 거두는 게 좋다.

그렇다면 왜 헛되다고 하는가? 많이 모아놓으면 평안할 것이라고 생각하는 것이 헛되다는 것이다. 마음에 평안이 없으면 노력도 헛되고 쌓아놓은 것도 헛되다. 평안은 주시는 분이 있다. 억지로 또는 인위적으로 얻어지는 게 아니다. 그렇게 얻는 평안이라면 순간적인 것이다.

하나님을 사랑하라. 하나님의 사랑을 받아야 평안과 안식이 찾아온다. 그의 사랑하시는 자에게는 잠을 주신다고 오늘 말씀이 증거하고 있지 않은가. 여기서 잠은 평안을 말한다.

베드로는 헤롯이 죽이려고 감옥에 가두어 두었는데도 깊이 잠을 잤다. 날이 밝으면 죽인다는데도 불구하고 잠이 들었다. 이것이 평안이다.(행 12:3-6) 그렇다면 평안을 얻으려 노력하는 것보다 하나님이 평안을 주실 수밖에 없도록 만드는 게 옳다.

하나님은 어떤 사람을 사랑하시는가. 불순종하는 사람인가. 증오심이 많은 사람인가. 시기나 질투가 있는 사람인가. 거짓된 사람인가. 탐욕적인 사람인가. 아니다. 사랑이 있고 순종하고 진실하고 겸손하고 온유한 사람을 사랑하신다. 하나님의 사랑을 받으면 평안이 온다. 잠이 달다. 평안해야 잠이 달다.

예수님의 비유에 나오는 한 부자는 밭에 소출이 많으니 곳간을 새로 짓고 거기에 쌓아둘 것을 생각하고 자기 영혼에게 말한다. "영혼아, 여러 해 쓸 물건을 많이 쌓아 두었으니 평안히 쉬고 먹고 마시고 즐거워하자."

물건을 많이 쌓아놓으면 평안한가? 하나님은 그 부자에게 말씀하셨다. "어리석은 자여, 오늘 밤에 네 영혼을 도로 찾으리니 그러면 네 준비한 것이 누구의 것이 되겠느냐?"

참 평안은 쌓아놓은 재산에서 오는 것이 아니다. 하늘을 찌르는 듯한 권세에서 오는 것이 아니다. 하나님과의 관계에서 온다. 하나님을 사랑하고 하나님의 사랑을 받는 사람이 되자. 그 하나님이 심령과 가정에 평안을 주신다.

포도나무와 가지

요 15:5

나는 포도나무요 너희는 가지라. 그가 내 안에, 내가 그 안에 거하면 사람이 열매를 많이 맺나니 나를 떠나서는 너희가 아무것도 할 수 없음이라.

예수님은 당신과 성도와의 관계를 포도나무와 가지의 비유로 가르치셨다. 즉 당신은 포도나무요, 우리는 가지라는 것이다. 이 관계는 생명적 관계를 의미한다. 가지가 포도나무에 붙어 있지 않으면 어떻게 되겠는가. 가지는 스스로 열매를 맺을 수 없다. 열매를 맺을 수 없을 뿐 아니라 아예 살 수가 없다. 그러면 밖에 버려지게 되고 가지가 마르면 사람들이 그것을 모아다가 불에 던져 사른다고 했다. 불에 던져지는 가지의 운명을 상상해 보시라.

결국 가지인 우리는 포도나무인 예수님께 붙어 있어야 살 수 있고 열매를 맺을 수 있다. 그러므로 주님과 우리는 생명적 관계다. 우리가 예수 안에 있으면 열매를 맺고 예수 밖에 있으면 열매가 없다. 우리는 예수를 믿으면 구원받고 예수를 믿지 않으면 구원에서 제외된다.

예수님과 우리의 관계는 신비적 관계이기도 하다. 주님이 내 안에 계시고 우리가 주님 안에 있는 관계다. 이런 관계가 성립되면 어떤 일들이 일어난다고 했는가.

첫째는 우리의 기도가 이루어진다. "너희가 내 안에 거하고 내 말이 너희 안에 거하면 무엇이든지 원하는 대로 구하라. 그리하면 이루리라."(요 15:7)고 했다.

둘째는 하나님께 영광을 돌리게 된다. 우리가 주님께 붙어 있으면 열매를 맺을 수 있는데 그 열매는 우리의 노력으로 맺는 것이 아니다. 우리가 그냥 붙어 있으면 하나님이 열매를 맺게 해 주시는 것이다. 그 열매는 당연히 풍성할 것이다.

성경은 "너희가 열매를 많이 맺으면 내 아버지께서 영광을 받으실 것이요, 너희는 내 제자가 되리라."(요 15:8)고 했다. 우리는 먹든지 마시든지 무엇을 하든지 다 하나님의 영광을 위하여 해야 한다.(고전 10:31)

그러므로 우리는 어떤 환란이 와도 시험이 와도 거친 바람이 불어도 예수님께 붙어 있어야 한다. 하나님이 붙들어 주실 것이다. 많은 열매를 맺자. 하나님께 영광 돌리며 기도의 응답을 받는 친밀한 교제의 삶을 살자. 주님과 우리는 생명적 관계요, 신비적 관계다.

소가 없으면 구유는 깨끗하지만

잠 14:4

소가 없으면 구유는 깨끗하려니와 소의 힘으로 얻는 것이 많으니라.

세상에 모든 것이 다 나쁘거나 모든 것이 다 좋은 것은 아니다. 우리 속담에 "구더기 무서워 장 못 담그랴."라는 말이 있다. 장을 담그면 반드시 구더기가 생긴다. 그러면 장을 담그지 말아야 하는가.

아니다. 그 구더기 때문에 장을 담그지 않으면 음식의 맛을 내는 데 지장이 생긴다. 그러므로 구더기가 더러워도 장은 담가야 한다. 그것이 더 유익하기 때문이다.

내가 어린 시절을 산 때는 농경사회였다. 우리 집에서는 항상 소를 키웠다. 아버지는 부지런하셔서 소로 쟁기질하여 논밭을 갈고 소를 이용하여 짐도 나르고 소가 새끼를 낳으면 팔아서 우리들의 학자금으로도 사용했다.

소는 그토록 유용한 반면 손도 많이 가는 가축이었다. 우선 소를 키우려면 외양간이 있어야 하고 매일 꼴을 해다 먹여야 했다. 소똥으로 인해 파리, 모기가 들끓어 그 주위가 불결하고 지저분해졌다. 소가 없으면 지저분하지도 않고 꼴 베어 와야 하는 수고를 안 해도 된다.

어떻게 해야 하는가? 깨끗한 환경과 수고를 덜기 위해서 소를 키우지 말아야 하는가? 아니면 소가 벌어주는 경제적 유익을 얻기 위해 지저분하고 힘든 일을 감수하고 소를 키워야 할까? 우리들은 철이 없어 소를 키우지 말았으면 좋겠다고 했지만 아버지는 묵묵히 소를 키웠다.

결국 누가 옳았는가. 우리는 소를 키운 아버지 덕으로 가난한 시절에 배고프지 않게 살았고 학교 공부도 할 수 있었다.

소가 없으면 구유는 깨끗하다. 그러나 경제적 유익은 없다. 지저분하더라도 소는 있어야 한다.

역시 다 좋은 것은 없고 다 나쁜 것도 없다. 아무리 좋은 일을 해도 부작용은 있을 수 있다. 옳은 일 하는 데 방해도 있을 수 있다. 같은 일이지만 찬성하는 사람도 있고 반대하는 사람도 있다.

그렇다면 부작용이나 반대 때문에 좋은 일을 하지 않고 방해 때문에 옳은 일을 접어야 하는가. 아니다. 조금의 수고가 따르고 부작용이 있더라도 옳은 일이라면 감수해야 한다. 물론 참아야 할 일도 있을 것이다. 힘들고 귀찮을 때도 있을 것이다. 경제적 손실이 따라오고 원망과 불평도 따를 수 있다. 그러나 그것이 옳으면 옳은 쪽을 택해야 한다. 그것이 지혜다. 세상에 모두가 좋다고 하는 일은 없다.

주는 것이 받는 것보다 복되다

행 20:35

범사에 여러분에게 모본을 보여준 바와 같이 수고하여 약한 사람들을 돕고 또 주 예수께서 친히 말씀하신 바 주는 것이 받는 것보다 복이 있다 하심을 기억하여야 할지니라.

오늘 말씀은 바울 사도가 3차 전도사역을 마치고 예루살렘으로 귀환하기 전에 시간이 촉박한 관계로 에베소에 들르지 못하게 되자 에베소 교회 장로님들을 밀레도로 초청하여 고별설교를 한 내용 중의 한 부분이다.

바울은 에베소에서 3년 동안 목회를 했다. 감회가 왜 없었겠는가. 이제 떠나면 언제 다시 만날 수 있을지 모르는 상황에서 바울은 장로님들에게 하나님의 말씀을 전하고 그동안 자신이 활동한 목회 소회와 앞으로 교회를 어떻게 섬겨야 할지에 대하여 당부도 했다.

오늘 말씀에서 바울은 자신이 얼마나 신실한 목회를 했는가를 잘 보여주고 있다.

첫째는 범사에 모본을 보였다고 했다. 가르치는 지도자로서 또는 양떼를 인도하는 목자로서 그는 모본적으로 실천한 것이다. 예를 들면 스스로 돈을 벌어 선교 비용으로 쓰는 자비량 선교를 했다.

둘째, 수고하여 약한 사람을 도왔다고 했다. 어떤 사회든지 그곳에는 강한 사람과 약한 사람이 있기 마련이다. 부자가 있으면 가난한 사람도 있고 건강한 사람이 있으면 허약한 사람도 있고 많이 배운 사람이 있다면 배우지 못한 사람도 있다.

예수님은 어떤 사람에게 더 관심을 가졌는가. 우리는 누구나 구원을 받아야 할 사람이지만 세상 살아가는 데는 사회적 약자가 더 딱한 법이다. 그러할 때 바울은 예수님처럼 약한 자에게 관심을 더 가졌다고 했다. 그러자니 그들을 도와야 했을 것이고 당연히 수고가 따랐을 것이다.

마지막으로 바울은 예수님의 가르침을 상기시켰다. 예수께서 주는 것이 받는 것보다 낫다고 하셨다는 것이다. 우리는 때때로 받는 것이 기쁘다. 그러나 하나님의 나라는 주는 사람이 복되다는 것이다. 따져보면 남에게 줄 수 있다는 것이 얼마나 감사한 일인가. 먼저는 내게 있으니 줄 수 있는 것이다. 물질도, 사랑도, 도움도 내게 있으니 주는 것이다. 이것을 감사해야 한다. 또한 내가 선한 일을 행하여 수혜를 받는 사람을 기쁘게 할 수 있으니 얼마나 감사한 일인가. 그러나 무엇보다 주님의 이름으로 나누어줄 수 있다는 것은 하나님께 영광을 돌리는 일이니 감사한 일이다.

주며 살자. 나누며 살자. 그것이 주님이 우리에게 가르쳐주신 정신이요, 교훈이다. 주님은 이 땅에 주시려 오셨다. 구원과 치유와 생명과 천국을 주시려 오셨다. 그것도 당신의 십자가 희생을 통해서 주셨다. 주는 것이 받는 것보다 복되다는 것을 몸소 실천하셨다.

무엇을 주고 제 목숨과 바꾸겠느냐

마 16:26

사람이 만일 온 천하를 얻고도 제 목숨을 잃으면 무엇이 유익하리요. 사람이 무엇을 주고 제 목숨과 바꾸겠느냐.

바다에서 풍랑을 만나 배가 전복될 위기에 처하면 사람들은 배에 실려 있는 물건부터 바다에 던진다. 살기 위해서다. 그 물건이 금덩이라도 소용없다. 내가 살기 위하여 그렇게 귀하게 여기던 금덩이도 버리는 것이다.

이렇듯 극한 상황을 만나면 아무리 귀하게 여긴 것도 버려야 한다. 내 생명보다 귀한 것이 아니기 때문이다. 생명보다 귀한 것은 없다. 온 천하를 다 준다 해도 생명을 잃으면 아무 소용이 없기 때문이다.

예수님이 왜 귀한 분이신가. 그토록 소중한 우리의 생명을 사망에서 건져주시기 위하여 오셨고 우리에게 참 생명을 얻는 길을 제시해 주셨기 때문이다.

사람이 숨을 쉰다고 해서 살아 있는 것이 아니다. 밥을 먹는다고 해서 살아 있는 것이 아니다. 그것은 한시적으로 육신의 생명을 연장시키는 것일 뿐이다.

우리는 누구나 이 땅에서 시한부 인생을 산다. 그런 우리에게 영원히 사는 길을 알려주기 위해서 주님이 오셨다. 죄와 허물로 죽었던(엡 2:1) 우리를 구원하여 영생을 주시기 위해서 오셨다. 그것을 십자가 위에서 성취하셨다.

우리의 생명은 죄와 허물로 죽었을 때 보잘 것 없었다. 그러나 나를 위하여 생명을 버린 예수님께 물어보라. 그분이 우리의 생명을 먼지만도 못하다고 하시는가.

아니다. 그분은 우리 생명을 천하보다 귀하다고 하신다. 그래서 우리를 위하여 당신의 목숨을 내놓으셨다. 그분의 목숨이 헐값이라 내놓으신 것이 아니다. 오직 우리의 생명이 귀하다는 것을 알기 때문에 당신 자신을 희생하신 것이다. 그 희생이 예수 그리스도를 구주로 믿는 우리의 생명을 참 생명 되게 하시는 것이다.

우리의 생명을 참 생명 되게 하신 주님의 사랑을 안다면 어떻게 해야 할 것인가. 바울 사도는 살아도 주를 위해서 살고 죽어도 주를 위해서 죽는다고 했다.

우리도 생명을 전하고 살리는 일을 하며 살자. 한시적인 육신적 삶이라도 소중하지 않은 것은 아니지만 영원한 생명을 안다면 그 영원한 생명을 위해서 살아야 한다. 예수 믿어야 구원받는다는 복음을 전하며 살자.

사람이 무엇을 주고 제 목숨과 바꾸겠느냐? 십자가 위에서 우리를 구원하신 예수님이 물으신다. 온 천하를 얻고도 제 목숨을 잃으면 무엇이 유익하겠느냐?

항상 기뻐하라

살전 5:16

항상 기뻐하라.

　우리는 항상 기뻐해야 한다. 항상 기뻐해야 하는 이유는 첫째, 하나님의 권고요, 명령이니까. 둘째, 구원받았으니까. 그 구원은 시시한 게 아니고 예수 그리스도를 통한 생명의 구원이다. 셋째, 기뻐하는 것이 나에게는 물론이지만 다른 사람에게도 좋은 영향을 주니까.

　5월을 보내는 날이다. 아쉬운 점도 있지만 여기까지 온 것도 하나님의 은혜다. 6월을 앞두고 오늘은 내가 들은 유머 몇 가지만 소개하려고 한다. 이를 통해 잠시라도 기쁨을 주었으면 한다.

　내가 신학을 공부하던 때이니 꽤 오래된 이야기다. 그때 하河 씨 성姓을 가진 교수님이 계셨다. 그분이 강의 첫 시간에 자신을 소개하면서 당신은 하나님과 성씨가 같다고 했다. 첫 시간을 웃으면서 시작할 수가 있었다.

　최근에 주朱 모 장로님이 교회에 처음 나갔을 때 "주 예수를 믿으라. 그리하면 너와 네 집이 구원을 얻으리라."는 말씀을 듣고 예수님도 성씨姓氏가 주朱 씨인가 보다고 생각했다고 해서

한바탕 웃었다.

예전에 신학을 같이 공부하던 친구 중에 인천 주안朱安에 사는 이가 있었다. 그는 자신이 주안(朱安 =主 안)에 살기 때문에 걱정할 일이 없다고 했다. 그러면 무슨 주主안이냐? 주酒안이지 하면서 놀리기도 했다.

역시 신학생 시절이었다. 한 교수님이 환난을 당하면 어디로 피해야 안전하겠느냐고 물었다. 학생들이 대답을 못 하자 교수님은 이리裡里라고 했다. 지금은 익산益山으로 지명이 바뀌었지만 옛날에는 이리裡里였다. 그 이유는 "피난처 있으니 환난을 당한 자, 이리 오라."는 찬송가 가사 때문이라 했다. 그곳은 "땅들이 변하고 물결이 일어나 산 위에 넘치되 두렵잖네."(찬송가 70장) 하고 고백할 정도로 안전하다니 세상에 이보다 더 안전한 곳이 어디 있겠는가.

남을 해롭게 하거나 저속하지 않으면서 기쁨을 주는 것이 유머다. 유머는 여유다. 각박한 세상에서 필요한 것이다. 경색된 자리에서 기발한 유머 한마디가 긴장을 풀어주면서 분위기를 쇄신하기도 한다.

유머가 풍부한 사람이 대인관계에서 성공할 확률이 높다고도 한다. 웃음치료를 말하는 사람들에 의하면 웃음은 정신적 영역뿐 아니라 육신적인 영역까지 치료한다고 한다. 그들은 사람이 웃는 것은 행복하기 때문이라기보다는 웃기 때문에 행복하다는 것이다. 기뻐하자. 웃자. 행복하자.

내가 눈을 감는 것은

내가 눈을 감는 것은
울컥, 보고 싶어서입니다
눈을 뜨면 볼 수 없는
당신은 내가 눈을 감으면
그리움으로 찾아옵니다
어머니

거기 남새밭에 감자꽃이 피고
눈보라를 이겨낸 보리밭엔
종달새의 노래가 있었지요
무, 배추 포기가 쇠면 꽃을 달았고
내 동심은 그 위를 나는
배추흰나비를 좇았지요
머리에 흰 수건을 쓰고 엎딘
당신은 호미 들고 그 밭에 있었습니다
어머니

왜 세월은 모든 것을 낡고 쇠하게 하면서
그리움은 지우지 않을까요
내가 눈을 감는 것은
채우고, 채우고 싶어도
이 나이 먹도록 채우지 못한 빈 가슴
아직도 허전해서입니다
어머니

흠 없게 보전되기를 원하노라

오늘 말씀

살전 5:23

> 평강의 하나님이 친히 너희를 온전히 거룩하게 하시고 또 너희의 온 영과 혼과 몸이 우리 주 예수 그리스도께서 강림하실 때에 흠 없게 보전되기를 원하노라.

6월을 시작한다. 6월은 호국의 달이다. 이 나라를 세우고 지키기 위하여 싸운 영령들에게 머리 숙여 감사하고 이 나라를 길이 지켜나가기 위하여 각오를 새롭게 하는 계절이다.

우리는 지난날 나라를 잃어보기도 했고 동족끼리 피비린내 나는 싸움도 해 봤다. 지금도 통일되지 않은 나라로 전쟁의 위험을 안고 살아가고 있다. 통일은 중요하다. 그러나 어떻게 통일하느냐가 현 시점에서는 더 중요하다. 자유는 또 얼마나 중요한 가치인가.

우리 민족의 역사를 돌아보면 지금처럼 풍요로운 때가 없었다. 선대 신앙인들의 눈물의 기도와 여러 불리한 환경 속에서도 피땀 흘린 조상들의 고생 덕분이다. 우리는 두 번 다시 비극의 나라를 만들지 말아야 한다. 그러기 위해서는 모든 국민이 사사로운 욕심에 사로잡혀 나라를 어지럽히는 행동을 하지 말아야 한다.

국가가 생긴 이래 나타난 여러 정치 체제 중에서 자유민주주의보다 더 나은 제도는 없었다는 것을 역사가 증명하고 있다.

그러므로 우리는 이 체제를 지키기 위해 노력해 나가야 한다. 하지만 아무리 완벽하다고 평가받는 체제에도 약점이 있기 마련이다. 지상의 그 어떤 나라도 하나님나라와 비교할 수는 없는 것이다.

우리 신앙인들은 언제 어디서나 하나님나라 가치 안에서 살아야 한다. 우리의 삶은 이 땅에서 끝나는 것이 아니다. 우리에게는 영원한 세계가 있다. 주님이 가지고 오신 하나님나라다. 그 나라를 살아야 하고 그 나라를 소망하며 살아야 한다.

오늘 말씀은 바울 사도가 데살로니가 교회 성도들에게 축복하는 내용이다.

평강의 하나님이 친히 그들을 온전히 거룩하게 하시고 그들의 온 영과 혼과 몸이 주님 재림하실 때까지 흠 없이 보전되기를 축원했다. 이 축원을 우리가 받으면 우리의 것이 된다. 이 축복을 받으시기 바란다.

주님의 재림이 언제 있을지는 모른다. 생전에 이루어지면 그때 만나겠지만 늦어지면 세상에서 생을 마치는 날 뵙게 될 것이다. 그때 부끄럽지 않도록 몸과 영과 혼을 흠 없이 보전해야 한다. 주님의 거룩을 유지하며 주님이 가르쳐주신 사랑과 사명을 실천하며 도덕적으로 좁은 길을 걸어야 할 것이다.

하나님의 기업으로 선택된 백성

오늘 말씀

시 33:12

여호와를 자기 하나님으로 삼은 나라, 곧 하나님의 기업으로 선택된 백성은 복이 있도다.

오늘날에는 대부분의 나라에서 정치와 종교를 분리하고 있지만 종교가 곧 정치요, 정치가 곧 신앙이던 시대가 있었다. 이는 곧 신정정치였다.

모든 나라에는 각기 자기들만의 신이 있었다. 그 신이 나라를 지켜주고 전쟁에서 이기게 하고 풍요로운 나라를 만들어준다고 믿었다.

그러므로 이방인들의 관점에서 보면 여호와는 이스라엘의 국신 또는 민족신일 뿐이었다. 그래서 자기 나라가 이스라엘을 이기면 자기들의 신이 여호와를 이겼다고 생각했다. 그러나 그런 사상은 얼마나 어리석고 잘못된 생각인가. 그들은 자기들을 지키며 나라 통치를 위해 신을 만들고 그 신에게 절하며 섬겼다. 결국 우상숭배였다.

그러나 진실은 무엇인가. 여호와 하나님은 영원 전부터 스스로 계신 분이고 태초에 만물을 지으신 창조주시다. 이 하나님께서 이스라엘 민족을 모든 민족 중에서 선택하셨다. 그리고 그들이 오직 여호와만이 참 신이심을 만방에 선포하고 오직 하나님만 섬기도록 율법을 주셨다. 하나님은 선택된 이스라엘이 오직 하나님만 섬길 때 그들을 보호하시고 축복하셨다.

하나님은 이스라엘을 선택하셨고 이스라엘은 여호와 하나님을 자기 하나님으로 삼았다. 이것이 축복이고 이보다 더 큰 축복은 없다. 그 하나님은 전능하시고 무소부재하시다. 순종하는 나라에게 복을 주시고 거역하는 나라를 심판하시는 인격적인 하나님이시다.

예수께서 오신 이후 하나님은 민족적인 선택이 아니라 개인적인 선택을 하셔서 당신의 뜻대로 통치해 나가셨다. 그러므로 예수 그리스도를 믿으면 하나님나라 백성이다.

하나님나라 백성이 되면 하나님의 말씀에 순종하며 하나님의 통치를 받으며 하나님의 일을 감당하게 된다. 하나님은 그들에게 구원의 복과 형통의 복을 주신다. 그 안에서 하나님의 택한 백성은 평안과 안식과 자유를 누린다. 이보다 더 큰 복이 무엇이겠는가.

우리를 만민 중에서 택하시고 하나님나라의 백성으로 삼아 주신 하나님을 찬양하며 영광을 돌리자.

먼저 구할 것

마 6:33

그런즉 너희는 먼저 그의 나라와 그의 의를 구하라. 그리하면 이 모든 것을 너희에게 더하시리라.

모든 일에는 우선순위가 있다. 먼저 해야 할 일과 나중에 해도 될 일이 있다. 이 우선순위를 바로 알고 실천하면 성공할 가능성이 크다고 한다. 그런데도 불구하고 나중에 해도 될 일에 매달려서 시급한 일을 놓치는 경우가 종종 있다. 심지어는 안 해도 되는 일을 붙들고 시간을 낭비하는 사람도 있다.

오늘 말씀은 무엇을 먹을까, 무엇을 마실까, 무엇을 입을까 염려하는 사람에게 그것보다 하나님나라를 먼저 구하라는 뜻으로 주신 말씀이다.

하나님의 백성은 이방인과는 달라야 한다. 하나님의 백성은 모든 것을 염려하지 말고 하나님께 맡기고 의지하라는 뜻이 담겨 있다.

하나님의 백성은 알아야 한다. 우리에게 귀한 것이 무엇인지를, 염려한다고 해서 이룰 수 없는 일이 이루어지지 않는다는 사실을, 마지막으로 공중을 나는 새도, 들의 백합화도 모두 하나님이 먹이고 입히는데 하물며 하나님이 당신의 백성을 돌보지 않을 리 없다는 것이다. 그러므로 우리에게 염려가 있다는 것은 믿음이 부족하기 때문이다.

하나님은 우리에게 있어야 할 것이 무엇인지를 다 아시는 분이시다. 일상의 먹고사는 문제가 중요하지 않다는 게 아니다. 그보다 더 중요한 것을 추구해야 하는데 그것은 하나님을 신뢰하는 것이다. 그것이 너희는 먼저 그의 나라와 그의 의를 구하라는 것이다. 하나님을 바르게 알고 바르게 섬기면 세상에서 필요한 의식주 문제는 하나님이 알아서 해결해 주실 것이다.

이에 대해 우리는 어떤 생각을 하고 있는가. 이 모든 것을 먼저 주시면 그의 나라와 그의 의를 구하겠습니다, 다시 말하면 세상에서 사는 데 필요한 것을 다 얻으면 그때부터 열심히 하나님만 섬기겠습니다, 하고 생각하고 있지는 않는가.

과연 그럴까? 세상에서 필요한 것을 다 얻으면 그 이후로는 하나님의 영광만을 위해서 살 수 있겠는가. 아니다. 하나님은 우리의 욕심과 성품을 아신다. 세상 것에 만족을 얻었다고 하여 그제야 하나님을 잘 섬길 수 있는 것은 아니다.

하나님은 한결같이 우리에게 말씀하신다. 먼저 믿음의 사람이 되라. 세상 염려 하지 말고 믿음의 사람이 되어라. 그러면 네 염려가 없어지리라. 우리가 먼저 구할 것은 하나님의 백성으로서 그의 나라와 그의 의를 위해서 헌신하는 것이다.

벌레에게 먹혀 죽은 헤롯

행 12:23

헤롯이 영광을 하나님께로 돌리지 아니하므로 주의 사자가 곧 치니 벌레에게 먹혀 죽으니라.

헤롯은 포악한 왕이었다. 권력을 잘못 사용했다. 그는 예수님의 열두 사도 중 한 사람인 야고보를 참수했다.

이를 보고 유대인들이 기뻐하자 이번엔 베드로를 체포했다. 그리고 다음 날 죽이려고 감옥에 가두었는데 하나님의 능력의 손이 그를 건져내자 감옥을 지키던 파수꾼들을 죽였다.

헤롯은 교만했다. 두로와 시돈 사람들이 이스라엘의 양식을 사먹는 까닭에 헤롯과 사이좋게 지내기를 원했다.

어느 날 헤롯이 왕복을 입고 백성들에게 연설을 했다. 백성들이 그에게 아부하기 위해 "이것은 신의 소리요, 사람의 소리가 아니다."라고 외치자 그는 한껏 고무되어 영광을 하나님께 돌리지 않고 자신이 다 차지했다.

이는 곧 불행을 가져왔다. 주 하나님께 돌려야 할 영광을 그가 가로채자 주의 사자가 그를 쳤다. 성경은 그가 벌레에 먹혀 죽었다고 했다. 오늘날로 말하면 바이러스에 의하여 죽은 것이다.

하나님은 당신의 것을 누구에게 빼앗기지 않으신다. 하나님 당신에게 돌려야 할 영광을 헤롯이 가로채자 그를 쳐서 죽였다.

교만은 패망의 선봉이요, 거만한 마음은 넘어짐의 앞잡이다. (잠 16:18, 18:12) 감히 하나님께 돌려야 할 영광을 가로채서야 되겠는가.

이를 아는 시인은 노래했다. "여호와여, 영광을 우리에게 돌리지 마옵소서. 우리에게 돌리지 마옵소서. 오직 주는 인자하시고 진실하시므로 주의 이름에만 영광을 돌리소서."(시 115:1)

자신이 신神인 것처럼 백성을 기만하며 하나님의 영광을 가로챈 사람들을 보라. 하나같이 망했다.

교만의 끝은 멸망이다. 나에게 특권으로 명예나 권세가 주어지면 조심하자. 주신 분의 뜻을 헤아려 더욱 겸손하게 섬기는 자세로 사용해야 한다. 바르게 사용해야 한다.

교만한 자는 망하지만 겸손하면 영예를 얻는다. 어거스틴은 그리스도인에게 필요한 첫째 덕을 겸손이라고 했다. 둘째도 셋째도 역시 겸손이라고 했다. 성경은 남을 나보다 낫게 여기라 했다.(빌 2:3)

내가 새벽을 깨우리로다

시 57:8

내 영광아, 깰지어다. 비파야, 수금아, 깰지어다. 내가 새벽을 깨우리로다.

"내 영광아, 깰지어다."는 "내 영혼아, 잠을 깨어라."로 이해될 수 있다.(공동번역)

"비파야, 수금아, 깰지어다."는 비파와 수금을 의인화한 것으로 역동적으로 악기를 연주하여 주를 찬양하고 싶은 심정을 표현한 것이다.

또한 새벽을 깨운다는 말은 하나님의 구원의 섭리를 기대하는 기쁨의 외침이다.

새벽은 어둠이 물러가고 새 날이 밝아오는 때이다. 이처럼 새 날이 시작되는 첫 시간에 하나님을 찬양하겠다는 시인의 다짐이다.

어둠이 짙어지면 새벽이 자연적으로 온다. 그럼에도 기다리지 않고 적극적으로 새벽을 깨우겠다고 외치고 있는 것이다.

일찍부터 더 많은 시간을 주께 드리기 위하여 새벽을 깨우고자 하는 그 열정을 생각해 보라.

우리나라의 대부분의 교회에서는 새벽기도회를 드리고 있다. 세계 역사에 유례 없는 교회 부흥의 역사가 우리나라에서 이루어졌으니, 그 원인 중의 하나를 새벽기도회의 영향이라고 주장하는 학자들도 있다. 충분히 이해가 되며 수긍할 수 있다. 일찍부터 교회에 나와 첫 시간을 하나님께 드리며 기도하는 교회와 그 나라를 왜 축복하지 않으셨겠는가.

우리는 실로 오는 새벽을 기다리기만 한 것이 아니다. 조금 더 적극적으로, 조금 더 능동적으로 주님께 영광을 돌리고 헌신하려 했던 열정을 하나님께서 외면하지 않은 것이다.

성경은 "부지런하여 게으르지 말고 열심을 품고 주를 섬기라."고 권면한다.(롬 12:11) 게으른 것은 악한 것이다. 한 달란트 받은 종이 받은 달란트를 땅속에 묻어두었다가 주인이 돌아왔을 때 한 달란트 그대로 내놓자 주인은 악하고 게으른 종이라고 책망했다.(마 25:26)

어차피 오는 새벽이지만 기다리기만 하지 않고 기도로 새벽을 깨우고 헌신으로 새벽을 깨우고 찬양으로 새벽을 깨우고자 하는데 하나님께서 왜 응답하지 않으시고 왜 그 심령에 복을 내리시지 않으시겠는가.

조금이라도 더 좋은 시간과 조건을 드리고자 하는 그 마음을 하나님께서 아시고 그의 가정과 사업과 교회에 풍성한 은혜를 베풀어 주실 것이다.

이 백성의 죄악을 사하소서

오늘 말씀

민 14:19

구하옵나니 주의 인자의 광대하심을 따라 이 백성의 죄악을 사하시되 애굽에서부터 지금까지 이 백성을 사하신 것같이 사하시옵소서.

애굽을 나온 이스라엘 백성이 바란 광야에 이르러 앞으로 들어가 차지하게 될 가나안을 정탐한 바 있다. 각 지파에서 한 명씩 모두 열두 명이 40일 동안 앞으로 들어가 싸워야 할 가나안을 정탐하고 돌아왔다.

그들이 돌아와서 모세에게 보고한 공통된 내용을 보면 과연 그 땅은 젖과 꿀이 흐르는 풍요로운 곳이라는 것과 그 땅 거민들이 강하고 성읍은 크고 견고하며 거기에는 거인족인 아낙 자손들이 살고 있다는 것이었다.(민 13:25-28)

그러나 가나안에 올라가서 그 땅을 차지하자는 데는 의견이 갈렸다. 여호수아와 갈렙은 그들을 두려워하지 말고 올라가자, 그들은 우리의 먹이라고 했다. 그들은 하나님께서 우리를 기뻐하시면 우리를 그 땅으로 인도하여 그 땅을 우리에게 주실 것이라 했다.(민 14:8-9) 전폭적으로 하나님을 의지하는 믿음으로 행하자는 뜻이었다.

반면 나머지 열 명은 그곳에 사는 사람들이 거인이고 그 땅이 거주민을 삼키는 땅이며 우리는 그들에 비하면 메뚜기 같아서 가나안 정복은 불가하다는 의견을 냈다. 이는 하나님을 의지하지 않고 자기들 힘만을 생각한 의견이었다.

이 두 의견을 들은 백성들은 어떤 반응을 보였는가. 유감스럽게도 부정적인 보고에 더 귀를 기울이고 통곡하며 모세와 아론을 원망했다. 차라리 애굽 땅에서 죽었거나 이 광야에서 죽었으면 좋았을 것이라고 하며 그 땅에 들어가면 자신들은 칼에 쓰러지게 되고 처자식은 사로잡히게 될 것이니 애굽으로 돌아가는 것이 낫겠다고 했다. 그리고 한 지휘관을 세워 애굽으로 돌아가려 했다.(민 14:1-4)

이에 진노하신 하나님은 모세에게 말씀하시기를 "내가 전염병으로 그들을 쳐서 멸하고 네게 그들보다 크고 강한 나라를 이루게 하리라."고 하셨다.(민 14:12) 이에 모세는 이방민족들이 "여호와가 이 백성에게 주기로 맹세한 땅에 인도할 능력이 없었으므로 광야에서 죽였다." 하리이다. 그렇게 되면 하나님의 명예가 훼손되지 않겠느냐며 용서해 달라고 간절히 기도했다. 오늘의 말씀이 곧 그 기도다. 주의 인자의 광대하심을 따라 이 백성의 죄악을 사해 달라는 것이었다. 이 간구를 들으시고 하나님은 이스라엘의 불신의 죄를 용서해 주셨다.(민 14:20)

우리는 여기서 모세의 정신을 본다. 하나님을 신뢰하지 못하고 자신을 원망하며 불복하는 이스라엘의 죄는 크지만 그들이 멸망당하는 것을 원치 않아 그들을 위해서 기도하는 모습은 얼마나 훌륭한가. 우리가 모세에게서 본받아야 할 정신은 조국을 사랑하고 자기 백성의 생명을 위해서 간절히 기도한 점이다.

내 귀에 들린 대로 행하리니

민 14:28

그들에게 이르기를 여호와의 말씀에 내 삶을 두고 맹세하노라. 너희 말이 내 귀에 들린 대로 내가 너희에게 행하리니.

바란 광야에서 장차 들어갈 가나안 땅을 정탐하고 돌아온 열두 명 중에 여호수아와 갈렙을 제외한 열 명은, 우리는 그들에 비하면 메뚜기 같다며 가나안에 들어가 싸워 이길 수 없다는 비관적 견해를 말했다.

이 보고를 들은 이스라엘 백성들은 밤새도록 통곡하면서 모세와 아론을 원망하여 "우리가 애굽 땅에서 죽었거나 이 광야에서 죽었으면 좋았을 것을 어찌하여 여호와가 우리를 그 땅으로 인도하여 칼에 쓰러지게 하려 하는가. 우리 처자가 사로잡히리니 애굽으로 돌아가는 것이 낫지 아니하랴."(민 14:1-3)고 하였다. 그들은 지휘관을 세우고 애굽으로 돌아가려고까지 하였다.

그러자 하나님은 진노하셔서 모세에게 "내가 전염병으로 그들을 쳐서 멸하고 네게 그들보다 크고 강한 나라를 이루게 하리라."고 하셨다.(민 14:12)

모세는 하나님께서 그리하신다면 이방 백성들이 말하기를 하나님께서 이 백성에게 주기로 맹세한 땅에 인도할 능력이 없었으므로 광야에서 죽였다 하리니 그러면 하나님의 명예가 손상되지 않겠냐며 간절히 기도함으로 용서를 받았다.

그러나 하나님은 백성들이 하나님을 향하여 원망한 것에 대해서는 책임을 묻겠다고 하셨다. 그것이 오늘 말씀인 내 귀에 들린 대로 행하시겠다는 하나님의 단호한 말씀이다. 즉 정탐꾼이 그 땅을 정탐한 날 수인 40일의 하루를 일 년으로 쳐서 그 40년간 너희의 죄악을 담당하게 될 것이라 했다. 그들은 그래서 40년 동안 광야에서 유리 방황하며 당시 20세 이상인 사람들은 여호수아와 갈렙을 제외하고 모두 죽어야 했다. 그러나 그들이 사로잡히게 될 것이라고 염려했던 그들의 자식들은 하나님께서 가나안으로 인도하시겠다고 했다.

그러므로 출애굽했던 이스라엘 백성 중에 20세 이상인 자들은 여호수아와 갈렙을 제외하고 모두 40년 광야생활 중에 죽었고 20세 이하만 가나안 땅을 밟았다.

우리는 말을 조심해야 한다. 하나님은 우리가 한 말뿐 아니라 마음과 생각까지 아시는 분이다. 그런 하나님 앞에서 불평이나 원망의 말을 해서야 되겠는가. 저주의 말이나 부정적인 말을 하나님께서 들으신 대로 행하신다면 어떻게 되겠는가. 삼가고 조심해야 한다. 우리 입술은 복음을 전하고 찬양을 하고 신앙을 고백하고 사랑의 말이나 격려하는 말이나 진실한 말이나 덕을 세우는 말을 해야 할 것이다.

성경은 죽고 사는 것이 혀의 힘에 달렸나니 혀를 쓰기 좋아하는 자는 혀의 열매를 먹으리라고 했다.(잠 18:21)

금식하며 기도한 느헤미야

느 1:3-4

그들이 내게 이르되 사로잡힘을 면하고 남아 있는 자들이 그 지방 거기에서 큰 환난을 당하고 능욕을 받으며 예루살렘 성은 허물어지고 성문들은 불탔다 하는지라. 내가 이 말을 듣고 앉아서 울고 수일 동안 슬퍼하며 하늘의 하나님 앞에 금식하며 기도하여.

느헤미야는 바사의 아닥사스다 왕의 술 맡은 관원장이었다. 그는 유다에서 두어 사람과 함께 온 하나니로부터 조국의 비참한 사정을 들었다.

느헤미야가 유다와 예루살렘의 형편을 물었을 때 그들은 예루살렘 성이 무너지고 백성은 많은 환난 가운데 있다는 소식을 전해 주었다.

느헤미야는 고국의 이 절망스러운 사정을 듣고 울었다. 수일 동안 슬퍼하며 하나님 앞에 금식하며 기도했다. 그는 얼굴이 수척할 정도로 조국의 환난 소식에 고통을 당하였다.

결국 하나님의 도움이겠지만 그 초췌한 얼굴이 아닥사스다 왕의 눈에 띄었고 왕은 왜 그런가, 그 연유를 물었다. 느헤미야는 고국의 절망스러운 사정을 아뢰었다.

아닥사스다 왕은 느헤미야를 고국으로 보내 훼파된 예루살렘 성을 다시 쌓을 수 있게 하였다.

그러나 일이 순조롭게 진행되지는 않았다. 성을 새롭게 재건하는 일을 집요하게 방해하는 사람들이 있었기 때문이었다. 그들은 조롱도 하고 협박도 하며 여러 수단으로 방해를 했다. 느헤미야는 한편으로 방해자들과 싸우고 또 한편으론 신앙과 열심으로 성벽을 쌓아나가 결국 52일 만에 완성하였다.

나라가 얼마나 소중한지는 나라를 잃어본 사람만 안다. 정복당한 민족으로 멸시와 천대는 물론 박해 속에 생명도 잃게 된다. 참으로 부끄럽고 비참한 노릇 아닌가.

우리는 잃고 후회할 것이 아니라 처음부터 잃지 않도록 노력해야 한다. 잃어버린 뒤에 회복하는 것은 쉬운 일이 아니다. 우리는 우리의 조국 대한민국을 지키기 위해 노력해야 한다. 물론 자유민주주의를 포함해서 말이다.

다시 느헤미야의 아픔을 살펴보자. 그는 한 나라 왕의 술 맡은 관원장이다. 개인의 안일만 생각하면 편안하게 살 수 있다. 그러나 조국의 아픈 현실을 보면서 어떻게 모르는 체할 수 있었겠는가. 그 모르는 체할 수 없는 마음이 바로 애국이다.

우리는 각자 처한 자리에서 조국을 위하여 일해야 한다. 그것이 애국이다. 땀 흘리지 않으면 피를 흘릴 수 있다.

시온을 기억하며 울었도다

시 137:1

> 우리가 바벨론의 여러 강변 거기에 앉아서 시온을 기억하며 울었도다.

조국 유다가 망하고 바벨론에 포로로 잡혀온 한 무명의 시인이 잡힌 자의 슬픔을 노래하였다. 그는 바벨론의 여러 강변에 앉아서 시온을 기억하며 울었다고 했다. 강변에 앉아 흘러가는 물을 보았을 것이다. 강물은 아무 일 없는 듯 유유히 흘러가지만 시인의 마음은 아팠을 것이다. 두고 온 고향, 성전이 있는 예루살렘이 생각났을 것이다.

예루살렘의 성전에서 예배드리며 마음껏 찬송을 부를 수 있었는데 이제는 할 수가 없다. 애통하면서도 충성하지 못한 지난날이 어찌 후회스럽지 않겠는가. 그때가 그리울 것이다. 고난을 받으면서 그때가 좋았다는 생각을 하지 않을 수 없었을 것이다.

그는 버드나무에 수금을 걸었다고 했다. 왜 그랬을까? 그를 사로잡은 자들이 노래를 청하는데, 그 사람들은 내 고향을 황폐케 한 자들이다. 그들은 그들의 즐거움을 위하여 시온의 노래 중 하나를 부르라 했다. 예루살렘을 침략하여 성전을 훼파한 그들이 하나님을 찬양하는 노래를 부르라 한 것이다.

어찌 신명이 나겠는가. 침략자들의 강요에 의해 거룩한 노래를 불러야 하다니, 이 얼마나 가슴이 아픈가.

시인은 말한다. 이방 땅에서 어찌 여호와의 노래를 부를까? 부르고 싶지 않다. 그들을 즐겁게 하기 위해서 여호와를 위하여 부르던 노래를 어떻게 부를 수 있겠는가. 그런데 현실은 부르지 않을 수 없는 노예의 몸이다.

시인은 분노가 차오른다. 예루살렘을 침범할 때 함께 동조했던 에돔 족속이 밉다. 앞으로 바벨론도 망하게 될 것을 확신하면서 그때 그들이 우리에게 행한 대로 갚는 자가 복이 있으리라고 증오한다. 얼마나 가슴이 아프면 이렇게 노래할까.

나라를 잃고 수모를 당해 보아야 이 아픔을 이해할까. 그때는 이미 늦다. 나라를 잃기 전에, 주권을 빼앗기기 전에 나라를 지켜야 한다.

우리들에게 말하자. 잃어버리고 슬퍼하지 말고 평안할 때 부끄럽게 살지 말아야 한다. 평안할 때 하나님의 말씀에 순종하며 긴장하고 사는 것이 방비하는 것이다.

하루에 세 번씩 무릎을 꿇고

단 6:10

> 다니엘이 이 조서에 왕의 도장이 찍힌 것을 알고도 자기 집에 돌아가서는 윗방에 올라가 예루살렘으로 향한 창문을 열고 전에 하던 대로 하루 세 번씩 무릎을 꿇고 기도하며 그의 하나님께 감사하였더라.

다니엘은 유다가 멸망할 때 바벨론에 포로로 잡혀온 하나님의 사람이다. 바벨론의 정책상 포로민 중에 재주 있는 사람들을 선발하여 교육을 시켜 인재로 등용했는데 거기에 발탁되어 양육을 받았다.

그러나 그는 신앙에서 지조가 있었다. 학문은 배웠지만 왕의 진미는 거절하고 채식을 했다. 그래도 하나님은 그의 얼굴을 빛나게 해 주었다. 포로의 신분이었지만 하나님의 계명을 지키려 하는 그를 하나님께서 돌보아 주셨다고 믿어야 한다.

훗날 다니엘은 바벨론의 국무총리가 되었다. 하나님의 은혜였다. 그가 정복당한 유대인으로서 정복한 나라의 국무총리가 됐다는 사실도 놀라운데, 이보다 더 놀라운 것은 바벨론이 바사와 메데 연합군에 의하여 망하고 나니 이어서 바사의 국무총리가 됐다는 것이다.

오늘 말씀은 고레스에 이어 다리오 왕 때에도 국무총리로 있는 다니엘을 시기하는 사람들이 올무를 놓아 다니엘을 죽이려 했지만 다니엘이 신앙을 지켜 승리한 말씀이다.

시기하는 자들은 다니엘의 약점을 찾아 고발하려 했지만 약점을 찾지 못하자 비정상적인 방법을 생각해냈다. 다니엘이 늘 기도한다는 사실을 이용하여 왕을 알현하고 앞으로 30일 동안 아무 사람이나 신에게 기도하는 것을 금하는 영을 내리고 이를 어길 시는 사자 굴에 던지자고 한 것이다. 신하들의 요구를 들은 다리오 왕은 조서에 왕의 도장을 찍어 반포하였다.

자, 이제 매일 하나님께 기도하던 다니엘은 어떻게 했을까.

이 금령이 내려진 줄을 모를 리 없는 다니엘이었지만 그는 하나님께 기도하는 일을 멈추지 않았다. 업무를 마치고 집으로 돌아온 다니엘은 평소대로 윗방으로 올라가 예루살렘을 향한 창문을 열고 하루에 세 번씩 무릎을 꿇고 기도했다.

다니엘의 신앙을 생각해 보자. 그는 영특하여 정복당한 민족의 포로로 잡혀 와서도 국무총리가 되었지만 항상 조국의 독립을 위하여 기도했음을 알 수 있다. 다니엘은 국무총리라는 권세나 명예에 안주하지 않았다. 그는 사람을 두려워하지 않았고 하나님만 의지했다. 그랬기에 변개할 수 없는 금령 앞에서도, 사자 굴 속으로 들어가 죽어야 하는 위협 속에서도 굴하지 않고 오히려 창문을 열고 공개적으로 기도했다.

그의 백절불굴의 믿음을 어찌 하나님이 외면하랴. 그는 사자 굴 속에서도 하나님의 보호를 받고 안전할 수 있었다. 다니엘은 믿음의 사람으로 나라를 사랑했던 인물이었다.

그리스도에게서 끊어질지라도

롬 9:3

나의 형제 곧 골육의 친척을 위하여 내 자신이 저주를 받아 그리스
도에게서 끊어질지라도 원하는 바로라.

자기 나라와 민족을 사랑하지 않는 사람이 있을까. 그러나
그 방법은 다양하다. 그중에는 오히려 나라를 어지럽히는 것도
있을 것이다. 사랑한다고 하면서 나라를 자기 개인의 욕구 충
족 수단으로 이용하려드는 경우가 바로 그것이다.

바울 사도를 생각해 보자. 그는 어떻게 자기 나라와 백성을
사랑한다고 고백하고 있는가. 그는 복음으로 자기 민족을 사랑
한다고 했다. 실제로 그는 유대교에서 개종한 이후 복음을 들
고 세계를 향하여 뛰었다. 그러면서도 항상 자기 민족에 대한
애착이 많았다.

오늘 말씀을 보면 그의 비장한 각오를 엿볼 수 있다. "나의
형제 곧 골육의 친척을 위하여 내 자신이 저주를 받아 그리스
도에게서 끊어질지라도 원하는 바로다."

그는 한 가지 소원을 위하여 자신이 저주를 받아도 좋다고
했다. 그리스도에게서 끊어질지라도 원한다고 했다. 무엇을 위
해서라고 했는가. 자기 백성을 위해서라고 했다. 구체적으로
말하면 자기 백성 모두가 예수 그리스도를 영접하여 구원을 받

게 된다면 자기는 저주를 받아서 그리스도에게서 끊어질지라
도 원한다고 했다.

저주받는 일은 분명 좋은 것이 아니다. 게다가 그리스도에게
서 끊어지면 영원히 죽는다. 그럼에도 불구하고 내 백성이 예
수를 믿어 구원을 받을 수만 있다면 기꺼이 희생하겠다고 하는
것이다.

어떤 사람들은 자기 유익을 위해서 남의 희생을 강요하기도
하고 나라와 민족을 고통스럽게 하기도 한다. 그런데 바울 사
도는 자신의 희생을 통해서라도 나라가 잘되고 모든 백성이 구
원을 받았으면 좋겠다고 했다. 예수 그리스도를 본받은 정신이
다. 예수 그리스도는 우리를 구원하기 위하여 수난을 받고 기
꺼이 죽기까지 했지 않은가.

우리는 애국애족을 실천하고 있는가. 각자 자기 분야에서 최
선을 다하고 열심을 다해서 나라 발전에 도움을 준다면 훌륭한
애국애족이다.

그러나 구원받아 생명을 얻도록 하는 것보다 소중한 일은 없
다. 예수 전하자. 그들에게 천국을 소개하자. 자기의 영향력이
미치는 모든 곳에서 복음으로 생명을 건지자.

한 사람의 생명은 천하보다 귀하다. 그 생명을 건지는 것이
애국이요, 애족이다.

빛으로 오신 예수님

오늘 말씀

요 12:46

나는 빛으로 세상에 왔나니 무릇 나를 믿는 자로 어둠에 거하지 않게 하려 함이로다.

예수님은 빛으로 세상에 오셨다고 했다. 여기서 빛은 생명, 의, 선, 평화, 자유, 천사 등을 상징한다. 그 반대 개념인 어둠은 죽음, 불의, 죄악, 마귀, 불안 등을 상징한다.

그러므로 예수께서 빛으로 오셨다는 것은 우리를 어둠의 삶이나 어둠의 권세에서 벗어나게 하기 위함이란 뜻이다. 불안하게 살지 말고 불의하고 부도덕하게 살지 말고 빛의 속성인 생명 가운데 살자는 뜻이다. 참 생명을 얻을 때 자유와 평화와 평안과 기쁨과 안식이 찾아온다.

빛과 어둠의 원리를 알면 우리는 어둠을 물리치려 애쓸 필요가 없다. 어둠을 이기는 것은 어둠이 아니다. 빛이다. 빛이 들어오면 어둠은 스스로 아주 자연스럽게 물러간다.

그러므로 평화가 들어오면 불안은 물러가고 선하게 살면 죄가 물러난다. 사랑하면 증오가 있을 자리가 없어진다.

성경은 "아무에게나 악을 악으로 갚지 말고 모든 사람 앞에서 선한 일을 도모하라."고 했다.(롬 12:17) 악을 악으로 이길 수 없으므로 선으로 이기라는 것이다. 그래서 성경은 "악에게 지지 말고 선으로 악을 이기라."고 했다.(롬 12:21) 결국 빛으로 오신 예수 안에 온전히 거하면 어둠에 살지 않을 뿐더러 어둠을 이기고 살 수 있다.

예수님은 빛으로 세상에 오셨다. 그리고 우리에게 너희는 세상의 빛이라 하셨다. 세상을 밝히는 빛이 되라고 하셨다.

그렇다면 어떻게 해야 빛이 될 수 있는가. 빛을 스스로 생산하려 하지 말라. 예수 안에 있으면 된다.

예수의 빛을 받으면 어둠이 물러간다. 예수의 삶을 본받으면 마치 달이 태양빛을 받아 자신을 드러내듯이 우리도 예수의 빛으로 세상을 밝히게 된다.

결국 하나님은 발광체이고 우리는 그 빛을 받아서 빛을 내는 세상의 빛이다.

우리는 예수를 믿음으로 어둠에 살지 않고 어둠을 밝히는 세상의 빛으로 살게 된다.

하나님의 생각, 사람의 생각

 오늘 말씀

사 55:9

이는 하늘이 땅보다 높음같이 내 길은 너희의 길보다 높으며 내 생각은 너희의 생각보다 높으니라.

바울 사도는 당시에 석학이었던 가말리엘 문하에서 배운 학자였다. 그가 이렇게 감탄했다. "깊도다, 하나님의 지혜와 지식의 풍성함이여. 그의 판단은 헤아리지 못할 것이며 그의 길은 찾지 못할 것이로다."(롬 11:33)

바울은 자기가 가지고 있는 모든 지혜와 지식을 동원해서 하나님의 뜻을 헤아리려 했지만 도무지 헤아릴 수가 없었다. 그래서 그의 판단은 헤아리지 못할 것이며 그의 길은 찾지 못할 것이라고 손을 들었다.

그렇다. 하나님은 이사야 선지자를 통하여 말씀하셨다. 내 생각은 너희의 생각과 다르며 내 길은 너희의 길과 다르다.(사 55:8) 이는 마치 하늘이 땅보다 높음같이 하나님의 길과 생각은 우리들 사람의 길이나 생각보다 높다는 것이다.

그렇다. 하나님은 사람의 지혜와 능력으로 헤아릴 수 있는 분이 아니다. 그는 전능하시고 전지하시다. 그분에게는 우리가 할 수도 없고 알 수도 없는 수많은 방안과 방법이 있다. 그러므로 우리는 섣부르게 헤아리려 하기보다는 순종의 자세여야 한

348

다. 그리고 늘 겸손해야 한다. 무슨 일이 내 마음대로 되지 않았다고 낙심하지 말자. 요셉은 애굽에 팔려가는 아픔을 겪었지만 그 일로 인해서 후에 애굽의 국무총리가 되었다. 하나님이 배후에서 하신 일이다.

형통할 때는 감사는 해야 하지만 교만해서는 안 된다. 형통하다고 교만하여 긴장을 풀었다가 낭패를 당한 사람이 얼마나 많은가. 분열왕국 남유다의 제10대 왕 웃시야는 처음엔 형통했지만 나중에 교만해져서 성전에 들어가 제사장만이 할 수 있는 분향을 자기가 하려다가 나병이 들었다. 그는 그 이후 왕위를 내려놓고 별궁에서 일생을 마쳤다.(대하 26장)

사람의 판단으로 하나님을 헤아리지 말자. 사람의 지혜와 지식으로 하나님을 다 아는 것처럼 평가하지 말자. 하나님은 두려우신 분이다. 어떤 경우에도 신뢰하며 인도하시는 대로 가자. 당신의 백성을 바르게 인도하실 것이다.

순종하면 바른 길 가는 것이고 자기 마음대로 걸으면 지금 잘못 걷고 있는 것이다.

한 사람이라도 찾으면

 오늘 말씀

렘 5:1

너희는 예루살렘 거리로 빨리 다니며 그 넓은 거리에서 찾아보고 알라. 너희가 만일 정의를 행하며 진리를 구하는 자를 한 사람이라도 찾으면 내가 이 성읍을 용서하리라.

수많은 인간 중에 한 사람의 존재는 미미하다. 그러나 그 한 사람 한 사람이 얼마나 중요한가. 한 사람의 훌륭한 지도자가 나라와 세계를 발전시키기도 하고, 한 사람의 잘못된 지도자가 나라와 세계를 어지럽히기도 한다. 그럼에도 사람들은 한 사람의 가치를 가볍게 여긴다.

그러나 미미하게 여기는 그 한 사람이 하나님의 진노를 막을 수도 있었다.

오늘 말씀을 보면 하나님께서 예루살렘 거리에서 정의를 행하며 진리를 구하는 자가 한 명이라도 있으면 이 성읍에 내리기로 계획한 진노를 거두어 용서하시겠다고 했다. 바꿔 말하면 그 넓은 예루살렘 거리에 정의를 행하고 진리를 구하는 사람이 단 한 사람도 없었다는 얘기가 된다.

그 사회가 얼마나 부패했고 그곳의 사람들이 얼마나 그 부패에 넘어져 있었는가를 알게 한다. 사람들이 부패하면 용기도 잃게 된다. 나 한 사람 희생해서라도 나라를 구하겠다는 사람이 없다.

자신은 뒤로 빠지면서 누구 나라를 구할 사람 없는가 하고 사방을 둘러본다. 내가 내 가정, 내 교회, 내 직장을 변화시키는 적임자라는 사실을 깨닫지 못하고 나서기를 두려워한다. 그러면 대체 누가 변화시키겠는가.

예루살렘 거리에 단 한 사람도 정의와 진리를 위해서 사는 사람이 없었다면 지금 우리 사회는 어떤가. 그러한 사람이 있는가.

불의가 만연하다면 나 한 사람이라도 정의롭게 살아야 한다. 거짓이 난무한다면 나 한 사람이라도 진리를 붙들어야 한다. 다 기울어가는 집에 나 혼자 기둥 붙들고 있다고 해서 집이 무너지지 않겠느냐고 지레 포기하지 말자.

내가 기둥 붙들었는데도 집이 무너진다면 무슨 의미가 있겠느냐고 할 수도 있지만 결코 그렇지 않다. 한 사람의 노력도 하나님은 기억하신다. 모두가 망하는 자리에서도 롯은 건지시는 것이 하나님의 공의다.

나 한 사람이 소중하다. 내 개인에게도 소중하지만 하나님은 한 사람 때문에 부패한 사회를 구원하시기도 한다. 요나를 통하여 하나님은 니느웨 사람들을 구원하셨다. 내가 그 한 사람이 되자.

포도원을 허는 작은 여우를 잡으라

오늘 말씀

아 2:15

우리를 위하여 여우 곧 포도원을 허는 작은 여우를 잡으라. 우리의 포도원에 꽃이 피었음이라.

아가서는 솔로몬과 술람미 여인과의 사랑을 노래하고 있다. 이는 우리 주님과 교회의 사랑을 은유하여 표현한 것이다.

오늘 말씀은 포도원을 허는 작은 여우를 잡으라는 것으로, 여기서 포도원은 교회나 가정을 상징한다.

그렇다면 교회를 어지럽히고 가정을 파괴하려는 요소를 잡아내야 한다는 뜻이다.

포도원이 가정을 상징한다고 했을 때, 이 가정은 지금 매우 평화롭다. 포도원에 꽃이 피어 있다. 아름답고 평안한 가정이다.

그런데 그 아름답고 평화로운 포도원을 헐고자 하는 여우가 있다.

그렇다. 우리의 평안한 가정이나 성결한 교회를 파괴하려는 요소는 언제나 있다. 그것은 작은 여우다. 작기 때문에 그까짓 것, 하면서 소홀히 여길 수도 있다.

그러나 큰 방죽도 작은 구멍 때문에 무너질 수 있다. 작은 증상이라고 별것 아니라는 듯 소홀히 여길 때 손을 쓸 수 없는 큰

병으로 진전될 수 있다.

작은 말 한마디가 큰 영향을 줄 수 있고 소홀히 여겼던 사소한 사건이 물의를 일으키는 큰 사건으로 번질 수 있다. 눈에 보이지 않는 바이러스가 생명을 삼키기도 하지 않는가. 작은 것이라도 악한 것이라면 속히 손을 써야 한다.

우리는 내 심령을 지켜야 한다. 가정도 지켜야 한다. 교회도 지켜야 한다. 물론 이 모든 것은 결국 하나님이 지키신다.

악한 세력은 우리의 심령이나 가정이나 교회가 평안한 것을 두고 보지 못한다. 그들의 속성상 파괴하려 든다.

우리가 조심해야 할 것은 악한 세력도 자기를 광명한 천사로 가장하고 덤벼든다는 사실이다. 우리의 욕심을 자극하는 경우가 많다.

우리는 우리의 연약한 부분을 자극하는 작은 여우가 우리의 가정이나 교회를 넘보지 않도록 거룩함으로 지켜나가야 한다.

진리가 무엇이냐

요 18:38 상

빌라도가 이르되 진리가 무엇이냐 하더라.

유대 총독 본디오 빌라도가 맡은 예수 그리스도에 대한 고발 사건은 그의 생애 동안 가장 머리 아픈 사건이었을 것이다.

유대인들은 예수가 자신을 왕이라 한다고 고발을 했다. 이미 산헤드린에서는 하나님을 아버지라 부른다고 신성모독죄를 적용하여 사형을 판결했지만 그것이 로마법에는 저촉이 안 되기 때문에 사건을 정치화하기 위하여 빌라도 법정에서는 그가 자기를 왕이라 한다고 고발을 했다. 우리에게는 로마 황제 외에는 왕이 없으니 그를 사형에 처해야 한다는 것이었다.

빌라도는 로마인이다. 로마법에 의하여 예수를 심문해 보니 죄를 발견할 수가 없었다.(요 18:38 하)

오늘 말씀은 본디오 빌라도가 예수님을 심문하는 과정에서 나온 말이다.

빌라도는 네가 유대인의 왕이냐고 물었다. 예수님은 자신이 왕임을 부정하지 않았다. 주님은 "내 나라는 이 세상에 속한 것이 아니니라. 만일 내 나라가 이 세상에 속한 것이었더라면 내 종들이 싸워 나로 유대인들에게 넘겨지지 않게 하였으리라. 이

제 내 나라는 여기에 속한 것이 아니니라."고 했다. 그러자 빌라도는 그러면 네가 왕이 아니냐고 다시 물었다. 예수님은 대답했다. "네 말과 같이 내가 왕이니라. 내가 이를 위하여 태어났으며 이를 위하여 세상에 왔나니 곧 진리에 대하여 증언하려 함이로라. 무릇 진리에 속한 자는 내 음성을 듣느니라."(요 18:33-37)

이에 빌라도는 진리가 무엇이냐고 예수께 물었다. 그는 진리에 속하지 않은 사람이었다. 진리가 앞에 계시는데 진리가 무엇이냐고 물었다.

주님은 길이요, 진리요, 생명이시다. 영원히 변함없으신 생명이시다. 예수님은 진리를 증언하기 위하여 세상에 오셨음을 천명하면서 무릇 진리에 속한 자는 주님의 음성을 듣게 된다고 했다.

진리를 모르는 사람은 예수님을 대적한다. 예수님이 진리 되시고 영원한 생명이심을 모르는 사람은 영생을 포기한 사람이요, 주님을 따르지 않는다.

예수님은 "내 양은 내 음성을 들으며 나는 그들을 알며 그들은 나를 따르느니라."고 했다.(요 10:27) 예수님이 진리다. 생명으로 가는 길이다.

이웃에게 악을 행치 않는 사랑

롬 13:10

사랑은 이웃에게 악을 행하지 아니하나니 그러므로 사랑은 율법의 완성이니라.

율법은 우리에게 하라, 하지 말라로 교훈한다. 물론 하라는 것은 옳은 일, 좋은 일이고 하지 말라는 것은 옳지 않은 일이나 좋지 않은 일이다.

그런데 그 좋은 일이란 것이 자기에게 좋은 것이냐, 남에게 좋은 것이냐? 그것이 문제다. 자기에게도 좋지만 남에게도 좋은 일이라면 해야 한다. 또한 내게도 옳지 않고 남에게도 옳지 않은 일은 하지 말아야 한다.

우리는 먼저 판단을 바르게 해야 한다. 무엇이 옳고 무엇이 그르냐를 판단하지 못하기 때문에 문제가 발생하는 것이다.

나는 좋은데 남이 싫어한다면 하지 말아야 한다.

이기적인 사람은 내가 좋으면 됐지, 남이 싫어한다고 안 할 수는 없잖아, 하는 생각을 한다. 그것이 잘못된 판단이다.

도덕적인 사람은 내게 아무리 좋아도 남에게 해를 끼치는 일은 하지 않는다. 또한 내게는 좋지 않지만 남에게 유익이 되는 일이라면 행한다. 이타적이기 때문이다.

오늘 말씀에서 사랑은 이웃에게 악을 행하지 않는 것이라 했다. 계명에 나오는 간음하지 말라, 살인하지 말라, 도둑질하지 말라, 탐내지 말라는 것이 모두가 남에게 좋지 않은 일이다. 물론 자신에게도 옳지 않은 일이다.

그럼에도 판단력이 부족하여 그런 일들이 자기에게 괜찮은 것이라 생각한다면 그는 이미 부도덕한 사람이다.

우리는 알아야 한다. 남을 해롭게 하는 것이라면 자기에게 해로운 악이다. 도둑질은 남을 해롭게 하지만 자기에게는 좋은 일인가? 결코 아니다. 도둑질을 하지 않아야 도덕적으로 바르게 사는 사람이 되고, 하나님께서 주신 사랑하라는 계명을 지키는 사람이 된다.

사랑은 이웃에게 악을 행하지 않는 것이며 자신을 죄악에서 벗어나게 하는 것이다.

계명은 이미 우리가 해서는 안 되는 일과 적극적으로 해야할 일을 규정해 놓았다. 이를 실천한다면 그가 바로 하나님을 사랑하고 이웃을 내 몸처럼 사랑하는 신앙인이다.

즐거워하는 자들과 함께 즐거워하고

오늘 말씀

롬 12:15

즐거워하는 자들과 함께 즐거워하고 우는 자들과 함께 울라.

인간은 고독한 존재다. 태어날 때 혼자 와서 떠날 때도 혼자 간다. 우리가 세상에 살아 있는 기간은 어쩌면 외롭지 않으려고 발버둥치는 기간인지도 모른다.

우리는 그 기간 동안에 수많은 사건을 만나게 된다. 기쁜 일도 있지만 슬픈 일도 만난다. 고통스러운 일도 만나지만 즐거운 일도 있다. 그때마다 나의 감정 상태에 동조해줄 수 있는 누군가가 있다면 얼마나 다행한 일인가. 외로운 내 인생길에 위로가 되고 힘이 되고 격려가 된다.

오늘 말씀에서 성경은 즐거워하는 자들과 함께 즐거워하고 우는 자들과 함께 울라고 권한다. 이것은 혼자 살 수 없는 세상에서 서로 사랑하며 살라는 다른 표현이기도 하다.

슬픈 일을 만났을 때 마치 자기가 당한 슬픔처럼 함께 슬퍼해 주는 사람이 있다면 얼마나 힘이 되겠는가. 또한 기쁜 일을 만났을 때 마치 자기가 만난 기쁨처럼 진정으로 기뻐해 주는 사람이 있다면 얼마나 든든할 것인가. 그런 친구나 이웃이 있다는 것은 참으로 감사한 일이다.

나에게 그런 감정으로 다가와주는 사람이 있어서 위로가 되고 힘이 된다면 나도 그들에게 그런 사람이 되어주어야 마땅하지 않겠는가. 우는 사람과 같이 울면 슬픔이 반감되고 웃는 사람과 같이 웃으면 기쁨이 배가 된다고 한다. 비 맞고 가는 사람에게 우산을 받쳐주는 것도 좋지만 같이 비를 맞고 걸어주는 것이 더 좋다는 말도 있다. 그 사람의 감정에 내가 같이해 줌으로써 그에게 위로가 된다는 것은 얼마나 좋은 일인가. 우리 모두 그런 사람들이 되자.

예수님의 선한 사마리아 사람의 비유를 보면 어떤 사람이 여리고로 내려가다가 강도를 만나 가진 것을 모두 빼앗기고 맞아서 죽어가고 있었다. 이를 본 레위인도 그냥 지나가고 제사장도 그냥 지나갔다.

그런데 한 사마리아 사람은 가까이 다가가 기름을 발라 응급 처치를 하고 자기 짐승에 태워 주막까지 데리고 가서 밤새 치료해주고 치료비까지 맡기고 떠나면서 치료비가 더 들면 돌아오는 길에 갚아주겠다고 했다.(눅 10:30-37) 예수님은 물으셨다. 누가 이 강도 만난 사람의 이웃이 되겠느냐?

우리의 이웃은 누구인가? 내 어려움에 도움이 되고 내 기쁨에 즐거움이 되는 사람이 아닐까. 그렇다면 나도 내 마음과 손길을 기다리는 사람에게 그런 이웃이 되어야 하지 않겠는가. 우는 자와 함께 울고 즐거워하는 자와 함께 즐거워하자.

하나님의 이름으로 네게 가노라

오늘 말씀

삼상 17:45

다윗이 블레셋 사람에게 이르되 너는 칼과 창과 단창으로 내게 나
아오거니와 나는 만군의 여호와의 이름 곧 네가 모욕하는 이스라엘
군대의 하나님의 이름으로 네게 나아가노라.

다윗은 당시 군인이 아니었다. 아버지 목장에서 양을 치는
목동이었다. 당연히 그는 싸우러 전쟁터에 나가지 않았다. 아
버지의 심부름으로 참전한 형들의 안부와 블레셋과의 전쟁이
어떻게 되었는가, 그 전황을 알아보려고 갔다.

그가 전쟁터에 나갔을 때 이스라엘은 지리멸렬하고 있었다.
병사들은 싸울 의사가 없고 기가 죽어 모두 숨기에 바쁜 처참
한 상황이었다. 그도 그럴 것이 블레셋에는 거인이요, 백전노
장인 골리앗이 버티고 서 있었다.

그는 노련한 장수답게 늠름하게 서서 이스라엘을 향하여 외
쳤다. 모두가 싸울 것이 아니라 두 나라의 대표가 싸워 승부를
결정하자고 했다. 그래서 너희가 이기면 우리가 굴복하고 우리
가 이기면 너희가 굴복하면 되지 않겠느냐는 것이었다. 그러나
이스라엘에는 그를 대항할 만한 사람이 없었다.

이 광경을 보고 있던 소년 다윗은 자신이 골리앗과 싸우겠
다고 나섰다. 이를 보고 어느 누구도 찬성하는 사람이 없었다.
백전노장과 목동의 싸움의 결과를 짐작할 수 있었기 때문이다.

전쟁을 해본 경험도 없고 나이도 어리고 체격도 작고 무장도 하지 않은 조건으로 어떻게 골리앗의 적수가 될 수가 있겠는가 하는 선입견이 작용한 것이다.

그렇다. 다윗에게는 목장에서 양을 지키기 위해서 맹수와 싸운 경험밖에 없었다. 그럼에도 사울 왕은 다윗을 이스라엘의 대표로 내보낼 수밖에 없었다. 이스라엘에는 골리앗과 싸우겠다는 사람이 없었기 때문이다.

그런데 모두의 예상을 꺾고 다윗이 골리앗을 이겼다. 다윗이 골리앗을 이긴 무기가 무엇이었는가를 생각해 보자.

첫째는 하나님을 모욕하는 골리앗에 대한 다윗의 적개심이다. 다윗은 할례도 받지 않은 자가 감히 창조주 하나님을 모욕하는 것에 대하여 참을 수가 없었다. 둘째, 여호와 하나님의 이름이다. 골리앗은 칼과 창과 단창을 들고 나왔지만 다윗은 만군의 여호와 하나님의 이름을 들고 나갔다. 셋째, 하나님께서 주신 달란트를 믿었다. 소년 다윗이 골리앗과 싸우러 나가려 할 때 사울 왕은 자신의 갑옷과 칼을 주었다. 왕의 것이었으니 당연히 최고급품이었을 것이다. 그러나 왕의 갑옷은 어린 다윗의 몸에 맞지 않았고 칼은 익숙하지 않았다.

결국 다윗은 목장에서 맹수를 쫓을 때 쓰는 물맷돌을 가지고 나갔다. 자기 것을 가지고 나간 것이다. 아무리 훌륭한 것이라도 나에게 맞지 않는다면 소용없다. 하나님께서 주신 내게 꼭 맞는 달란트로 승리할 수 있는 것이다.

환난 날에 나를 부르라

시 50:15

환난 날에 나를 부르라. 내가 너를 건지려니 네가 나를 영화롭게 하리로다.

환난이란 얼마나 고통스러운가. 세상에 환난을 원하는 사람은 없다. 그럼에도 환난을 한 번도 당해보지 않은 사람도 없을 것이다. 내게 직접 일어나는 환난이 없다면 내 주변에서 일어날 수도 있다. 그 또한 내게 관련된 환난이다.

환난은 내가 원해서 찾아오는 것이 아니다. 하나님의 허락 없이는 환난도 없다.

오늘은 왜 원치도 않는 환난이 우리에게 찾아오는가, 그 이유에 대해서 생각해 보자.

첫째는 우리의 잘못을 징계하기 위함이다. 하나님은 우리를 사랑하시기 때문에 허물과 죄 짓는 것을 용납하지 않으신다. 징계의 일환으로 온 환난이라면 깨닫고 회개해야 한다.

둘째로 우리의 신앙 성장을 위한 연단과 훈련일 수 있다. 이런 경우는 참으며 순종해야 한다. 위대한 신앙인들도 모두 이런 종류의 환난을 겪었다.

셋째는 오늘의 말씀처럼 부르짖어 기도하라고 하는 뜻일 수도 있다. 사람에게는 편안하면 안일해지고 하나님을 찾지 않는 게으른 속성이 있다. 그 게으른 영혼을 깨우기 위해서는 때로 환난이 필요하다.

이런 경우에는 무조건 부르짖어야 한다. 하나님은 부르짖는 그를 통하여 영광을 받으신다. 하나님은 그를 환난에서 건져주심으로 우리가 나약한 존재임을 깨닫고 하나님께 감사하도록 이끄신다. 그리고 그런 마음으로 하나님을 영화롭게 하는 도구로 사용하신다.

하나님은 절대로 우리에게 고통 그 자체에 목적을 두고 환난을 허락하지 않으신다. 하나님을 더욱 의지하자. 환난 때에 더욱 의지하자.

하나님은 나의 고난을 외면하지 않으시고 부르짖어 기도하기를 원하신다. 우리가 돌려드리는 헌신과 영광을 기쁘게 받으시기 위하여 기다리신다. 복을 주시기 위함이다.

환난에 낙심하지 말고 오히려 감사의 기도를 할 수 있는 신앙까지 자라자. 하나님은 환난을 허락하실지라도 부르짖는 우리의 기도를 들으시고 그 환난을 벗어나게 해 주실 뿐 아니라 주님을 영화롭게 하는 데 우리를 사용하신다.

죄의 삯은 사망이요

롬 6:23

죄의 삯은 사망이요, 하나님의 은사는 그리스도 예수 우리 주 안에 있는 영생이니라.

죄의 결과는 죽음이다. 죽음은 죄 때문에 왔다. 그럼에도 요즈음엔 죄에 대한 경각심이 부족한 것 같다.

오늘 말씀은 죄의 삯은 사망이고 하나님의 선물은 영생이라는 사실을 부각시키면서 죽지 않기 위해서 예수 그리스도 안에 있는 영생을 깨우쳐주고 있다.

죄는 무엇이며, 그 속성은 무엇인가를 알고 경각심을 갖도록 하자.

죄는 어디서 왔을까? 이것을 규명하기는 어렵다. 창세기 기록에 의하면 뱀이 에덴동산에 찾아와 하와를 유혹하여 죄를 짓게 만들었다고 한다.

그렇다면 뱀은 어디서 왔는가. 많은 사람들은 악한 천사가 교만하여 하나님을 대적하다가 쫓겨난 것이라고 생각한다.(사 14:12-15 참고)

하나님은 선하신 분이다. 그가 무에서 세상을 창조하셨다. 태초에 선하신 하나님이 우주만물을 창조하셨는데 도대체 죄는 어디서 왔느냐.

답이 곤란하다. 하나님은 죄를 만드실 분이 아니고, 천사가 타락했다고 해도 천사의 마음에 있는 타락한 그 죄성은 어디서 왔는가 하는 문제는 여전히 남는다.

그렇다면 사람에게 죽음을 가져다주는 죄란 무엇인가, 그 정의만 알아보도록 하자.

죄의 정의는 여러 가지로 말할 수 있지만 성경은 하나님의 뜻을 거역하는 모든 행위와 마음에 있는 모든 생각이라고 말씀한다.

그러므로 죄를 멀리해야 하는데 죄라는 행동은 마음에서 나오기 때문에 모든 지킬 만한 것보다 더욱 마음을 지켜야 하고 (잠 4:23) 하나님과 가까이하는 것이 죄를 멀리하는 최선의 길임을 명심해야 한다.(시 73:27-28)

죄가 장성한즉 사망을 낳고

약 1:15

욕심이 잉태한즉 죄를 낳고 죄가 장성한즉 사망을 낳느니라.

죄는 하나님의 뜻을 거역하고 대적하는 모든 행위와 마음의 생각이다. 죄의 원인은 욕심이고 그 결과는 사망이다.

모든 죄는 욕심에서 비롯되었다. 인간에게 죄가 들어온 것을 창세기 기사는 에덴동산에 있는 하와에게 찾아온 뱀의 유혹 때문이었다고 기록하고 있다. 뱀은 하와에게 선악을 알게 하는 나무의 열매를 먹어도 죽지 않는다고 했다. 하나님은 선악과를 먹으면 반드시 죽는다고 했는데 뱀은 아니라고 했다. 명백한 거짓말이었다. 그래서 사탄은 거짓의 아비다.(요 8:44)

어쨌든 아담과 하와는 하나님의 말씀을 어기고 선악을 알게 하는 나무의 열매를 먹었다. 그들은 선악과를 먹어도 죽지 않을 뿐 아니라 눈이 밝아 하나님 같이 된다는 뱀의 말에 넘어졌다. 어떻게 피조물인 사람이 창조주 하나님같이 될 수 있는가. 그것이 욕심이다.

이후 아담의 후예인 모든 사람들은 욕심으로 죄를 지었다. 많이 갖고 싶고, 많이 누리고 싶어 유형, 무형의 것 때문에 죄를 지었다.

죄는 네 가지 속성이 있다. 첫째는 자란다는 것이다. 바늘 도둑이 소 도둑이 된다. 둘째, 전염이 된다. 남에게 신속히 전파된다. 그래서 부모들은 못된 아이와 놀지 말라고 자식들에게 충고하는 것이다. 셋째로 죄는 파괴시키는 능력이 있다. 죄는 들어가는 곳마다 파괴시킨다. 사람에게 들어오자마자 육신과 영혼을 파멸시킨다. 가정, 교회, 직장, 사회 어디든지 죄는 들어가면 파괴시킨다. 마지막으로 죄는 한번 들어오면 사람의 방법으로 쫓아낼 수가 없다. 그래서 죄의 영향권에서 벗어나지 못하고 파멸과 죽음을 맞게 되는 것이다.

죄에서 벗어나는 길은 하나밖에 없다. 그것은 하나님의 은혜에 기대는 방법이다. 하나님이 사람의 모습으로 이 땅에 오셨으니, 그분이 동정녀 마리아를 통해서 오신 예수 그리스도다. 그분이 오신 목적은 사탄의 권세를 멸하고 죄인의 죄를 없애주심으로 구원받게 하기 위함이었다.

그분 예수가 우리의 구주 되심을 믿을 때 구원을 얻는다. 우리가 죄를 고백하고 예수를 믿는 순간 우리 죄는 예수께 전가되고 예수님의 의가 우리에게 온다. 이것은 예수님이 죄가 없으시기 때문에 가능한 것이고 우린 값없이 은혜로 얻는 구원이된다.

예수님은 우리의 죄를 대신 지셨기에 죄인이 되어 십자가에 못 박혀 죽었고 3일 만에 사망권세를 이기고 부활하셨다. 주님은 부활의 첫 열매로 우리의 부활과 영생의 보증이 되었다.

너희는 이 세대를 본받지 말고

오늘 말씀

롬 12:2

> 너희는 이 세대를 본받지 말고 오직 마음을 새롭게 함으로 변화를 받아 하나님의 선하시고 기뻐하시고 온전하신 뜻이 무엇인지 분별하도록 하라.

성경은 우리에게 이 세대를 본받지 말라고 한다. 이 세대가 하나님의 백성에게 결코 좋은 현상을 보여주지 않기 때문이다.

그렇다면 성경은 이 세대를 어떻게 표현하고 있는가. 예수님은 악하고 음란한 세대라고 했다. 피리를 불어도 춤추지 않는 불순종, 무감각의 시대라고 했다. 또한 성경은 이 시대를 말세의 고통하는 세대니 사랑이 식은 불신의 시대라고 한다.

이런 세대를 살면서 우리 예수 그리스도의 사람들이 그런 세상 풍조를 그대로 받아들인다면 과연 우리는 어디로 가게 될 것인가.

그러므로 오늘의 말씀은 마음을 새롭게 하라고 한다. 변화를 받으라 한다. 기존의 마음이 아니라, 세상에 속한 마음이 아니라 예수 그리스도 정신으로 바꾸라는 것이다. 그것은 변화다.

요즈음은 신앙인이 세상으로 기울어지는 경우가 더 많아진 것 같다. 세속에서 벗어나 그리스도 사상으로 변화해야 하건만 오히려 세상의 물량주의, 종교다원주의와 같은 사상으로 흘러가고 있다. 그것은 변질이다.

우리는 주님의 뜻을 찾아야 한다. 하나님이 기뻐하시는 일이 무엇인가를 찾아야 한다. 그리고 이 불완전한 세상에서 온전을 찾아가야 한다.

예수님은 한 사람이 두 주인을 섬기지 못한다고 했다.(마 6:24) 세상을 사랑하면 그는 하나님을 사랑하지 않는 사람이다. 하나님과 세상 양쪽에 한 발씩 들여놓고 살려고 하는 기회주의 자를 하나님은 싫어하신다.

세상에 딛고 있는 한쪽 발을 옮겨야 한다. 하나님만이 나의 주인이고, 하나님만이 옳고, 하나님만이 나를 구원하여 영생으로 인도하시는 선하고 거룩하신 분이라는 확신으로 살아야 한다. 그곳이 구원받은 백성이 서 있어야 할 자리다.

이 세대를 살고 있지만 이 세대를 본받지 말고 하나님의 선하시고 기뻐하시고 온전하신 뜻만을 찾아가자. 그것이 승리의 삶이다.

사탄도 광명한 천사로 가장한다

고후 11:14-15

> 이것은 이상한 일이 아니니라. 사탄도 자기를 광명의 천사로 가장하나니 그러므로 사탄의 일꾼들도 자기를 의의 일꾼으로 가장하는 것이 또한 대단한 일이 아니니라. 그들의 마지막은 그 행위대로 되리라.

도둑은 내가 도둑이라고 써 붙이고 다니지 않는다. 죄인은 내가 죄인이라고 드러내지 않는다. 악한 일을 하는 사람은 자기의 악행이 드러날까 조심한다. 조심을 할 뿐 아니라 선하고 의로운 사람처럼 가장하고 행세한다. 악행을 더 지능적으로 이루는 것이다.

사탄의 행위는 그 목적이 뚜렷하다. 선량한 사람을 꾀어 죄를 짓게 만들고 그 죗값으로 멸망에 이르게 하는 것이다. 사탄에게는 양심이 없다. 목적을 위해서는 도덕도 법도 교묘하게 어긴다. 그러니 선행을 할 수 없다. 양심이 있는 척하고 선행을 하는 체할 뿐이다. 그 거짓이 곧 가장이다. 그들은 어떻게 많은 사람을 파멸로 인도할 것인가 하는 목적을 가지고 존재한다. 그렇다면 사탄의 사주를 받는 사탄의 일꾼들은 어떤가. 마찬가지다. 사탄의 행동을 그대로 한다.

그러므로 사탄의 유혹에 넘어가지 않으려면 스스로가 조심해야 한다. 영적 분별력이 있어야 한다. 내 속에서도 사악한 생각이 일어나지 않도록 마음을 다스려야 한다. 사기성이 있는

370

사람이 남에게 사기를 당한다는 말이 있다. 욕심이 있으니까 넘어지는 것이다. 정직하고 진실하게 살 필요가 있다. 하나님의 말씀을 기준 삼고 사는데 왜 넘어지고 유혹을 당하겠는가. 그 말씀을 버리고 자기 욕심을 채우려 들면 넘어지기 쉽다.

유혹에 넘어진 다음 나를 유혹한 사람을 원망하지 말라. 그가 사탄의 일꾼으로 사용되고 있다면 그들은 양심도 없고 도리도 모르면서 유혹하기에 혈안이 되어 있을 뿐이다. 오죽했으면 예수님에게도 대들었겠는가.

사탄이 천사로 가장하는 것은 당연한 일이다. 이상한 일이 아니다. 이상하게 본다면 그렇게 보는 사람이 어리석은 것이다. 개가 짖는 것이 당연하고 말이 달리는 것이 어색한 게 아닌 것과 같다. 거짓 지도자들도 많이 나왔다. 그들은 거짓말을 참말처럼 능수능란하게 할 줄 안다. 대단한 일이 아니다.

우리가 넘어지지 않으려면 깨어 있어야 하고 그들보다 영적으로 우위에 있어야 한다. 그러기 위해서 기도로 하나님과 늘 교제하며 말씀에 이끌려 살아야 한다. 유혹을 이긴 사람에게 상이 있다면 사탄에게는 제 행위에 대한 벌이 기다리고 있다.

원수를 단번에 갚게 하옵소서

삿 16:28

삼손이 여호와께 부르짖어 이르되 주 여호와여, 구하옵나니 나를 생각하옵소서. 하나님이여, 구하옵나니 이번만 나를 강하게 하사 나의 두 눈을 뺀 블레셋 사람에게 원수를 단번에 갚게 하옵소서 하고.

이스라엘 백성이 하나님께 범죄하자 하나님께서는 그 백성을 블레셋 사람들에게 넘겨주어 40년 동안 박해를 받게 하셨다. 그러나 그들의 부르짖음을 들은 하나님께서는 이스라엘을 블레셋의 굴레에서 벗어나도록 하기 위해 사사를 세웠는데 그가 삼손이었다.

삼손은 단 지파의 마노아라는 사람의 아들로, 평생 나실인이 되었다. 그는 나실인의 규례대로 독주를 마시지 않고 시체를 만지지 않으며 머리를 깎지 않고 하나님께 헌신해야 했다.

삼손은 하나님으로부터 특별한 힘을 부여받아 그 힘으로 블레셋을 제어하는 사명을 받았다. 그래서 나귀의 턱뼈를 들고 블레셋 사람 천 명을 죽이기도 했다. 그러나 그는 부모의 만류를 뿌리치고 자기 백성이 아닌 블레셋 여인과 결혼하는 등 이성문제에 대해 절제하지 못했다.

그는 들릴라라는 여인의 유혹에 넘어갔고 블레셋 사람들은 그를 잡기 위하여 어디에서 그의 힘이 나오는가를 들릴라로 하여금 알아내도록 하였다. 물론 처음엔 그 유혹에 넘어가지 않

앉지만 집요한 들릴라의 유혹에 마음이 번뇌하여 죽을 지경에
까지 이르자 자기 힘이 머리에서 나온다는 것을 실토하고 말았
다. 그는 들릴라의 무릎을 베고 잠들었다가 머리를 깎이고 말
았다.

머리 깎인 삼손. 그는 블레셋 사람들에게 잡혀가 눈 빼임을
당하고 놋줄로 묶여 맷돌을 돌리는 신세가 되었다. 자기 백성
을 지키라고 준 힘을 정욕을 위하여 사용하고 결국 원수들의
노리개가 되어 하나님의 영광도 가리며 고통과 멸시를 당해야
했다.

블레셋 방백들이 자기들의 신인 다곤이 삼손을 잡게 해 주
었다고 큰 제사를 드리는 날, 삼손을 불러내 재주를 부리게 했
다. 삼손은 자기 손을 붙든 소년에게 집을 버틴 기둥을 의지하
게 해 달라고 한 다음 하나님께 기도했다. "하나님이여, 구하옵
나니 이번만 나를 강하게 하사 나의 두 눈을 뺀 블레셋 사람에
게 원수를 단번에 갚게 하소서." 그는 오욕에 찬 인생을 더 이
상 살고 싶지 않았다. 그가 기둥을 붙들고 힘을 썼을 때 기둥이
넘어지면서 집이 무너져 삼천 명 정도가 죽었다.

하나님의 영광과 자기 민족을 위하여 쓰라고 주신 힘을 잘못
사용하여 자기는 말할 것 없고 하나님과 조국에 부끄러움을 끼
친 삼손에게서 우리는 무엇을 배워야 하는가. 하나님께서 허락
하신 모든 달란트는 하나님의 영광을 위해서 써야 한다는 사실
이다.

노하기를 더디하는 자

잠 16:32

노하기를 더디하는 자는 용사보다 낫고 자기의 마음을 다스리는 자는 성을 빼앗는 자보다 나으니라.

자기 마음을 다스리기가 쉬운가. 치밀어 오르는 분노를 억제하기가 쉬운가. 자기 마음속에 든 감정이기 때문에 자기 마음대로 조절하고 억제할 수 있을 것 같지만, 그럴 수 있다면 그는 용사보다 낫고 남의 성을 빼앗는 자보다 훌륭하다.

분노하는 마음은 누구에게나 있다. 예수님도 수시로 분노하셨다. 성전에서 장사하는 사람들을 보고 만민이 기도하는 집을 강도의 소굴로 만들었다고 분노하시며 장사치의 상을 엎고 노끈으로 채찍을 만들어 내쫓았다. 아이들이 당신에게 오는 것을 제자들이 막는 것을 보고 분노하기도 하셨다. 서기관과 바리새인들의 외식하는 것을 보고 독사의 자식들이라고 분노하셨다. 이처럼 분노도 우리 심령 속에 하나님이 심어 놓은 감정 중의 하나다.

그렇다면 분노해야 할 때 분노하지 못하는 것은 잘하는 것이 아니라고 보아야 한다. 예수님은 분노해야 할 때 분노했다. 그래서 주님의 분노는 의분이라고 한다. 잃은 나라를 되찾으려고 불의에 대항한 의사나 열사들의 분노 또한 그와 같다.

374

그러나 정욕을 다스리지 못하여 쏟아내는 분노는 어떤가. 흥분된 상태에서 절제하지 못하고 내는 분노는 남에게는 물론이고 자기 자신에게도 유익하지 못하다. 경솔한 사람이나 품위 없는 사람으로 취급될 것이다.

가정에서나 직장에서 순간의 분을 참지 못하여 일어나는 불상사가 얼마나 많은가. 그로 인하여 다툼도 일어나고 결별도 하고 심지어는 살인도 일어난다. 그만큼 제어하기가 어렵기 때문에 절제는 성령의 열매 중 하나다. 지나친 행동은 절제되어야 한다. 분노도 절제해야 한다. 그럴 때 그는 힘센 용사보다 낫고 빼앗기 힘든 남의 성채를 빼앗는 것보다 낫다.

옛말에 참을 인忍 자가 셋이 있으면 살인도 면한다는 말이 있다. 그만큼 우리 사회에는 참기 어려운 일들이 많이 일어난다. 재산 문제, 명예 문제, 위계질서, 인격적 갈등 등 수많은 문제들이 분노를 유발케 하고 있다. 자칫 조절하지 못하면 불행을 자초할 소지가 있는 것들이다.

마음을 다스리는 인격자가 되어 평화로운 가정과 사회를 만들어 가자. 아무리 악한 세상이라도 분노를 터트려야 할 일보다 다스리고 제어해야 할 일이 더 많다.

주께서 내게 복을 주시려거든

오늘 말씀

대상 4:10

야베스가 이스라엘 하나님께 아뢰어 이르되 주께서 내게 복을 주시려거든 나의 지역을 넓히시고 주의 손으로 나를 도우사 나로 환난을 벗어나 내게 근심이 없게 하옵소서 하였더니 하나님이 그가 구하는 것을 허락하셨더라.

내게 주어진 환경이 불우할 때 우리는 절망하면서 현실을 원망하고 불평하면서 살아야 할 것인가, 아니면 그 절망스런 환경을 벗어나기 위하여 내 길을 열어주실 하나님께 기도하며 도전해야 할 것인가.

오늘 말씀에 나오는 야베스는 매우 불우한 환경에서 태어났다. 그의 어머니가 그를 낳았을 때 이름을 야베스라고 지었는데 그 이름의 뜻은 고난, 고통, 슬픔이다. 그의 어머니는 아들의 이름을 왜 하필 그렇듯 비극적으로 지었을까.

어머니는 자신이 수고로이 아들을 낳았다고 했다. 어떤 일인지는 모르지만 아무튼 그의 어머니는 고통스런 환경에서 그를 낳았고 그 후의 생활환경도 어려웠음을 알게 한다.

그럼에도 야베스는 그런 환경에 좌초하지 않고 신실하신 하나님을 의지했다. 그는 자신의 저주스런 환경을 이겨나가려 했다. 그는 하나님께서 자신의 어려움을 이해하고 도와주실 것을 확실하게 믿었다.

야베스는 자신의 행동반경이 넓혀지기를 원했다. 그는 환난에서 벗어나고 근심이 없게 해달라고 기도했다. 일반 사람이라면 누구나 원하는 기도이긴 하다. 그러나 그는 자기가 처한 환경이 너무나 고달팠기 때문에 벗어나기를 간구한 것이다. 그런데 그런 그의 기도를 하나님께서 들어주셨다.

그렇다면 하나님은 왜 그의 기도를 들어주셨을까. 그의 기도가 지극히 신앙적이었기 때문이었을 것이다. 확신이 있고, 간절하였고, 신실한 기도였다. 자기 개인의 욕구를 채우고자 하는 것이 아니라 하나님의 영광이 자신에게서 나타나기를 원하는 기도를 하나님이 응답하신 것이다. 그렇다. 하나님은 정욕을 위하여 쓰려고 잘못 구하는 기도까지 들어주시지는 않는다.

그러므로 우리는 기도하기 전에 생각해야 한다. 내가 원하고 구하는 것이 왜 필요한가.

기도가 내 욕심을 채우고자 하는 기복적인 것이 되어서는 안 된다. 환경과 형편이 불우하다고 낙심하거나 좌절하지 말아야 한다. 나의 부족을 채우시고 환경을 고쳐주실 것을 확신하고 기도해야 한다. 그 기도는 간절해야 한다. 그리고 그분의 영광을 위해서 헌신의 삶을 살아야 한다.

야베스는 태어날 때의 환경은 불우했지만 다른 형제들보다 귀중한 자가 되었고, 특별히 서기관들이 그를 기념하여 그가 살던 마을을 그의 이름을 따서 야베스라 하였다.

영생은 하나님을 아는 것

요 17:3

영생은 곧 유일하신 참 하나님과 그가 보내신 자 예수 그리스도를
아는 것이니이다.

영혼과 육신으로 구성된 사람은 죽으면 육신은 흙으로 돌아
가지만 영혼은 영생한다. 그 영생은 외길이 아니다. 어떤 영혼
은 가지 말아야 할 곳에서 고통하며 불멸하고 어떤 영혼은 황
홀하게 아름다운 곳에서 즐겁게 영생한다. 예수님은 하나님께
기도하는 가운데 영생이 무엇인가를 깨닫게 해 주셨다.

영생이란 무엇인가. 하나님과 예수 그리스도를 아는 것이라
했다. 여기서 하나님은 성부 하나님을 가리키면서 유일하신 참
하나님이라 했다. 유일하신 하나님이란 하나님의 속성 중 유일
성을 말한다.

하나님은 여러 신神 중에 하나가 아니라 하나밖에 없는 분
이시고 그분은 참되시다. 진실하신 분이시다. 그리고 예수님은
성부 하나님께서 파송하신 분이시다. 예수님을 하나님이 파송
했다고 할 때는 인간 구원이라는 목적을 위해서 보내셨다는 의
미가 된다. 예수 그리스도는 우리를 죄에서 구원하시기 위해서
파송받으신 분이다. 그러므로 예수님은 이 땅에서 구원 사역을
철저히 수행하셔야 했다.

그런데 영생은 유일하고 참된 하나님과 그 하나님이 인류 구원을 위해서 보내신 예수 그리스도를 아는 것이라 했다. 여기서 안다는 말은 지식적으로 안다는 뜻을 뛰어넘어서 인격적으로 알 뿐 아니라 밀접한 관계의 연합을 포함하는 개념이다. 다시 말하면 이 앎은 나는 주 안에, 주는 내 안에 있는 깊은 관계를 의미한다.

그렇다. 우리의 영원한 생명은 우리의 노력이나 공로에 의해서 이루어지는 것이 아니다. 유일하시고 참되신 하나님과 우리의 구원을 성취하기 위해서 이 땅으로 오신 예수 그리스도와 깊은 관계가 형성되어지는 것을 의미한다.

호세아 선지자는 "내 백성이 지식이 없으므로 망한다."고 했다.(호 4:6) 이 지식은 하나님을 아는 지식이다. 그리고 호세아 선지자는 "우리가 여호와를 알자, 힘써 여호와를 알자."고 격려한다.(호 6:3)

우리는 하나님을 어느 정도로 알고 있는가. 얼마나 깊이 사귀고 있는가. 그가 우리를 위하여 십자가를 지셨으며 우리가 그 은혜로 구원을 입었다는 확실한 지식으로 주님을 만나고 순종하는가. 그러면 우리는 영생을 얻은 것이다.

때를 따라 돕는 은혜

히 4:16

그러므로 우리는 긍휼하심을 받고 때를 따라 돕는 은혜를 얻기 위하여 은혜의 보좌 앞에 담대히 나아갈 것이니라.

우리에게 주신 구원은 단 한 번의 은혜로 이루어졌다. 믿음을 선물로 받은 우리가 그 믿음으로 예수 그리스도를 구주로 영접할 때 우리를 불쌍히 여기시는 하나님의 사랑으로 구원을 입었다.

우리의 노력이나 공로는 전혀 없고 오직 은혜로 구원을 받은 것이다. 그래서 우리는 천국 백성이요, 하나님나라의 시민권자이다.

그러나 그것으로만 하나님의 은혜가 끝나는 것이 아니다. 이 세상을 사는 동안 그때그때마다, 상황에 따라 필요한 은총이 있다.

악한 세상에서는 하늘나라의 시민권자도 고난을 당하고 어려운 상황에도 처한다.

삶에 필요한 유무형의 것들도 많다. 그것들을 얻는 것도 하나님의 은혜다. 그 은혜들이 때를 따라 돕는 은혜다. 믿음으로 의롭게 되는 은혜는 단회적이지만 때를 따라 돕는 은혜는 수시로 필요하다.

구원받은 우리는 이 땅에서 이 은혜로 살아간다. 슬플 때 위로도 은혜다. 배고플 때 밥도 은혜다. 아플 때 치료도 하나님의 은혜다.

이 세상은 정말 하나님의 은혜 없이는 살 수 없다. 하나님의 은혜는 우주에 가득하고 충만하다. 오늘 말씀은 이 은혜를 얻기 위하여 담대히 보좌 앞으로 나아가라고 권면한다.

우리가 어떻게 감히 엄위하신 하나님의 보좌 앞으로 나아갈 수 있었겠는가. 하지만 지금은 나아갈 수 있다. 주님의 은혜로 구원받은 우리는 하나님을 아빠 아버지라고 부르게 되었다.

담대히 나아가자. 겸손한 마음으로 나아가자. 사모하는 마음으로 나아가자. 우리가 구원받은 하나님의 백성으로 내 아버지께로 나아가는데 그 누가 막을 것인가.

때를 따라 돕는 은혜를 쥐고 계시는 우리 아버지께 담대히 나아가자. 도우시기 위하여, 위로하시기 위하여, 풍성히 나누어 주시기 위하여 기다리시는 은혜의 보좌 앞으로 담대히 나아가자.

두 주인을 섬길 수 없다

오늘 말씀

눅 16:13

집 하인이 두 주인을 섬길 수 없나니 혹 이를 미워하고 저를 사랑하거나 혹 이를 중히 여기고 저를 경히 여길 것임이니라. 너희는 하나님과 재물을 겸하여 섬길 수 없느니라.

어느 목사님께서 우연히 초면부지의 사람과 동행을 하게 되었다. 동행 중에 그 사람이 담배를 꺼내 권했다.

목사님께서 "저는 안 피웁니다." 하고 점잖게 거절하자 그는 담배에 불을 붙여 물면서 "예수 믿으시오?" 하고 물었다.

목사님께서 이쯤 되면 신분을 밝히는 것이 좋을 듯싶어서 "예, 저는 목사입니다." 하고 대답해 주었다.

그랬더니 그가 참 안됐구나 하는 표정을 지으며 "반쪽 인생을 사시는군요." 하는 것이었다.

"반쪽 인생?" 목사님은 처음 들어보는 말이라 잠시 생각하고 있는데 그가 다시 말했다. "무슨 재미로 사세요? 담배도 안 피우고, 술도 못 마실 것 아니오? 이쪽 재미는 통 모르고 사는 것 아닙니까?"

딴은 그랬다. 목사님은 그야말로 그가 말하는 그쪽 재미하고는 담을 쌓고 사니까.

그렇다고 할 말이 없겠는가. 목사님은 그에게 말했다. "피장파장이지요. 제가 그쪽 재미 모르는 것처럼 선생님도 이쪽 재미는 모르잖아요."

그렇다. 우리는 누구나 모든 것을 다 알고, 다 누리며 사는 게 아니다. 또한 다 알고, 다 누리며 살 필요도 없다. 그것이 반쪽 인생이라면 우리는 철저하게 반쪽 인생을 살아야 한다.

아직도 불신세계의 사람들 중에는 신앙인들을 두고 부자유한 삶을 사는 것으로 생각하는 사람이 있다. 왜 그렇게 하나님께 매여서 많은 시간을 예배와 기도와 봉사와 전도하는 일에 빼앗기고 사느냐고 한다. 예배와 봉사가 시간을 빼앗기는 것인가. 기도와 전도가 속박인가.

하나님과 세상 사이에는 소속 없는 비무장지대가 없다. 세상에서의 자유가 하나님의 종이 되는 것이고 하나님으로부터의 자유가 세상의 종이 되는 것이다.

그렇다. 우리는 두 주인을 섬길 수 없다. 하나님도 섬기고 재물도 섬기는 것을 하나님은 원치 않으신다. 우리는 세상과 하나님을 같이 섬길 수 없다. 하나님 한 분으로 만족하는 철저한 반쪽 인생으로 살자.

죄가 좋아 세상으로 나가면 구속拘束이 있고 천국이 좋아 예수께로 오면 구속救贖의 은혜가 있다.